W0472883

Der Autor John B. Haviland, Professor für Anthropologie und Linguistik am Reed College, Australien, beschäftigt sich seit über 20 Jahren mit der Kultur und den Sprachen der Aborigines. Die Nachforschungen zu diesem Buch erstreckten sich über zwei Jahrzehnte, in denen er nicht nur zahllose Gespräche führte, sondern auch weltweit in den Archiven nach Zeugnissen der Barrow Point People forschte. Diese Recherchen dienen den Aborigines heute dazu, ihren rechtlichen Anspruch auf das traditionelle Land geltend zu machen.

Der Maler und Geschichtenerzähler Tulo Gordon (1918-1989) war seit seiner Kindheit in der Cape-Bedford-Mission mit Roger Hart befreundet.

JOHN B. HAVILAND

RÜCKKEHR ZU DEN AHNEN

Ein Aborigine erzählt ...

Nach Erinnerungen von Roger Hart
Mit Illustrationen von Tulo Gordon

Aus dem Amerikanischen
von Pociao und Roberto de Hollanda

NATIONAL GEOGRAPHIC

Ein Buch der Partner
Goldmann und National Geographic

Die amerikanische Originalausgabe
erschien 1998 unter dem Titel
»Old Man Fog and the Last Aborigines of Barrow Point«
bei Smithsonian Institution Press, Washington D. C.

Titelfoto: Collage aus einer Fotografie von Bill Bachman
und dem Werk »Zwei Brüder auf der Jagd« von Tulo Gordon
Alle weiteren Illustrationen stammen ebenfalls von Tulo Gordon.

SO SPANNEND WIE DIE WELT.

Dieses Werk erscheint in der Taschenbuchreihe
NATIONAL GEOGRAPHIC ADVENTURE PRESS
im Goldmann Verlag, München.

1. Auflage Juli 2002, erstmals im Taschenbuch
NATIONAL GEOGRAPHIC ADVENTURE PRESS
im Goldmann Verlag, München,
in der Verlagsgruppe Random House GmbH
Copyright © 1998 by the Smithsonian Institution Press, Washington D.C.
Copyright © 1999 für die deutschsprachigen Ausgabe
Frederking & Thaler Verlag GmbH, München
Alle Rechte vorbehalten
Lektorat: Irene Rumler, München
Karte: Margret Prietzsch, Gröbenzell
Umschlaggestaltung: Petra Dorkenwald, München
Herstellung: Sebastian Strohmaier, München
Satz: DTP im Verlag
Druck und Bindung: Claussen & Bosse, Leck
ISBN 3-442-71171-1
Printed in Germany

Das Papier wurde aus chlorfrei gebleichtem Zellstoff hergestellt.

Inhalt

Teil 3
Diaspora

Teil 4
Rückkehr nach Barrow Point

Nachwort

Für zwei Cousins, Tulo Wunba Gordon, thawuunh, bubu-gujin, binaal-gurraay-baga, und Lizzie Confin Jack, ngathu warra ngamu, die von Anfang an dabei waren, doch zu früh von uns gingen, um das Buch zu sehen.

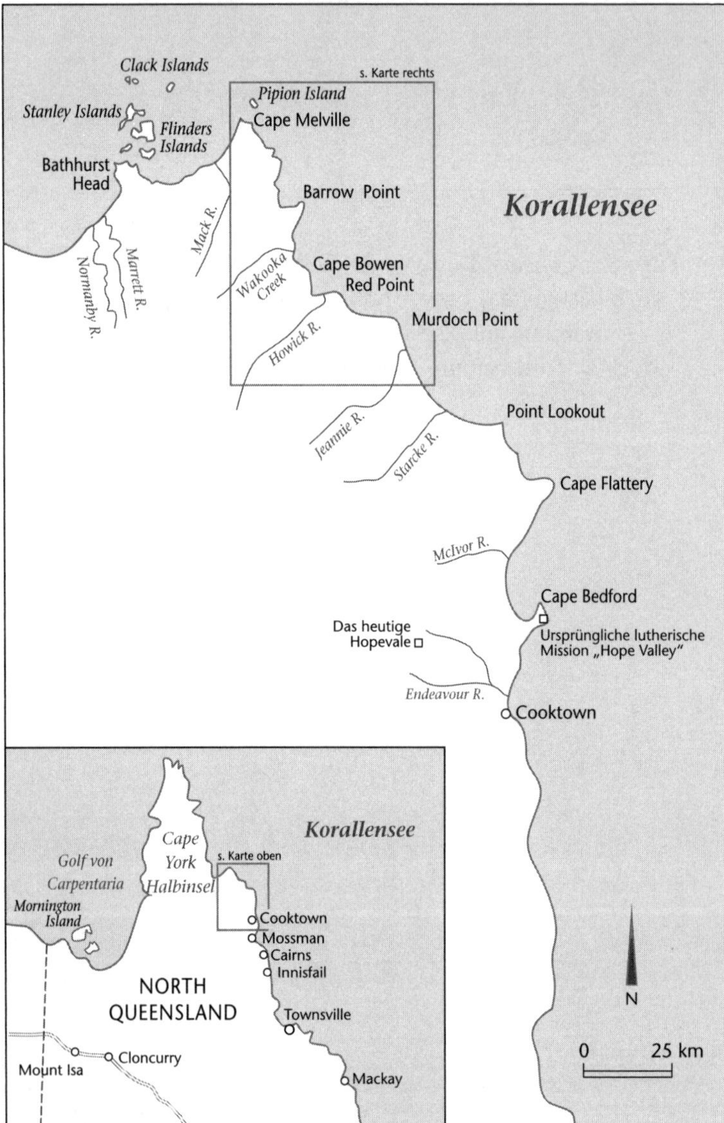

Clack Islands
s. Karte rechts
Pipion Island
Stanley Islands
Cape Melville
Flinders Islands
Bathhurst Head
Barrow Point
Korallensee
Mack R.
Marrett R.
Normanby R.
Wakooka Creek
Cape Bowen
Red Point
Howick R.
Murdoch Point
Point Lookout
Jeannie R.
Starcke R.
Cape Flattery
McIvor R.
Cape Bedford
Das heutige Hopevale
Ursprüngliche lutherische Mission „Hope Valley"
Endeavour R.
Cooktown
Korallensee
Cape York Halbinsel
Golf von Carpentaria
s. Karte oben
Mornington Island
Cooktown
Mossman
Cairns
Innisfail
NORTH QUEENSLAND
Townsville
Cloncurry
Mount Isa
Mackay
N
0
25 km

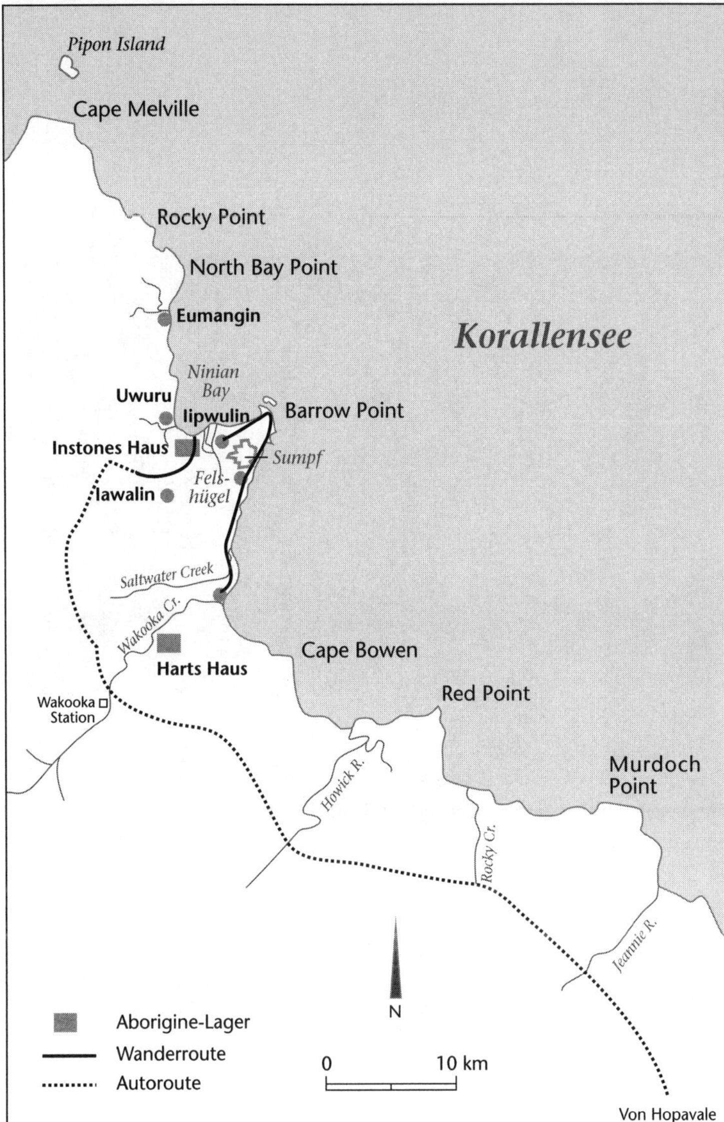
Pipon Island
Cape Melville
Rocky Point
North Bay Point
Eumangin
Korallensee
Ninian Bay
Uwuru
Iipwulin
Barrow Point
Instones Haus
Sumpf
Felshügel
Iawalin
Saltwater Creek
Wakooka Cr.
Harts Haus
Cape Bowen
Wakooka Station
Red Point
Howick R.
Murdoch Point
Rocky Cr.
Jeannie R.
N
Aborigine-Lager
Wanderroute
Autoroute
0
10 km
Von Hopavale

Tulo Gordons Geschichten-Landkarte von Barrow Point

Vorwort

Ich war sechs Jahre alt, als der große Amerikaner, von dem es hieß, er sei »halb Chinese« oder »halb Filipino«, nach Hopevale kam. John und Leslie Haviland zogen in Old Man Billy Muundus Haus, zwei Türen von unserem entfernt. John lernte guugu, unsere Sprache.

Wenn ich wie jeden Tag nach nebenan zu meiner yumurr[1] Mary McIvor ging, um unter dem Mangobaum Karten oder Murmeln zu spielen, die Charlie-Pride-Platten ihrer Tochter Amy zu hören oder einfach so zu tun, als durchsuchte ich das Haar meiner alten Tochter Mary nach wuugul (Läusen) fragte ich mich, warum bloß dieses weiße Ehepaar beschlossen hatte, unter all den Schwarzen zu leben statt auf der besseren Seite der Mission, wo das europäische Personal und die Lehrer ihre Häuser hatten.

Wie wir benutzten sie das Bad und die Toilette im Freien, verzichteten auf heißes Wasser und aßen *damper* und mayi, die traditionelle Nahrung der Schwarzen. Was war los mit ihnen? Vielleicht waren sie die Hippies, vor denen uns die Alten in der Kirche und in der Sonntagsschule gewarnt hatten.

Es dauerte nicht lange, bis John das »wahre Guugu Yimithirr« ausgezeichnet beherrschte und mein alter Freund Roger meinte: *»Alu uwu mindiir«* (wörtlich: »Er ist ein richtiger Champion in der Sprache«).

Als Beweis dafür kursierte folgende Geschichte über Haviland (ob sie der Wahrheit entspricht, weiß ich nicht): Eines Tages stand er mit einer Gruppe von Männern um den alten Gemischtwarenladen (der mittlerweile leider abgerissen wurde), als ein Mann aus Hopevale, der erst vor kurzem aus dem Süden zurückgekommen war und nicht wußte, wer John war, im Scherz zu den anderen sagte: »Ganaa ngayu yii wangarr bagal?« (Soll ich dem weißen Kerl eine Tracht Prügel verpassen?) Der Witzbold erlebte den größten Schock seines Lebens, als der zwei Meter große Amerikaner in perfektem Guugu Yimithirr antwortete: »Nyundu nganhi baadala, ngayu warra mangaalmul!« (Versuch es ruhig (und sieh selbst), ob ich mich nicht wehren kann!)

Ich kannte Old Man *Urwunhthin* als Roger Hart, Vater von Janice und Bernard und ihrer Abstammungsgruppe, seit ich klein war. Er war einer der vielen Menschen, die das gesellschaftliche Universum meiner Kindheit und Jugend in Hopevale bildeten. In den 70er Jahren arbeitete er auf den Zuckerrohrfeldern in Mossman, und ich sah ihn nicht mehr so häufig, aber ich wußte, wer er war, so wie er wußte, daß ich Glen Pearsons Sohn, Charlies Enkel und der Urenkel des alten Arrimi war. So ist es, wenn man in Hopevale lebt. Er wußte vermutlich mehr über mich als ich selbst.

Ich wuchs auf in dem Glauben, daß Roger Hart einer von vielen Männern in der Mission war, die Guugu Yimithirr sprachen und, wie mein Großvater Charlie, als Kind in die Cape-Bedford-Mission gebracht worden war. Als ich Ende 1985 anfing, für meine Dissertation in Geschichte an der Universität Sydney die mündlich überlieferten Geschichten unserer Vorfahren aufzuzeichnen, gab mir mein Vater zu meiner Überraschung den Rat, Roger Hart aufzusuchen, der eine ganz eigene Sprache sprach.

Ich wußte schon als Kind, daß Roger aus Gambiilmugu kam – das lag nördlich von Bagaarrmugu am Jeannie River, ein Gebiet, das meinem Urgroßvater gehört hatte. Aber ich hatte keine Ahnung von der Existenz der Gambiilmugu-Sprache. Ich kannte nur die Sprache von Hopevale, Guugu Yimithirr, die Sprache meiner Mutter, *Kuku Yalanji*, und ein paar alte Leute, die verschiedene

Lamalama-Dialekte sprachen. Daß irgendwer innerhalb der Mission die Barrow-Point-Sprache beherrschte, war mir nicht geläufig.

Ich suchte also Old Man Roger auf, und das war der Beginn unserer Freundschaft. Sie begann auf der Veranda des Altenheims in Gesellschaft eines anderen, ebenfalls neu gewonnenen Kumpels, Rogers Jugendfreund und Verwandtem aus Cape Melville, dem mittlerweile verstorbenen Bob Flinders. Wie sich herausstellte, beherrschten mehrere alte Leute – darunter Bob, der inzwischen verstorbene Leo Rosendale und Lindsay Nipper – Bruchstücke von Rogers Sprache. Ich beschloß, sie zu lernen, um mich mit ihm unterhalten zu können.

Athirr wulu (Alkohol) und *mathermul* (dumm) gehörten zu den ersten Errungenschaften meines neuen Sprachschatzes. Roger freute sich über meinen Lerneifer und brachte mir seine Sprache großzügigerweise selbst bei. Bald hatten wir unsere eigene Geheimsprache und konnten über die anderen in unserer Umgebung herziehen oder Bemerkungen machen, ohne daß sie uns verstanden.

So saßen wir mit den alten Männern auf der Veranda, von der aus man auf das Dorf sah, beobachteten das Leben in der Mission und verbrachten Stunden damit, uns über Sprache, die geschichtliche Entwicklung in der Mission, die geschichtliche Entwicklung vor der Mission, Sitten und Gebräuche, die Jagd, Vögel, Tiere, Pflanzen, das Wetter, Vergangenheit, Gegenwart und Zukunft, das Christentum, die Kirche, Politik und Landrechte zu unterhalten. Roger und ich saßen ganze Tage unter seinem Mangobaum. Wie auch in den Gesprächen mit John Haviland war *lipwulin* (Barrow Point) unser vorherrschendes Thema.

Johns Schilderung in diesem Buch, wie er Roger Hart kennenlernte und immer mehr über dessen Volk und Land erfuhr, schlug eine vertraute Saite in mir an. Die Freundschaft mit Roger war ein großes Privileg für mich, denn sie entwickelte sich zu einer Zeit, als Identität, Geschichte und Landrechte mich enorm beschäftigten. Aus den Stunden, Tagen und Wochen, die ich mit meinen Freunden Roger, Bob und den anderen alten Leuten verbrachte, wurden Jahre, in denen Roger und ich mit ansehen mußten, wie ein Freund nach dem anderen von uns ging.

Rogers Geschichte beschreibt am besten das Leben nach der gewaltsamen Eroberung des Cooktown-Hinterlandes im Gefolge des Palmer-River-Goldrauschs, ein Leben an der Peripherie, außerhalb der Mission. In der Zeit von der Jahrhundertwende bis zum Zweiten Weltkrieg führte die restliche einheimische Bevölkerung ihr traditionelles Nomadenleben weiter, so gut es ging – eine leichte Beute für Viehzüchter, Bergleute und Fischer einerseits, die sie auf unmenschliche Weise ausbeuteten, Regierung und Missionare andererseits, die die Kinder von ihren Familien trennen und sie langfristig seßhaft machen wollten. Regierung und Missionare waren letztlich erfolgreich, und so mußte eine Handvoll einsamer alter Menschen ihren Lebensabend wohl oder übel in einem Reservat am Rande von Cooktown fristen.

Mein Urgroßvater Arrimi, der in Rogers Geschichten auftaucht, hatte seinen festen Platz in den Träumen meiner Kindheit. Er war ein gesetzloser Buschmann, der der Polizei aus dem Weg ging und meinem Vater nur heimlich mayi (Essen) in die Cape-Bedford-Mission bringen konnte. Ich habe mich oft gefragt, wie er und die Leute, die immer noch im Busch lebten, es geschafft haben zu überleben. Rogers Buch erzählt von den letzten Tagen dieser Buschmänner.

In mancher Hinsicht hätte ein Leben unter solchen Bedingungen, bei dem man hin und wieder einen Job annahm, sich ansonsten aber von der Jagd ernährte und durch die freie Natur zog, durchaus Überlebenschancen gehabt. Wenn man die Menschen nur gelassen hätte. Wenn sie nur ein Stück eigenes Land besessen hätten. Wenn die Weißen nicht so unmenschlich gewesen wären und sie nicht so ausgebeutet hätten. Vielleicht hätten sie dann ihre Familien behalten und auf ihrem Land weiterleben können.

Rogers Bericht über die Vertreibung der Menschen aus ihrem Homeland ist geprägt von Trauer und dem Gefühl des Verlustes. Als letzter Überlebender einer Volksgruppe, die noch im Busch geboren wurde, führt er heute ein einsames Dasein. Doch der Prozeß um sein Land, den Roger und andere Angehörige der Yiithuuwarra zu Beginn der 90er Jahre vor dem Grundstücksgericht von Queensland gewonnen haben, weckt Hoffnung auf eine Wiedervereinigung. Das Gambiilmugu-Volk ist stark und lebendig, und vielleicht hat es sogar eine Zukunft.

Rogers Arbeit – sein unermüdlicher Versuch, die Geschichte seines Volkes zu rekonstruieren und dieses Wissen geduldig aufzuzeichnen –, aber auch die Erzählungen anderer alter Menschen, etwa der Brüder Bob und Johnny Flinders, haben den Weg dafür geebnet, daß seine Nachkommen gegen Ende seines Lebens unter Berufung auf die neuen Möglichkeiten Besitzansprüche auf ihr angestammtes Territorium geltend machen und *lipwulin* zurückfordern konnten.

Roger verfügt nicht nur über ein phänomenales Gedächtnis und einen scharfen Verstand, sondern er ist auch ein außergewöhnlich freundlicher und großzügiger Mensch. Meine Zuneigung, die vom ersten Augenblick an bestand, bleibt *athunbi anggatha*, meinem Freund aus *lipwulin*, auf ewig erhalten.

Noel Pearson

Dank

Kein Projekt, das wie dieses Buch fast zwei Jahrzehnte Arbeit über drei Kontinente hinweg umfaßt, wäre ohne die Hilfe anderer Personen denkbar. Hier erwähne ich nur einige der Menschen, denen ich für ihre Hilfe danken möchte. Anderen, deren Namen die Zeit aus meiner Erinnerung gelöscht hat, übermitteln Roger und ich unseren wortlosen Dank.

In Hopevale haben viele Menschen mich und Angehörige meiner Familie willkommen geheißen und uns geholfen, die Gewohnheiten der bama zu begreifen. Einen entscheidenden Beitrag zu diesem Buch leisteten Roger Hart und seine Familie, vor allem Allen Hart, Bernard Hart und Patsy Gibson mit ihren Familien und Kindern sowie die weitläufige Familie des mittlerweile verstorbenen Tulo Gordon und seiner ebenfalls verstorbenen Frau Gertie, vor allem Helen Michael und ihre Familie, die verstorbene Noeleen Michael und ihre Familie, sowie deren Brüder, insbesondere Willie, Godfrey und Reggie. Für ihre unermüdliche Unterweisung, Freundschaft und Gastfreundschaft über die Jahre hinweg danke ich ganz besonders Walter und der verstorbenen Lizzie Jack, all ihren Kindern, meinen Brüdern und Schwestern, Pastor George und Maudie Rosendale sowie Roy und Thelma McIvor. Merv Gibson und Noel Pearson gebührt mein Dank für ihre Unterstützung, Ermutigung, Hilfe und Gesellschaft auf unserer letzten Reise nach Barrow Point. Von den vielen Mitgliedern des Gemeinderats von Hopevale, die mir in praktischen Angelegenheiten behilflich waren und mir das Leben in Hopevale ermöglichten, danke ich besonders Gearhardt

Pearson, Lister und Leonard Rosendale, Peter und David Costello.

Dem verstorbenen Bendi Jack und seiner Familie in Melbourne, Conrad Keese und seiner Familie in Sydney sowie Fred, Joan, Michael and Leonie James in Lake Tabourie und Sydney danke ich vor allem für die Gastfreundschaft und Zuneigung, die Roger, Tulo und ich bei ihnen im Süden erleben durften.

In akademischer Hinsicht bin ich vielen Menschen zu Dank verpflichtet, insbesondere Bob Dixon, der mich als erster auf North Queensland und seine Sprachen aufmerksam machte, sowie Bruce Rigsby und Peter Sutton, die mir großzügig Einblick in ihre Unterlagen und ihr Wissen über die Sprache, Genealogie und Geographie von Queensland gewährten und mich vorbehaltlos unterstützten. Ein besonderer Dank gilt Elinor Ochs und Sandro Duranti, die mir vorschlugen, einen Teil meines Materials in eine populärwissenschaftliche Form zu bringen. Elisabeth Patz danke ich für die Übersetzung des umfangreichen deutschen Archivmaterials, das mir vom Bayerischen Missionswerk in Neuendettelsau (mit freundlicher Genehmigung des Archivars, Konrad Rauh) und der Lutherischen Kirche von Australien in Adelaide zur Verfügung gestellt wurde. Ich danke Nona Bennett für die Erfassung der Erläuterungen zu diesen frühen Archivaufzeichnungen auf Computer und Kathy Frankland vom Staatlichen Archiv in Queensland. Viele Personen waren dabei behilflich, die Texte von sprachlichen Unebenheiten zu befreien; ich bedanke mich insbesondere bei Sharon Larisch und Dick Bauman sowie den ungenannten Lektoren der Smithsonian Institution für ihre Vorschläge.

Im Lauf der jahrelangen Arbeit an diesem Projekt bekamen wir finanzielle Unterstützung aus zahlreichen Quellen. Anfangs erhielten Haviland, Hart und Gordon Forschungsstipendien vom (damaligen) Australian Institute of Aborignal Studies, die häufig die Kosten für Mietwagen und andere praktische Hilfsmittel mit einschlossen. Institutionelle Unterstützung für seine Forschungsarbeit erhielt Haviland vom Department of Anthropology, der Research School of Pacific Studies, der Australian National University, vom Reed College, in Form eines Stipendiums der John Simon Guggenheim Memorial Foundation, sowie von der Cognitive Anthropology Research Group des Max-Planck Institute for Psycholinguistics und vom Centro de Investigaciones y Estudios Superiores en Antropología Social (CIESAS)-Sureste (finanziell unterstützt von CONACYT-Mexico), das teilweise für die Niederschrift des Manuskripts aufkam. Das Cape York Land Council war in Gestalt von Noel Pearsons hilfsbereitem Büro ebenfalls an der Finanzierung des letzten Stadiums der Forschungsarbeiten beteiligt. Schließlich ermöglichten The Body Shop (Australien) und die großzügige Unterstützung durch Mr. Barrie Thomas die Veröffentlichung der Farbtafeln im vorliegenden Buch.

Für ihre Gastfreundschaft (ganz zu schweigen von Käse, Fisch und Garnelen) während der Entstehung des Manuskripts danke ich Arno und Ino van Ooyen in Elst, Gelderland, David und Nona Bennett in Potato Point, N.S.W., sowie Jonathan Kelley und Mariah Evans in Queanbeyan, N.S.W.

Ganz persönlich danke (und umarme) ich für ihre Ermutigung, Liebe und Unterstützung trotz zahlreicher Unterbrechungen, aber auch für ihre Anteilnahme, ihre Gedanken und ihre Hilfe bei der Niederschrift Lourdes de León, Isabel Haviland, Maya Haviland (eine der ersten kritischen Lektorinnen meiner Übertragung von Roger Harts Geschichten ins Englische), Sophie Haviland, Leslie Knox Devereaux, Patsy und Alex Asch, dem verstorbenen Roger Keesing, Shelley Schreiner, Bruce und Barbara Rigsby, Stephen Levinson und ganz besonders dem verstorbenen Tim Asch für seine Gesellschaft und Inspiration auf einer unserer letzten Reisen nach Barrow Point.

»Willst du meine Sprache aufschreiben?«

Mitte des vorigen Jahrhunderts existierte im Norden von Queensland ein verhältnismäßig großer Clan von Ureinwohnern, der Anspruch auf das Gebiet um Barrow Point erhob, einen Küstenstreifen zwischen Cape Melville im Norden und Cape Flattery im Süden. Roger Hart, möglicherweise der letzte überlebende Angehörige dieser Gruppe, kam irgendwann zwischen 1914 und 1916 westlich von Barrow Point im Busch von Ninian Bay zur Welt. Um diese Zeit lebte noch eine relativ große Gruppe umherwandernder Aborigines in der Gegend von Barrow Point. Sie wechselten ihre Lager je nach Jahreszeit und überlebten einerseits als Jäger und Sammler und andererseits, indem sie Hilfsgüter der Regierung oder gelegentlich auch Jobs in den Missionsstationen oder auf Schiffen annahmen. Zu Anfang des Jahrhunderts war diese Gegend einer der letzten Zufluchtsorte für Aborigines nördlich von Cooktown, die aus den Gebieten, in denen Europäer ihre Minen, Farmen oder Siedlungen errichteten, vertrieben oder deportiert worden waren. Viele Menschen in Rogers Umgebung, darunter auch seine Mutter, hatten zeitweise für weiße Siedler und Farmer gearbeitet. Sein biologischer Vater war vermutlich einer jener Siedler gewesen; seine Sprache, sein angestammtes Land und seine Identität als Angehöriger einer Volksgruppe verdankte Roger Hart jedoch seinem Aborigine-Vater – dem Mann also, der zum Zeitpunkt seiner Geburt vom Clan als Ehemann seiner Mutter anerkannt wurde.

Anfang der 20er Jahre wurden die Barrow-Point-Aborigines

von Polizei, Siedlern und kommerziellen Fischern bedrängt, die auf der Suche nach billigen Arbeitskräften an der Küste entlangfuhren. Innerhalb von zehn Jahren hatten Vertreter der Regierung die Lager der Aborigines bei Barrow Point in Brand gesteckt und ihre Bewohner in ein anderes Gebiet weiter nördlich umgesiedelt. Zu Beginn des Zweiten Weltkriegs lebten die meisten dieser Menschen nicht mehr. Nur wenige der ursprünglichen Besitzer von Barrow Point hatten überlebt und waren jetzt in verschiedenen über ganz Queensland verstreuten Aborigine-Gemeinden ansässig.

Ich lernte Roger Hart 1979 kennen, als er mich fragte, ob ich etwas »Zeit übrig« hätte, um ihm zu helfen, seine Barrow-Point-Sprache »aufzuschreiben«. Sie ist verwandt mit der Guugu-Yimithirr-Sprache, die ich in Queensland studiert hatte. Im Lauf der folgenden Jahre trugen wir das Material für dieses Buch zusammen. Unser Mitarbeiter war Tulo Gordon, Maler und Geschichtenerzähler aus einer Gegend namens Nugal am Endeavour River. Tulo war einer meiner Lehrer für Guugu Yimithirr gewesen, als ich 1971 nach Hopevale kam, eine Aborigine-Gemeinde nördlich von Cooktown. Außerdem war er Roger Harts Jugendfreund aus frühesten Missionszeiten. Wir hatten vor, Rogers Autobiographie, die Geschichte seines Volkes und die mündlich überlieferten Erzählungen, an die er sich aus seiner Kindheit erinnerte, miteinander zu verbinden. Die Illustrationen des 1989 verstorbenen Tulo Gordon, die den Text ergänzen, entstanden auf der Grundlage unserer zahlreichen Gespräche und gemeinsamen Reisen 1980 und 1982 nach Cape Melville und Barrow Point.

In den erzählerischen Fragmenten von Roger Harts Geschichte bleibt die Biographie immer mehrdeutig, vage und abhängig von äußerer Beeinflussung. Der Prozeß, mit dem wir alle gemeinsam dazu beitrugen, Rogers »Lebensgeschichte« zu erzählen, beginnt mit dem, was Tulo als Rogers »starke Erinnerung« bezeichnete, und setzt sich fort in Rogers Erfindung des eigenen Ichs, seiner sich allmählich entwickelnden Selbsterkenntnis und seinem aufkeimenden Bewußtsein von Identität. Selbst die Geschichten vom alten Fog, Hauptbestandteil des geistigen Eigentums der Barrow Point People, sind unser eigener Flickenteppich, der sich aus widersprüchlichen Versionen, nicht eindeutig belegten Elementen, Themen und Moralvorstellungen zusammensetzt. Sie stammen aus anerkannten, einander jedoch teilweise widersprechenden, tausendmal erzählten Varianten, in denen unterschiedliche Begriffe, ja sogar Sprachen verwendet wurden – Relikte des ursprünglichen Barrow-Point-Dialekts, vermischt mit dem flüssigen Guugu Yimithirr von Roger, Tulo und anderen und immer wieder durchsetzt mit einem eleganten, archaischen Englisch, das viele Leute in Hopevale beherrschen. Die Geschichte des Old Man Fog ist durch die unbestreitbare Tatsache von Rogers Eigentumsrecht legitimiert, wird andererseits aber von der Unzuverlässigkeit der Zeit und der Erinnerung unterlaufen. Rogers Erzählungen über mythische Zeiten, die Geschichte seines Volkes und sein eigenes Leben waren am ergiebigsten, als wir uns der ursprünglichen Umgebung näherten: als er und ich, manchmal von Tulo begleitet, bei unseren Besuchen in Barrow Point um das Lagerfeuer saßen und von alten Zeiten sprachen.

Roger Harts Geschichte setzt sich also aus vielen erzählerischen Fragmenten zusammen. Sie reichen von autobiographischen Bemerkungen, die bei Tee und Kuchen so nebenbei in einer Diskussion über Sprache fielen, bis hin zu bewußt wieder gegebenen historischen und biographischen Erinnerungen. Letztere wurden teilweise gefilmt, teilweise auf Band aufgezeichnet. Sie sind Beispiele für ein selbsterfundenes Genre – »die Geschichte meines Lebens erzählen« –, worin die Leute von Hopevale große praktische Erfahrung besitzen.

Die wichtigste Quelle waren Gespräche über die Vergangenheit und allerlei Abenteuer, die wir bei unseren Fahrten nach Barrow Point und seine Umgebung, aber auch in andere Gegenden von Queensland, in denen Roger Hart gelebt hatte, systematisch aufzeichneten. Ergänzt wurden sie durch mehr oder weniger zufällig erhaltenes Archivmaterial, welches den europäischen Blickwinkel auf die Aborigines und ihre Gewohnheiten im Norden von Queensland dokumentiert.

Die daraus entstandenen »Texte« täuschen darüber hinweg, daß sie von den jeweiligen Gesprächsteilnehmern, von den augenblicklichen Umständen und Aktivitäten sowie der Dynamik historischer Prozesse bis hin zur jüngsten Vergangenheit abhängig sind. Im heutigen Queensland sind Rechtsansprüche auf Land und Sprache zentrale Themen. Es ist sogar denkbar, daß andere Schilderungen von Gewohnheiten, Traditionen und Ereignissen im Leben der hiesigen Aborigines kohärenter und weniger lückenhaft erscheinen als auf Tatsachen beruhendes Wissen. Verschiedene Parteien vertreten unterschiedliche Interessen. Sie neigen dazu, Fakten zu glätten, und das Aufzeichnen einzelner Bruchstücke dient gelegentlich nur dazu, sie zu einem Ganzen zusammenzufügen, sie in einen Zusammenhang zu stellen und ihnen eine Form zu geben, die ihnen möglicherweise gar nicht zukommt.

So könnte man sich eine »Lebensgeschichte« beispielsweise als chronologische Folge von Ereignissen vorstellen, die ein Individuum beim Durchschreiten von Zeit und Raum erlebt hat. Teile dieser Geschichte überdauern vielleicht nur in der Erinnerung, andere werden dokumentiert, und wieder andere gehen verloren. In der Theorie dagegen wird die objektive Aufeinanderfolge der Ereignisse fixiert und erstarrt in den Fakten der Vergangenheit. Das Leben der Menschen von Barrow Point, das Roger Hart und ich zu rekonstruieren versucht haben, ist anders. Wir bieten flüchtige Blicke auf unterschiedliche Biographien und präsentieren sie so, wie sich die Leute früher über die Heldentaten ihrer Mitmenschen unterhalten haben mochten, wenn sie um ein Feuer saßen, während der Regenzeit in Höhlen Zuflucht suchten, im Kanu aufs Meer hinauspaddelten oder sich die langen Wochen der Initiation verkürzten.

Die Protagonisten dieser Erzählungen sind streng genommen keine Individuen. Man darf sie nicht von ihren Zeitgenossen oder auch ihren Gebieten getrennt sehen. Einzelne, mit Namen ausgestattete Personen, egal ob Männer oder Frauen, können für eine ganze Kette von Verwandten stehen, die sich danach definieren, wie sie die anderen in ihrem gesellschaftlichen Umfeld »beißen« (so sagt man in Guugu Yimithirr) oder »fressen« (in der Sprache von Barrow Point) – das heißt, mit Verwandtschaftsbezeichnungen belegen oder »nennen«. So können in unterschiedlichen Erzählungen die Abenteuer einer Person mit denen einer anderen verschmelzen und trotzdem in allen wesentlichen Punkten, als denen, die eine bestimmte Person als solche definieren, übereinstimmen. Ebenso fließen bestimmte Geschehnisse und deren moralischer Gehalt in den biographischen Erinnerungen zusammen, die Roger und ich zusammengetragen haben. Deshalb sind es keine rein chronologischen Abfolgen von Ereignissen, sondern Erzählungen, milbi (Neuigkeiten, Geschichten), meist mit einer eindeutigen, wenn auch versteckten moralischen Botschaft.

Mit der Ankunft der Europäer und anderer fremder Eroberer wurde das Leben (und damit auch die »Lebensgeschichten«) der Menschen aus Barrow Point zugleich komplizierter und bruchstückhafter. Familienverbände wurden aufgebrochen und ihre Mitglieder zerstreut, so daß der einzelne stärker isoliert war und zugleich eine größere Bedeutung bekam, als er sie als Teil eines kohärenten sozialen Gefüges gehabt hatte. Die Möglichkeiten, das Verhalten der anderen zu verstehen, veränderten sich. Sogar die Sprachen veränderten sich, da die Menschen ihre eigenen Begriffe verloren und anfingen, diejenigen zu benutzen, die sie von den Fremden gelernt hatten. Außerdem wechselten die Gesprächspartner, denen man seine Lebensgeschichte erzählen konnte. Je mehr das gesellschaftliche Umfeld schrumpfte und durch Eindringlinge, Krankheit, Umsiedlung, Gewalt und Tod zerstört wurde, um so mehr wich der Zusammenhalt innerhalb der Sippe dem Zusammengehörigkeitsgefühl mit anderen Vertriebenen, Überlebenden und Flüchtlingen. Deren Interessen und ihre Fähigkeit, sich zu assimilieren und »Neuigkeiten« oder »Geschichten« richtig einzuschätzen, unterschieden sich radikal von denen früherer Familiengemeinschaften, bei denen es ein gemeinsames Lagerfeuer oder ein gemeinsames für die Initiation reserviertes Gebiet gegeben hatte.

Zwei Themen tauchen immer wieder in Rogers Geschichte auf, die einer besonderen Erläuterung bedürfen. Das erste ist der massive und nachhaltige Eingriff in das Leben der Aborigines – fast könnte man sagen, seine bewußte Demontage – durch die europäische Gesellschaft in der ersten Hälfte, vor allem aber in den ersten fünfundzwanzig Jahren dieses Jahrhunderts. Das zweite ist ein spezielles Identitätsproblem, das für Aborigines aus gemischtrassigen Beziehungen am deutlichsten spürbar ist und sich in einem tiefen persönlichen Zwiespalt manifestiert, den Menschen wie Roger Hart angesichts ihrer Rolle im Leben empfinden. Die Auswirkungen der europäischen Eroberung waren während Roger Harts Kindheit in Barrow Point bereits erkennbar, die Saat für die Zerrissenheit gesät.

Wörter und Ausdrücke in Guugu Yimithirr, der Sprache von Cooktown und dem Gebiet nördlich des Starcke River, erscheinen in serifenloser, gerader Schrift, Wörter aus der Barrow-Point-Sprache in serifenloser, kursiver Schrift. Auf den folgenden Seiten marschiert eine möglicherweise verwirrende Phalanx von Verwandten und anderen Clanbrüdern auf; einige genealogische Erläuterungen zu dem, was Roger unter »Verwandtschaft« versteht, stehen in den Anmerkungen. Wie bei den Aborigines üblich, tauchen zahlreiche Hinweise auf Orte, Territorien und Clangebiete – die traditionellen *runs* der verschiedenen Aborigine-Familien und -Gruppen – auf; auch diese werden zum Teil in den Anmerkungen erläutert. Allerdings habe ich häufiger von den Namen verstorbener Personen Gebrauch gemacht, als das Anstandsgefühl der Aborigines es normalerweise zulassen würde.

1985 zog ich von Australien weg, und die Fertigstellung des Buches verzögerte sich immer wieder. Unser Mitarbeiter Tulo Gordon starb 1989. Ein Jahr später steckte Roger Hart seine Kraft und sein Wissen über die Aborigine-Tradition in den Versuch, die eigenen Gebiete und die seines Clans unter Berufung auf die neue Gesetzgebung zurückzubekommen, die die Besitzansprüche der Aborigines in Queensland regelt. Jetzt, nach fast zwanzig Jahren, können Rogers Geschichte und Tulos Bilder endlich erscheinen. Vielleicht ist es eine Ironie der Geschichte, daß wir das Material für dieses Buch zu einer Zeit zusammengetragen haben, als sich noch niemand vorstellen konnte, daß Aborigines eines Tages »Besitzansprüche« auf Grund und Boden geltend machen könnten. Auch wenn das Buch noch nicht fertiggestellt war, diente einiges von dem, was wir zusammengetragen hatten, in der angespannten Atmosphäre zu Beginn der 90er Jahre als Beweismaterial für den Anspruch auf bestimmte Territorien. Bei meinem Cousin Roger möchte ich mich dafür entschuldigen, daß das »Aufschreiben« seiner »Sprache« erheblich mehr »übrige Zeit« in Anspruch genommen hat, als wir beide uns an jenem regnerischen Morgen im Jahr 1979 vor dem Laden von Hopevale hätten träumen lassen.

Teil 1

Die Geschichten von Barrow Point

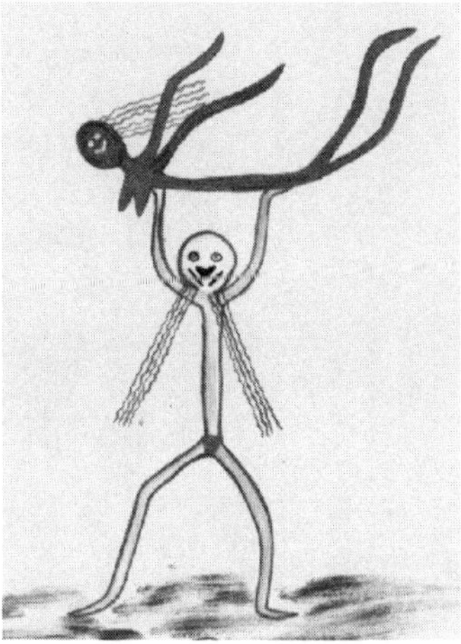

Hopevale und Hope Valley

Die Aborigine-Gemeinde Hopevale ist der Abkömmling einer lutherischen Missionsstation namens Hope Valley, die 1886 im Gefolge des Palmer-River-Goldrauschs[2] gegründet worden war. Die ursprüngliche Mission lag in Cape Bedford, nördlich von Cooktown im äußersten Norden von Queensland. Heute verwenden die Leute den Namen Hopevale für eine moderne Stadt, die um 1950 ein Stück weiter landeinwärts gegründet wurde, als die Bewohner der alten Mission, die im Zweiten Weltkrieg evakuiert worden waren, in ihr Homeland zurückkehrten. Die Einwohner von Hopevale nennen die ursprüngliche lutherische Mission an der Küste Cape Bedford. Wenn sie den alten Namen, Hope Valley, benutzen, meinen sie die ehemalige Hauptsiedlung an der südöstlichen Spitze des Kaps. Darüber hinaus gab es bedeutende Siedlungen nördlich von Cape Bedford bei Elim und diverse sogenannte Outstations weiter nördlich am McIvor River.

Die Menschen, die im Gebiet des Endeavour River ansässig waren, sprachen um 1770, als Leutnant James Cook und Mitglieder seiner Mannschaft ein paar Worte von den dort lebenden Aborigines[3] aufschnappten, eine heute noch erkennbare Variante des Guugu Yimithirr. Etwa hundert Jahre später wurde im Landesinneren, am Palmer River, Gold entdeckt, und da die Minen versorgt werden mußten, entstand an der Mündung des Endeavour der Hafen Cooktown. Die Stadt diente als Anlaufpunkt für Tausende von Goldgräbern europäischer und chinesischer Herkunft, die nur darauf brannten, den Palmer zu erreichen.

Die Folgen für das Leben der Aborigines waren verheerend. Gemeinschaften, die entlang der Flüsse lebten, in denen Gold vermutet wurde, oder Land zwischen der Küste und dem Palmer besaßen, wurden von einem Tag auf den anderen enteignet und nicht selten getötet. Andere Aborigines wurden von ihrem Homeland vertrieben, als sich die europäischen Siedlungen von den ursprünglichen Goldrouten aus weiter ausbreiteten. Überlebende Gruppen von Aborigines flüchteten tiefer ins Hinterland oder fristeten ein parasitäres Dasein am Rand der überall aus dem Boden schießenden Städte.

Innerhalb eines Jahrzehnts, im Laufe der 80er Jahre, gerieten die Reste der ursprünglichen Aborigine-Gemeinschaft in einen traurigen Zustand. Daraufhin ergriffen sowohl kirchliche als auch staatliche Stellen Maßnahmen, um das Dasein der Aborigines nach Richtlinien zu organisieren, die den europäischen Hoffnungen und Plänen eher entsprachen. 1886 gründeten lutherische Missionare aus Bayern mit Unterstützung der örtlichen Polizei, der Regierung von Queensland und anderen Missionsgesellschaften aus dem australischen Süden und Deutschland die Missionsstation in Cape Bedford. Ihr ursprüngliches Ziel war es, den übriggebliebenen Aborigine-Gruppen, die den unfruchtbaren Küstenstreifen nördlich von Cooktown bewohnten, eine Schulbildung zukommen zu lassen und ihnen Schutz zu gewähren.

Schon 1881 hatte der Polizeipräsident von Cooktown nach Möglichkeiten gesucht, Menschen aus den verstreuten Aborigine-Lagern um Cape Bedford dazu zu bewegen, nach Cooktown zu kommen, um sie dort nützlichen Zwecken zuzuführen.[4] (Der »Nutzen«, den sich die Bevölkerung von Cooktown erhoffte, beschränkte sich im wesentlichen auf unbezahlte Haus- und Feldarbeit und sexuelle Ausbeutung.) Die ersten Missionare dagegen wollten eine ständige und langfristig autonome Missionsstation in Cape Bedford aufbauen, wo sie ihre Schützlinge von dem abschirmen konnten, was sie als verderblichen Einfluß sowohl der im Busch lebenden Aborigines als auch der »kultivierten« Europäer ansahen.

Um die Jahrhundertwende, nachdem die Missionare in Cape Bedford über fünfzehn Jahre hinweg dieses Ziel verfolgt hatten, baute die Regierung einen neuen bürokratischen Apparat zur Überwachung der Aborigines in ganz Queensland auf. Das Goldfieber von Cooktown war abgeebbt, und die Wirtschaft im Norden des Landes pendelte sich auf eine bedeutungslose Mischung aus Goldgräberei, Viehzucht, Zuckerrohranbau und Fischfang ein. Die Restbevölkerung der Aborigines wurde schon lange nicht mehr als Bedrohung empfunden, sondern galt als Plage und Beleidigung der öffentlichen Moral und Kultur.

Nach und nach erließ die Regierung Gesetze, die es der Polizei mit Hilfe der zum Schutz der Aborigines etablierten Bürokratie erlaubte, alle Schritte der Aborigines zu überwachen, sie nach Belieben umzusiedeln oder in entfernte Gebiete des Staates zu verschleppen, sie letzten Endes einzusperren und ihre Familien zu zerstören, indem sie die Kinder in Heimen unterbrachten.

Da bekannt war, daß junge, zum Christentum bekehrte Aborigine-Frauen von der Außenwelt abgeschnitten in der Mission von Cape Bedford lebten, und da diese gleichzeitig als Verteilungsdepot für Hilfsgüter der Regierung an die Aborigines diente, wurde sie zu bestimmten Jahreszeiten von ansonsten halbnomadisch lebenden Gruppen heidnischer Aborigines aufgesucht, die unter den Bewohnerinnen der Mission nach geeigneten Ehepartnerinnen suchten.[5] In den ersten Jahren dieses Jahrhunderts berichtete Reverend Schwarz, der Missionar von Cape Bedford, über Besuche von Gemeinschaften aus dem Nordwesten, darunter bisher unbekannte Gruppen aus dem weit entfernten Barrow Point und Cape Melville[6] Aus diesen ersten Kontakten entwickelte sich eine vielschichtige Interaktion zwischen Regierung,

Missionsstation und den verschiedenen Clans, die letztendlich zum Untergang der Menschen von Barrow Point führen sollte.

In den 20er und 30er Jahren wurden in den Lagern nomadisierender Aborigines immer häufiger Kinder aus ihren Familien herausgerissen und in Besserungsanstalten und Missionsstationen untergebracht. Anfangs waren es »verwahrloste« Kinder (ein Euphemismus für Abkömmlinge aus gemischtrassigen Beziehungen), später jedoch *alle* Kinder, die die Polizei in Lagern der Aborigines fand. Gemäß der herrschenden Rechtsprechung steckte man sie in Heime, wo sie erzogen und ausgebildet wurden. Da die Cape-Bedford-Mission von Regierungsgeldern abhängig war, unterstand sie bis zu einem bestimmten Grad den Behörden, die für die Regelung von Aborigine-Angelegenheiten zuständig waren. Wenn also die Kinder von ihren Familien im Busch getrennt wurden, blieb den lutherischen Missionaren nichts anderes übrig, als einige »Waisen, verwahrloste und obdachlose Kinder« in die bis dahin völlig abgeschirmte Gemeinde von Hope Valley aufzunehmen. Solche Kinder stellten nach und nach einen immer größeren Anteil der Bewohner von Hope Valley. Roger Hart, dessen Leben und Erinnerungen an seine Kindheit in Barrow Point die Grundlage für dieses Buch bilden, war eines dieser Kinder. Seine Verwandten brachten ihn um 1923 von Barrow Point nach Cape Bedford und übergaben ihn der Obhut der Missionare.

Der Zustrom von Kindern von außerhalb der Mission hielt die 20er Jahre hindurch und bis in die 30er Jahre an. In dieser Zeit hatte Hope Valley mit erheblichen finanziellen Problemen zu kämpfen. Die Mission eröffnete mehrere Outstations, in denen Zusammenschlüsse erwachsener Aborigines versuchten, sich aus eigener Kraft von Landwirtschaft zu ernähren.

Die ersten Jahre des Zweiten Weltkriegs brachten noch schwerere Zeiten für Cape Bedford. Es standen kaum Mittel zur Verfügung, während die Bedürfnisse der Missionsgemeinde ständig wuchsen. Die Missionare versuchten, mit Hilfe einiger bevorzugter Aborigene-Familien innerhalb des begrenzten Missionsgebiets mehrere neue Stationen und Farmgemeinschaften aufzubauen. Roger Hart hatte mittlerweile die Tochter eines Aborigine-Helfers geheiratet, der das besondere Vertrauen des Missionars genoß, und sollte beim Aufbau einer autonomen, von fremder Hilfe unabhängigen Aborigine-Gemeinde im Hinterland von Cooktown mitwirken.

Doch die Ereignisse des Zweiten Weltkriegs machten auch vor dem Norden von Queensland nicht halt. 1942 wurde die gesamte Bevölkerung der Cape-Bedford-Mission und ihrer Outstations ohne Vorwarnung abtransportiert und nach Süden in eine Aborigine-Siedlung namens Woorabinda, etwas weiter im Landesinneren als Rockhampton, gebracht. Den Leiter der Mission, Reverend G. H. Schwarz, der 1887 aus Bayern nach Queensland gekommen und seitdem in Cape Bedford gelebt hatte, internierte man in einem Lager für Deutsche und gestattete ihm später nicht mehr, zu seiner Guugu-Yimithirr-Gemeinde zurückzukehren, die er über ein halbes Jahrhundert lang betreut hatte.

Die nächsten acht Jahre im Exil waren für die Menschen von Cape Bedford traumatisch und zugleich befreiend. Krankheiten sorgten dafür, daß sich ihre Zahl drastisch verringerte. (Roger Hart und seine Frau verloren in den ersten Monaten ihres Aufenthalts im kälteren Klima des Südens drei Kinder.) In Woorabinda waren sie zum ersten Mal in ihrem Leben orientierungslos und ungeschützt dem unmittelbaren Kontakt mit der »Außenwelt« ausgesetzt. Hier gingen sie auf normale Schulen, nahmen bezahlte Jobs an, zogen mit Landarbeitertrupps oder als Erntehelfer durch den ganzen Süden von Queensland und machten viele neue Bekanntschaften, unter den Farbigen wie auch unter den Weißen.

Dennoch blieben die Cape Bedford People – die in Woorabinda wie auch diejenigen, die in Arbeitstrupps außerhalb der Siedlung beschäftigt waren – eng miteinander verbunden.

Ein paar einflußreiche ältere Leute (darunter Roger Harts Schwiegervater) kämpften für den Zusammenhalt innerhalb der Gruppe[7] und die Möglichkeit, in ihr eigenes Land im Norden zurückzukehren. Mit Hilfe der lutherischen Behörden gelang es ihnen Ende der 40er Jahre endlich, das ursprüngliche Aborigine-Reservat in ihrem angestammten Territorium wieder aufzubauen. Die neue Lage – 50 Kilometer nördlich von Cooktown und etwa 25 Kilometer landeinwärts vom ursprünglichen Hope Valley – wurde Hopevale getauft. Roger Hart gehörte zu einem der Arbeitertrupps, die Anfang der 50er Jahre aus Woorabinda zurückkehrten, das Buschland rodeten, Häuser, Straßen und eine Kirche bauten, Gärten anlegten und die Rückkehr der Familien in die neue Gemeinde vorbereiteten.

Die meisten Alten aus Hope Valley waren während der Kriegsjahre im Süden gestorben, und viele Familien waren auf ein oder zwei Mitglieder geschrumpft, wenn nicht ganz ausgerottet. Auf diese Weise hatte das Exil das soziale Gefüge der Gemeinde radikal verändert. Wegen des bedenklichen Mangels an heiratsfähigen jungen Mädchen verließen Gruppen junger Männer in den 50er Jahren Hopevale in regelmäßigen Abständen, um sich auf die Suche nach Ehefrauen zu machen. Viele junge Frauen aus Palm Island, Bloomfield, Yarrabah, Weipa und sogar Woorabinda kamen mit ihren frischgebackenen Ehemännern nach Hopevale, um hier eine Familie zu gründen. Zudem wurde die Gemeinde durch verstreut lebende Aborigine-Familien aus dem Südosten der Halbinsel Cape York verstärkt, die Verwandte in Hopevale hatten. So bekam Roger Hart erneut Kontakt zu Angehörigen der Barrow Point People, die den Krieg überlebt hatten.

Seit den 50er Jahren war Hopevale eine Gemeinde, in der reges Kommen und Gehen herrschte. Manche Einwohner verbrachten lange Zeit »im Süden« – in Brisbane oder in anderen Städten von Queensland. Dies war Teil der Bemühungen der Lutheraner, Aborigine-Familien aus Hopevale in größerem Umfang in die australische Gesellschaft einzugliedern. Kinder und junge Erwachsene begannen außerhalb der Mission zu arbeiten und zu studieren, und heute sind Leute aus Hopevale im Rahmen des gesellschaftlichen Lebens, Reisens und politischer Aktivitäten der Aborigines bundesweit vertreten. Die von den ersten Missionaren sorgfältig herbeigeführte Isolation der Gemeinschaft von Hope Valley wurde im modernen Hopevale ein für allemal abgebaut.

Ihr Identitätsgefühl jedoch blieb erhalten. Als ich 1970 nach Hopevale kam, schickten mich die Bewohner, ohne zu zögern, zu den besten Lehrern der Guugu-Yimithirr-Sprache und zu Männern, die eindeutig am ehesten einen legitimen Anspruch auf Sprache und Territorium hatten. Die unterschiedliche Herkunft, aber auch die jüngere Vergangenheit vieler Leute, die aus anderen Teilen von Queensland nach Cape Bedford gebracht worden waren, bedeutete einerseits, daß zwar praktisch alle Einwohner von Hopevale Guugu Yimithirr als vorrangige Sprache verwendeten, die große Mehrheit jedoch keinen Anspruch auf Guugu Yimithirr als ihre »Stammessprache« erhob. Daher verwies man mich an Experten, die von echten Guugu Yimithirr sprechenden Familien abstammten und aus den damit verbundenen Clan-Territorien kamen. Die ältesten Mitglieder solcher Familien beherrschten die Sprache am besten, deshalb mußte ich – so die einhellige Meinung – bei ihnen in die Lehre gehen. Diese Lehrer, in der Mehrzahl alte Männer, waren entschlossen, mir nicht nur ein akzeptables Guugu Yimithirr beizubringen, sondern mich gleichzeitig über vergangene und gegenwärtige Verwandtschaftsbeziehungen, Clans, Totems, Orte, Landstriche, nützliche und gefährliche Pflanzen, Fische, Fischspeere und Fangstellen aufzuklären und mir zu zeigen, wie man Himmelsrichtungen bestimmt[8] und sich Großvätern, Schwestern und Schwiegermüttern gegenüber zu verhalten hat.[9]

In den 70er und 80er Jahren wurde Hopevale von einer Modernisierungswelle erfaßt. Nach und nach vollzog die Gemeinschaft den Übergang von einer von außen verwalteten lutherischen Mission, die von Staat und Kirche nicht nur finanziell abhängig war, sondern auch Weisung erhielt und kontrolliert wurde, zu einer jener mehr oder weniger autonomen Aborigine-Siedlungen, die der damaligen Regierung von Queensland vorschwebte. Doch es sollte noch ein Jahrzehnt dauern, bis die Änderung der gesetzlichen Bestimmungen für den Grundbesitz der Aborigines diesen Gemeinden überhaupt ein gewisses Maß an Autonomie ermöglichte und junge Aborigines dazu bewog, ihre »Tradition« bewußt neu zu beleben, um auf diese Weise ihre ursprünglichen Gebiete wieder in ihre Macht zu bringen. Bisher war auf regionaler und familiärer Ebene eine Politik der Uneinigkeit an der Tagesordnung gewesen. Wer kontrollierte den Gemeinderat und die Regierungsgelder, die ihn finanzierten? Wer besetzte die wenigen Arbeitsplätze im Geschäft, im Amt oder in der Werkstatt von Hopevale? Wer besaß ein Anrecht auf Beschäftigung in der lukrativen Quarz-Mine in Cape Flattery, die mitten auf Missionsgebiet lag, ihre Abgaben jedoch nach Brisbane und ihre Gewinne nach Japan überwies? Wer war in der Lage, »Privatinitiativen« innerhalb der Mission zu starten, Schweine zu züchten, Vieh zu schlachten, ein Taxi zu fahren, Fish and Chips, Angelschnüre oder Benzin zu verkaufen? Und wenn *deine* Familie irgendeine Art von Macht oder Einfluß ausübt, was bedeutet das für *meine*?

Ich hatte versucht, die Entwicklung der Guugu-Yimithirr-Sprachgemeinde zu verstehen, in der alles, was Abstammung und Sozialgeschichte betrifft, untrennbar mit nahezu allen Aspekten des gesellschaftlichen Lebens, insbesondere der Sprache, verbunden ist. Meine Recherchen[10] hatten sich auf die Zeitspanne konzentriert, in der die ältesten noch lebenden Mitglieder in die Mission gekommen waren, größtenteils als kleine Kinder. Doch die Ereignisse in Hopevale hatten Fragen aufgeworfen, die die Anfänge dieser Gemeinde betrafen: einerseits bruchstückhafte »Traditionen« von Land und Sprache, die sich aus einer Zeit rekonstruieren ließen, als noch kein Europäer das Land besetzt hatte, andererseits Veränderungen innerhalb des sozialen Gefüges nach dem Zweiten Weltkrieg, eine Folge des Zusammenbrechens der von den Missionaren geplanten utopischen Isolierung.

Je näher der 100. Jahrestag der Gründung der Cape-Bedford-Mission rückte, um so mehr wurde die soziale Vergangenheit der Missionsgemeinde zum beherrschenden Gesprächsthema. Die für den Jahrestag der Ankunft von Reverend Schwarz in Cape Bedford geplanten Feierlichkeiten veranlaßten mehrere uralte Männer, denen ich mich anschloß, den ursprünglichen Standort der Mission aufzusuchen, um ein paar zerstörte Gebäude vom gröbsten Unrat zu befreien, sie für einen Gedenkbesuch herzurichten und nach Überresten aus den frühen Zeiten der Mission zu suchen. Bei unseren Expeditionen zu diversen Anlagen im gesamten Missionsgebiet in Gesellschaft dieser Gemeindeältesten lag sozusagen stets Geschichte in der Luft, und die Gespräche nahmen recht unterschiedliche Richtungen. Alter Aberglaube wurde erst der modernen lutherischen Lehrmeinung gegenübergestellt, dann »echten« Ängsten und Gefahren im Busch. Soeben gelernte Wörter entpuppten sich als vulgär, unhöflich oder tabu; andere dagegen als heilig, ehrerbietig und »tief«. Die traditionellen Werte Respekt und Anstand wurden einerseits betrauert (als Ausdruck inzwischen vergessener Clangesetze und -autorität), andererseits verurteilt (als tyrannisch, sexistisch und korrupt). Die Missionare hatten Janusköpfe: erst aufgeklärte Erlöser, im nächsten Moment intolerante Rassisten. Aus alten Zeiten überlieferte Geschichten, von den alten Männern gestern noch als vulgär abgetan, enthielten heute plötzlich wertvolle moralische Erkenntnisse und würden morgen als Beweis für althergebrachte territoriale Ansprüche angeführt.

Die älteren Leute in Hopevale empfanden den Aufruhr in der Gemeinde als bedrückend und verwirrend. Sie beklagten den Verlust von Sitte und Anstand, die Kirche und Mission ihnen eingeschärft hatten. Sie bejammerten den nachlassenden Respekt vor den Verwandtschaftsbeziehungen und den Gebräuchen der Aborigines unter den Lebensbedingungen: zuviel Grog, zu viele Autos, zuwenig Abstand zu den Nachbarn. Beispielsweise gebot es die Tradition, die Schwiegermutter mit größter Ehrfurcht zu behandeln, doch im modernen Hopevale, wo die Häuser Wand an Wand standen und junge Leute sich von der Rente ihrer älteren Verwandten durchfüttern ließen, kam es vor, daß man in ihrem Haus wohnte und mit ihr am gleichen Tisch saß. Die Alten waren empört. »Die jungen Leute von heute dürfen ihre Schwiegermütter beleidigen oder beschimpfen, wir [Alten] dürfen es einfach nicht.«[11]

In dieser aufregenden Atmosphäre des Lernens und Lehrens, der Erinnerungen und Entdeckungen, betrat eines Tages Roger Hart den Laden in Hopevale. Es war ein regnerischer Vormittag im Juni 1979, ein Zahltag. Aus allen Richtungen strömten die Leute herbei, um in Hopevale ihre Rente, ihre Sozialhilfe oder ihr Gehalt gegen Mehl, Tee, Zucker, Fleisch, Brot, Dosenmilch, Garnelenköder, Angelschnüre und andere Gebrauchsgüter einzutauschen. Kinder bettelten um Eis und Tüten mit Chips. Halbwüchsige schnorrten bei bessergestellten Verwandten eine Zigarette.

Cousins liehen sich ein paar Scheine, um ihre Benzintanks aufzufüllen. Über dieses frühmorgendliche Gewusel brach ein für diese Jahreszeit ungewöhnlich heftiges Gewitter herein. Ich stellte mich zu drei alten Männern in eine Ecke, in der ein großer Mangobaum leidlich Schutz vor dem Regen bot.

In diesem Augenblick kam ein eleganter Herr mit bloßen Füßen, Khakihose, Baseballkappe und einem kurzärmligen Hemd auf uns zu, dessen Tasche mit Tabak vollgestopft war. Zurückhaltend grüßte er mich auf Guugu Yimithirr.

»Wantharra, thawuunh. Wie geht es dir, mein Freund?«

Zu dieser Zeit hatte ich, mit einigen Unterbrechungen, bereits neun Jahre in Hopevale gearbeitet. Im Lauf der Jahre hatte ich die meisten der ganz alten Leute aus der früheren Mission kennengelernt, und es war bekannt, daß ich schriftlich festzuhalten versuchte, was sie mir an Wörtern beibringen und über Verwandtschaftsbeziehungen und Gebräuche aus der Gegend um Cape Bedford und Cooktown berichten konnten. Roger Hart war die meiste Zeit, die ich dort arbeitete, nicht in Hopevale.

»Kommst du voran, thawuunh (mein Freund)? Ngayu (Ich bin) Roger Hart. Schon mal von mir gehört?«

Das Gesicht kannte ich nicht, den Namen dafür um so besser. Er stand für das Oberhaupt einer der großen und bedeutenden Familien in der Mission. Manchmal machte ich abends mit ein paar jungen Männern aus der Gemeinde Country Music, und einer von ihnen, ein begeisterter Gitarrist namens Alan Hart, hatte Anfang des Monats von seinem Vater, Roger Hart, gesprochen. Er hatte mir erzählt, daß der alte Mann außerhalb der Mission lebte und irgendwo in der Gegend von Mossman, nördlich von Cairns, an der Küste arbeitete. Er hatte seine eigene Sprache, und er kannte jede Menge Geschichten.

Und jetzt stand Roger vor mir, schüttelte mir die Hand und rasselte die Namen einiger befreundeter Anthropologen herunter, als unterhielte er sich mit einem Aborigine aus Queensland über irgendwelche Familienangehörige.

»Kennst du Peter Sutton? Er hat ein bißchen von meiner Sprache gelernt.«

Wie sich herausstellte, hatte nicht nur ich von Roger gehört, sondern auch er von mir: von dem Amerikaner, der immer bei den Alten hockte und die Sprache von Hopevale ganz passabel beherrschte. Er wußte, daß ich Geschichten aufschrieb und Leute nach der Vergangenheit ausfragte. Und er wußte auch, daß mir die alten Männer Guugu Yimithirr beigebracht hatten.

»Dieser alte Bursche, dein ›Vater‹, den nenne ich mugay (Onkel).[12] Und dein Freund hier – du machst ein Buch mit ihm[13] – ist mein thuway (Neffe).«

Roger Hart erklärte mir, warum er mich aufgesucht hatte. Er stammte eigentlich nicht aus Cooktown, sondern aus Barrow Point im Norden, unweit von Cape Melville. Er war erst vor kurzem nach Hopevale zurückgekehrt, nachdem er ein paar Jahre »außerhalb« verbracht und in der Nähe von Cairns auf den Zuckerrohrfeldern gearbeitet hatte, weil er dem geschützten, aber auch eingeschränkten Leben der Aborigine-Mission entfliehen wollte. Es stimme, erklärte er, er habe wirklich eine eigene Sprache. Und er fürchte, daß er womöglich der einzige sei, der sie noch beherrsche, da seine alten Freunde aus Kinderzeiten vermutlich alle gestorben waren. Rogers Vorschlag war sehr konkret und unumwunden.

»Würdest du meine Sprache aufschreiben, wenn du Zeit hast?«

Das war ein Angebot, das niemand, der sich für australische Sprachen interessierte, ablehnen konnte.

Es dauerte nicht lange, bis ich merkte, daß Roger mehr weiterzugeben hatte als nur seine Sprache. An diesem Vormittag begann unser Gespräch, und es geht bis heute weiter. Es berührt Themen, die von der Struktur der Barrow-Point-Sprache bis zur Geschichte der Barrow Point People reicht, von den Erzählungen, die Roger als Kind gehört hat, bis hin zu denen, die er selbst über seine Jugend als Aborigine in Queensland erzählen kann. Rogers Wunsch, seine Sprache aufschreiben zu lassen, war mit einer komplexen Vergangenheit verknüpft, die es festzuhalten galt.

Als ich im Mai des folgenden Jahres nach Hopevale zurückkehrte, brachte ich alles mit, was ich über die Barrow-Point-Sprache hatte auftreiben können, darunter auch die Kopie einer Kassette, die der Linguist Peter Sutton 1970 in Mossman aufgenommen hatte. Roger Hart und sein alter Kumpel Toby Gordon[14] hatten ihm gemeinsam in mehreren verschiedenen Sprachen Teile einer überlieferten Geschichte aus Barrow Point über die Heldentaten des schlitzohrigen *Wurrey* oder »Fog« erzählt. In diesem Jahr arbeiteten wir drei Monate lang Suttons Wortlisten der Barrow-Point-Sprache durch und in den folgenden vier Jahren immer mal wieder und erstellten dann ein Korpus des rekonstruierten Wortschatzes, der sich aus unseren Gesprächen ergab.

Fern allen politischen Gerangels verwickelten mich die älteren Bewohner von Hopevale im Schatten der Mangobäume, die sie gepflanzt, oder unter Veranden, die sie mit eigenen Händen gebaut hatten, regelmäßig in anachronistische Unterhaltungen. Stunden verbrachten wir so, versunken in alte Wörter und Geschichten aus der Vergangenheit von Hopevale und manchmal von weit entfernten Regionen wie Barrow Point, für das sich außer uns niemand mehr so recht zu interessieren schien.

Gelegentlich ließen sich ein paar jüngere Leute von den exotischen Wörtern von Rogers Barrow-Point-Sprache anlocken. Viele Bewohner von Hopedale hatten sich den uralten Sinn der Aborigines für Sprache als einem Identitätsmerkmal bewahrt. Teenager flirteten und machten ihre Späße zwar auf Englisch und konnten nur selten die »Sprache«, dennoch wußten sie, daß Guugu Yimithirr reich war an unterschiedlichen Bezeichnungen für ein und denselben Gegenstand. Einige dieser Begriffe kamen vom »Strand« (von der Küste), andere von »draußen« (aus Binnenland-Dialekten), wieder andere aus ganz anderen Sprachen. Die Jungen taten oft so, als verstünden sie die Wörter nicht, die ihre Großeltern benutzten, akzeptierten aber trotzdem manche

Begriffe als »tiefer« als andere: Wörter, die so klangen, als seien sie für »Könige oder Anführer« bestimmt, oder solche, die mehr (oder weniger) Respekt für den jeweiligen Gesprächspartner bezeugten.[15] Meine Aufzeichnungen und stockenden Unterhaltungen mit Roger in seiner buchstäblich unverständlichen Sprache aus dem Norden waren daher auf kuriose Weise faszinierend, wenn auch wenig relevant im Vergleich zu ihren Kassetten mit australischer Country Music, amerikanischem Soul oder jamaikanischem Reggae.

Für einen Menschen wie Roger waren unsere Gespräche über die Vergangenheit mehr als reine Nostalgie. Sie waren Teil einer Suche nach den Wurzeln und der Ordnung, die alle alten Einwohner miteinander verband. Roger Hart teilte seine Erinnerungen an die Kindheit in Barrow Point mit dem Künstler Tulo Gordon aus Hopevale, einem Freund aus frühesten Missionszeiten. Das gleiche Bild, das Roger mit Worten vom Leben im Busch zeichnete, malte Tulo mit seinen Acrylfarben. Rogers Rückbesinnung auf die Vergangenheit war zugleich der Versuch herauszufinden, wer er hier und jetzt war. Wie war es gekommen, daß er, ein Mann aus Barrow Point, sein Leben in Tulos Land verbracht hatte? Wie hatte er, ein hellhäutiges, von seinem Aborigine-Vater verstoßenes Kind, als einziger von seinen ehemaligen Spielgefährten überleben können? Wo gehörte er hin? Sechzig Jahre lang hatte Roger seine Barrow-Point-Kindheit verdrängt. Dank seiner teilweise europäischen Abstammung hatte er entsprechend der in der Mission geltenden, nach Schicht und Hautfarbe ausgerichteten Hierarchie eine Ausbildung erhalten und eine Familie gegründet. Jetzt versuchte er, seine frühesten Erinnerungen mit dem Rest seines Lebens zu verbinden, und Rogers Fragen steckten nicht nur Tulo Gordon an, sondern auch mich selbst.

Tulo war schon immer ein rastloser, neugieriger und kritischer Geist gewesen, doch jetzt wollte er den Sinn seines Lebens entdecken und die Ereignisse verstehen, die seine Kindheit geprägt hatten – beides aus dem Blickwinkel eines Aborigine, der überall im Norden von Queensland hätte leben können. Konkret kämpfte er gerade um seine Rente und mußte aus bürokratischen Gründen ein genaues Geburtsdatum angeben; daher faszinierten ihn der Erinnerung entrissene Ereignisse und ihre Daten. Generell wollte er seine widersprüchlichen Gefühle gegenüber Missionaren, Kirche, Rasse, traditionellen Vorschriften, Territorium, Eigentumsrecht und Moderne miteinander versöhnen. Das waren die Themen, die ihn bis zu seinem Tod 1989 leidenschaftlich bewegten, sei es in Gedanken, Worten, Bildern oder Texten.

1982 unternahmen Roger Hart, Tulo Gordon und ich den langen Marsch zurück zu Rogers Geburtsort Barrow Point, den er seit sechzig Jahren nicht mehr gesehen hatte. Roger und ich wanderten im September 1984 erneut zu Fuß dorthin und 1989 noch einmal, diesmal mit dem Wagen. Auf diesen Fahrten ebenso wie im täglichen Leben waren die Fragen nach Abstammung und Biographie so präsent wie Sand, Meer und Wetter. Je tiefer wir in Rogers Erinnerungen eindrangen, um so stärker beherrschte sein Leben als Mitglied einer mittlerweile untergegangenen »Abstammungsgruppe« unsere Gespräche. Ganz allmählich führten seine Erinnerungen und die seiner Zeitgenossen, ergänzt durch altes Archivmaterial, zu einer Reihe miteinander verbundener Geschichten, die ich in dem vorliegenden Buch zusammengestellt habe.

Beginnen wir also da, wo Roger und ich begonnen haben, mit den ersten Episoden der Geschichte von *Wurrey*, dem alten Fog, jenem schlitzohrigen Helden der Barrow Point People. Fogs Abenteuer zeichnen die Grenzen der bekannten und von Roger Harts Vorfahren beanspruchten Welt nach. Gleichzeitig illustrieren sie, meist anhand negativer Beispiele, die Gesetze, die das Verhalten innerhalb dieser Grenzen bestimmten. Roger, Tulo

Gordon und ich haben diese Episoden immer wieder durchgesprochen. Wir fanden sie stets unterhaltsam, aber sie bringen einen auch »zum Nachdenken«, wie Tulo einmal bemerkte. Sie waren für die Ohren initiierter Erwachsener bestimmt und daher nicht bloß Geschichten über eine Zeit, als die Tiere Menschen waren, sondern moralische Lektionen über die Welt der Aborigines.

Wurrey

Diese Geschichte handelt von Wurrbal, dem Old Man Fog. In der Sprache von Barrow Point heißt er *Wurrey*. Die Geschichte beginnt bei ihm zu Hause in Yidamugu, Red Point.

Eines Tages machte er sich auf den Weg in den Westen.[16] Er ging, bis er zum Jeannie River kam. Dort stieß er auf Old Lady Curlew. Ich nenne sie Yimbaarr. Sie lebte allein, gleich neben dem Fluß.

Old *Wurrey* hatte sein Fischernetz dabei und trug es auf dem Rücken. Er wußte, daß Old Lady Curlew Unmengen von Fischen hatte, aber sie behielt alle für sich. Sie züchtete verschiedene Arten in einer großen Lagune unweit ihres Lagers am Jeannie River. (Die Lagune gibt es heute noch.) Man konnte sehen, wie ihre Flossen aus dem Wasser lugten und die Schwänze es aufpeitschten, bis kleine Wellen die Oberfläche kräuselten. Old Fog war hergekommen, um ein paar Fische zu fangen.

Als er näher kam, konnte er die Fische in der Lagune sehen, aber er sagte nichts. Zuerst versteckte er sein Netz im Gras, damit Curlew es nicht sah. Dann ging er zu der Old Lady.

»Ich habe großen Durst«, sagte er. »Bitte, gib mir etwas Wasser. Könnte ich vielleicht aus der Lagune dort im Osten trinken?«

»Nein, nein, geh da nicht hin«, antwortete *Yimbaarr.* »Du kannst in meinem Brunnen nachsehen, drüben auf der Nordseite. Hol dir da was zu trinken.«

So ging Fog zur Nordseite ihres Lagers, wo er den Brunnen fand. Es war eine Quelle, in unserer Sprache *athiirr thuyu.*

Zuerst warf er einen Blick zurück nach Süden, wo die Old Lady saß. Sie achtete nicht auf ihn. Dann faßte er mit der Hand in den Brunnen und wirbelte das Wasser auf, bis es so schmutzig war, daß man es nicht mehr trinken konnte. Als es schön schlammig war, ging er zurück zu Old Curlews Lager.

»Gaw!« rief er ihr zu. »Dieses Wasser kann ich nicht trinken.«

»Warum nicht?«

»Weil es voller Schlamm ist.« Er log sie an, versteht ihr?

Die Old Lady stand auf und ging selbst nachsehen. Er hatte recht, das Wasser war voller Schlamm.

»Wieso ist das Wasser so schmutzig?«

»Ich habe keine Ahnung, was meinst du?« antwortete er.

»Na schön, komm mit.« Sie führte ihn zu der großen Lagune südlich von ihrem Lager. »Mach keinen Lärm«, sagte sie. »Geh ganz langsam und ruhig hinein, dann kannst du von dem Wasser trinken.« Sie hatte Angst, Fog könnte die Fische aufschrecken, so daß sie wild durcheinander sprangen. Sie glaubte, er wüßte nicht, daß sie da waren.

Dann ging die Old Lady zu ihrem Lager zurück und setzte sich wieder hin, ohne sich weiter um ihn zu kümmern.

Als sie weg war, trat Fog näher an die Lagune heran. Er machte sich gar nicht erst die Mühe zu trinken, versteht ihr, denn eigentlich hatte er überhaupt keinen Durst. Dann ging er zurück zu Old Lady Curlew und sagte: »Ich glaube, ich gehe jetzt wieder. Bis zum nächsten Mal dann.« Das war schon wieder gelogen.

Fog hielt sich Richtung Osten und holte sein Netz aus dem Versteck. Dann schlich er zurück zur Lagune. Dort schaute er noch einmal über die Schulter, um sicher zu sein, daß die Old Lady ihn nicht beobachtete.

Er nahm sein Netz, warf es in die Lagune und zog eine große Menge Fische ans Land. Es waren große, dicke Fische, die das Wasser aufwühlten.

Die Old Lady hörte den Lärm. Sie sprang auf und rannte zur

Fog wirft Old Lady Curlew auf die Fische

Lagune, um nachzusehen, was los war. Was hatte dieses Planschen zu bedeuten?

Als Old Lady Curlew sah, wie Fog sein Netz auswarf und ihre Fische stahl, fing sie an zu schimpfen. Sie stand da und stieß die schrecklichsten Verwünschungen aus.

Da wurde Wurrbal wütend. Er ließ das Netz liegen und lief nach Westen. Die Old Lady stand immer noch da und beschimpfte ihn. Er hob sie einfach hoch, trug sie ans Ufer zurück, wo die Fische im Netz zappelten, und warf sie mitten in den Haufen.

»Ngaanhigay!« kreischte sie. »Au, au, au!« Sie heulte vor Schmerz.

Die harten Gräten der Fischflossen hatten sich in ihre Knie gebohrt. Tja, noch heute haben die Curlew-Weiber häßliche, unförmige Kniescheiben. Das kommt davon. Old Lady Curlews Knie schwollen an, nachdem sich die scharfen Gräten der Flossen hineingebohrt hatten. Curlews tragen dieses Mal bis heute. Ihre Knie sind noch immer geschwollen.

Sie heulte weiter: »Ngaanhigaaay!«

Noch heute kann man des Nachts hin und wieder Curlews verzweifeltes Jammern hören. Sie heult über den Schmerz in ihren geschwollenen Knien.

Hier beginnt Old Fogs Geschichte, in der großen Lagune am Jeannie River.

Old Fog ließ Curlew liegen, wo er sie hingeworfen hatte. Er hatte es eilig, seine Fische in Sicherheit zu bringen. Er zog das Netz hinter sich her bis hinunter zum Fluß. Früher ist der Jeannie River niemals ausgetrocknet. Er führte immer Wasser, wenn es auch damals nicht sehr tief war.

Nun gab es da zwei Duburrubun-Brüder, zwei Magpies. Sie bewohnten ein Lager in der Nähe von Old Lady Curlew. Die alte Frau hatte sie unter ihre Fittiche genommen. Als Old Fog auftauchte, waren sie gerade auf der Jagd, um Fleisch für sie zu besorgen.

Während Old Fog damit beschäftigt war, die Fische zum Fluß hinunterzuschleppen, kamen die beiden Magpies zum Lager der Old Lady zurück. Sie hörten sie ächzen und stöhnen.

»Was ist los?« fragten sie.

»Oooh, der verdammte alte Fog hat mich in einen Haufen Fische geworfen«, jammerte sie, »und ihre Flossen haben sich in meine Knie gebohrt.«

»Wo ist er jetzt?«

»Er ist in diese Richtung gelaufen und schleppt mein minha den Fluß hinunter.«

Die Magpie-Brüder sprangen auf und machten sich auf die

Suche nach Old Fog. Der ältere Bruder lief hinunter zum westlichen Ufer des Flusses, und der jüngere Bruder lief runter zum östlichen Ufer. Nach einer guten Weile blieben sie stehen, in der Hoffnung, Old Fog zu erwischen. Doch Fog schleppte sein Netz flußabwärts, und es verursachte eine große Flutwelle da, wo er vorbeizog. Er ging immer weiter.

Dic Brüder liefen weiter flußabwärts. Dann blieben sie wieder stehen, um sich umzusehen. Wurrbal war schon weitergegangen, diesmal in Richtung Norden.

Und wieder liefen sie ihm nach. Doch jedesmal, wenn sie stehenblieben, um aufs Wasser zu schauen, war es still. Die Flutwelle war bereits verebbt. Old Fog war ihnen immer noch voraus und zog sein Netz mit den Fischen durch den Fluß.

Schließlich kamen die beiden Magpies an die Mündung des Flusses. Sie sahen sich um. Wo war er? Sie blickten nach Norden, und da entdeckten sie, daß Fog sein Netz um einen Felsen gleich nördlich der Flußmündung geschlungen hatte. Er hatte alle Fische freigelassen. So kam es, daß schließlich einige Arten von Süßwasserfischen aus Curlews Lagune ins Meer gelangten.

Old Wurrbal war landeinwärts verschwunden. Er hatte sich aus dem Staub gemacht und ging seiner Wege.

»Na gut, da können wir nichts machen.« Die beiden Magpie-Brüder hatten ihn nicht erwischt, bevor er das Meer erreicht hatte.

Trotzdem gaben sie nicht auf. Sie hielten sich landeinwärts, folgten seinen Spuren, und ihr dürft ruhig wissen, daß sie *Wurrey* schließlich doch aufspürten.

Das war Fogs erstes Abenteuer. So fing es an mit seinen Lügengeschichten.

Fog besucht Guraaban

Nachdem *Wurrey* die Fische freigelassen hatte, lief er wieder landeinwärts. Er wanderte eine Weile nach Westen und eine Weile nach Norden. Nach einiger Zeit kam er zu einem Berg, der Guraaban oder Brown's Peak heißt. Dort hatte eine große Gruppe ihr Lager aufgeschlagen.

Old Fog marschierte von Süden her geradewegs in das Lager hinein.

»Hier bin ich! Ich bin gekommen«, sagte er und setzte dann hinzu: »Nach dem weiten Weg ist mein Bauch schrecklich hungrig.«

Die Leute im Lager waren froh, ihn zu sehen. Sie glaubten, er würde ihnen Neuigkeiten bringen.

»Ma, setz dich.« Sie zeigten ihm einen Platz, wo er sich ausruhen konnte. »Geh dort rüber, in den Schatten.«

Nachdem Fog es sich gemütlich gemacht hatte, bedrängten sie ihn mit Fragen. »Was gibt es Neues im Osten?« fragten sie. »Wie geht es den Leuten da drüben? Sind alle gesund? Wie geht es meinem Onkel? Wie geht es meiner Großmutter?«

Nun, irgendwas mußte Fog ihnen antworten. Also fing er an, Neuigkeiten zu erfinden.

»Ah, alle sind wohlauf«, begann er. »Nur die Großmutter von dem da ist gestorben«, fuhr er fort und zeigte mit dem Finger auf einen der Umstehenden. »Deine Großmutter im Osten ist gestorben.«

Jetzt fingen die Märchen erst richtig an.

»Ja, ja, sie ist gestorben, gestern erst.«

Die Leute begannen zu jammern und zu wehklagen.

Doch *Wurrey* kam gerade erst in Fahrt. »Ja«, sagte er. »Und der Vater von dem da ist auch gestorben.«

Er wandte sich an den Mann. »Dein Vater ist gestern gestorben, es tut mir leid, dir das mitteilen zu müssen. Er wurde von einem Speer durchbohrt.«

Jetzt brach auch diese Gruppe in Tränen aus. Die Leute beschmierten sich die Gesichter mit weißem Lehm, um ihre toten Angehörigen zu betrauern.

»Ihr solltet nach Osten gehen und dort um sie trauern«, sagte Old Fog. »Aber fangt nicht jetzt schon zu weinen an. Ich habe wirklich großen Hunger.«

Er setzte sich wieder in den Schatten.

»Bringt mir was zu essen.«

Die Leute im Lager mußten ihre Toten für eine Weile vergessen. Sie gingen los, um nachzusehen, was sie Fog zu essen geben könnten. Aus einem Bienenstock in der Umgebung hatten sie ein wenig wilden Honig gestohlen, *u:lgal.*

Wurrey ißt Honig am Brown's Peak

»Hier, trink das.« Sie reichten Old Fog den *u:lgal.*

Fog war ein schlauer Fuchs. Während sie den Honig mit Wasser vermischten, grub er ein Loch in die Erde. Er grub und grub, aber heimlich, versteht ihr, damit niemand es bemerkte. Als das Loch tief genug war, rutschte er seitwärts, bis er genau darüber saß.

Sie brachten den Honig dahin, wo er saß, und er fing an zu trinken. Aber das war sein Trick, versteht ihr: Der Honig floß in seinen Mund und geradewegs durch ihn hindurch in das Loch.

Die Leute mischten mehr und mehr Honig mit Wasser und reichten es ihm. »Hier, trink das! Fühlt sich dein Bauch schon besser? Bist du jetzt satt?«

»Noch nicht, guya. Bringt mir noch ein bißchen mehr, ja?«

Wieder mischten sie Honig mit Wasser und trugen ihn an die Stelle im Osten des Lagers, wo er saß. Aber er hatte immer noch nicht genug, und sie hörten nicht auf, ihm frischen Honig zu bringen.

»Was hat dieser Bursche bloß für einen Magen?« fragten sie einander. »Onkel Fog ißt und ißt. Eigentlich müßte er längst satt sein, aber er schreit immer noch nach mehr.«

Allmählich wurden die Leute aus dem Lager mißtrauisch. Sie traten zu Old Fog, der im Schatten des Baumes saß, und stießen ihn um.

»Hey, dagu,[17] der alte Mann hockt mit seinem Steiß genau über einem tiefen Loch. Der Honig läuft einfach durch ihn durch in das Loch!«

Sie schickten ein paar Kinder los, um bayjin-Gras zu holen. Dann stopften sie Old Fog das schwammige Zeug in den Hintern, so daß der Honig nicht mehr rausfließen konnte.

»Aber ich habe immer noch Hunger«, sagte Fog.

Sie verrührten ihren letzten Honig mit Wasser und gaben ihm die Mischung. Er trank aus, und diesmal schwoll sein Bauch an, bis er voll war.

»Ah, jetzt bin ich satt. Das war genug. Ich glaube, ich mache mich jetzt wieder auf den Weg«, sagte Old Fog und stand auf.

Als die Leute im Lager sahen, daß er mit dem Essen fertig war, fielen ihnen ihre Toten wieder ein. Sie fingen aufs neue an, zu wehklagen und sich die Gesichter mit weißem Lehm zu beschmieren. Dann gingen sie daran, eine Wanderung zu planen, um ihre Verwandten zu begraben.

»Morgen gehen wir nach Osten, um uns um unsere Toten zu kümmern«, sagten einige.

»Brechen wir lieber gleich auf«, sagten andere.

Old Fog schenkte ihnen keine Beachtung mehr. Er stand einfach auf und machte sich mit dem Bauch voller Honig wieder auf den Weg nach Westen.

Der riesengrosse Dingo Dog

Fog verließ Guraaban und wanderte nach Westen. Auf halber Strecke zu seinem Ziel machte er Halt, um sein Nachtlager aufzuschlagen.

Ihr könnt euch sicher noch an die beiden Magpie-Brüder erinnern. Sie waren Old Fog gefolgt, seit er im Osten war, bevor er alle Fische freigelassen hatte. Von der Mündung des Jeannie River waren sie seinen Spuren in Richtung Westen gefolgt. Doch sie hatten sich immer ein wenig südlich von ihm gehalten und aufgepaßt, daß sie ihm nicht zu nahe kamen.

Jetzt übernachteten die Magpie-Brüder an einer Stelle nördlich von Jones's Gap, einem Einschnitt in einer Kette hoher Berge. Sie waren zu Besuch im Lager von Old Lady Carpet Snake. Da sie noch junge Kerle waren, blieben sie in ihrer Nähe, aber nicht zu nahe. Diese alte Frau hatte einen großen Hund, müßt ihr wissen, einen riesengroßen Dingo Dog.

Die beiden Brüder hatten vorgehabt, Fog in einen Hinterhalt zu locken, doch mittlerweile hatten sie großen Hunger. Sie versuchten, etwas zu jagen. Plötzlich rochen sie etwas, das einen Leckerbissen verhieß. Sie schauten in alle Richtungen, um festzustellen, was es war. Der Duft kam aus Norden. Sie suchten und suchten, und wenig später fanden sie einen Leichhardt-Baum.

»Aah«, sagten sie. »Das sind die Früchte der Old Lady.«

Sie fingen an zu essen, was um den Baum herum lag. Sie aßen und aßen und aßen. Als sie alle heruntergefallenen Früchte aufgegessen hatten, waren sie immer noch nicht satt. Also kletterten sie auf den Baum und machten sich leise über die reifen

Früchte her. Sie aßen und aßen und aßen, bis der Abend dämmerte.

Da kam Old Lady Carpet Snake vom Westen zurück. Die beiden Magpie-Brüder hörten, wie sie näher kam und mit sich selbst redete.

»Ich geh nur hin und hole mir mein mayi.[18] Ich geh und esse meine Früchte«, sagte sie und kam näher und näher.

Die beiden Magpies sagten gar nichts. Sie hockten mucksmäuschenstill auf dem Baum.

Die alte Frau kam zu ihrem Leichhardt-Baum. Sie hielt unter dem Baum Ausschau nach ihren Früchten. Sie suchte überall.

»Wo ist das mayi?« sagte sie. »Vielleicht ist es noch nicht reif.«

Sie suchte und suchte weiter. Nichts.

Der jüngere Magpie-Bruder pflückte eine unreife Frucht vom Baum und warf sie nach Old Lady Carpet Snake. Er traf ihren Rücken, denn sie hatte sich gebückt, um auf dem Erdboden nach Früchten zu suchen.

»Ngaanhigay!« rief sie, so groß war der Schmerz. »Was hat mich da im Rücken getroffen? Es müssen die Früchte sein, die vom Baum fallen!«

Also griff sie nach der Frucht und verschlang sie.

Der jüngere Magpie-Bruder brach noch mehr Früchte ab und warf sie hinunter. Es war der jüngere, der auf diese Idee gekommen war, versteht ihr? Er warf immer mehr unreife Früchte herunter. Die Old Lady hob sie auf und verschlang sie.

Dann sagte sie: »Wo kommt das mayi her?« Sie sah auf. In dem Moment warf er wieder eine Frucht, und sie landete genau auf ihrer Nase.

»Ngaanhigay! Diesmal hat es meine Nase erwischt!«

Tatsächlich hatte die Frucht ihre Nase so hart getroffen, daß sie ganz plattgedrückt war. Wenn man heute eine Carpet Snake trifft, kann man sehen, daß sie ein flaches Gesicht hat. Nun, jetzt wißt ihr, warum.

Die Magpie-Brüder bewerfen Old Lady Carpet Snake mit Früchten

Wie auch immer, sie entdeckte die beiden Magpie-Brüder auf dem Baum und rief: »Ihr zwei Schlingel seid es also? Kommt sofort da runter! Oh, meine arme Nase!«

Die beiden Magpie-Brüder kletterten vom Baum herunter.

Dann gab ihnen die Old Lady noch ein Versprechen. »Morgen bringe ich euch mein Hündchen. Es ist ein süßer kleiner Kerl.« In Wirklichkeit wollte sie die beiden in eine Falle locken. »Ich bringe euch meinen kleinen Hund, und ihr könnt ihn für die Jagd abrichten.«

»Na schön, bring ihn nur«, sagten sie.

Sie ließ die beiden laufen, und sie gingen Richtung Süden davon.

Dann fingen sie an, die Sache zu bereden. Der jüngere Bruder fragte den älteren Bruder: »Ob die alte Frau die Wahrheit sagt? Sie hat gesagt, sie bringt uns ein süßes Hündchen.«

Der ältere Bruder antwortete: »Hündchen? Ha! Das ist ein riesiger Köter! Am besten machen wir uns so schnell wie möglich aus dem Staub, sonst frißt er uns noch alle beide auf. Los, laufen wir!«

Und so rannten sie los. Sie rannten und rannten, di di di di,[19] Richtung Süden.

Derweil ging Old Lady Carpet Snake zurück zu ihrem Lager im Westen. Sie ließ ihren riesengroßen Hund frei und hetzte ihn auf die beiden. Der Hund rannte los und folgte ihrer Fährte von Norden nach Süden.

Die Magpies hörten den Hund bellen und jaulen und rannten weiter nach Süden, immer weiter. Heutzutage ist Jones's Gap ja ziemlich breit, aber damals war es nur ein schmaler Einschnitt in den Bergen. Das war vor vielen tausend Jahren. Die Brüder trennten sich. Einer kletterte an der Südseite hinauf und der andere an der Nordseite. Sie hatten beschlossen, ihre Haut zu retten, indem sie den riesengroßen Dingo mit ihren Speeren durchbohrten.

Mittlerweile war der Hund direkt unter ihnen. Man sah schon seine Zunge.

Der jüngere Bruder sprach als erster. »Ich werfe jetzt meinen Speer.« Der jüngere Brüder war Linkshänder, müßt ihr wissen.

Der ältere Bruder sagte: »Nein. Du könntest ihn verfehlen. Überlaß ihn lieber mir.«

Inzwischen kam der große Dingo immer näher. Jetzt sah man auch seinen Kopf. Er lief nach Westen. Der älter Bruder griff nach seinem Speer und warf ihn von Norden nach Süden hinunter. Gleichzeitig warf der jüngere Bruder seinen Speer vom Süden. Und so warfen die beiden ihre Speere aus entgegengesetzten Richtungen.

Früher erstreckte sich unterhalb von Jones's Gap eine große, flache Ebene nach Osten. In dieser großen, flachen Ebene töteten die beiden Brüder schließlich den riesengroßen Dingo Dog. Er wälzte sich hin und her und knickte dabei alle Bäume um.

Als die Brüder den Hund getötet hatten, fingen sie an, ihn zu zerlegen. Sie hackten und hackten und hackten. Na schön. Als sie fertig waren, nahmen sie das Fleisch und schleppten es nach

Westen. Sie schleppten es einen weiten Weg, bis hinunter zum Wakooka Creek.

Die Leute glauben, daß sich selbst heute noch irgendwo oberhalb des Flusses eine große Höhle befindet. Das ist die Stelle, an der sie ein Loch für den Erdofen gruben. Sie machten ein großes Feuer in dem Loch und bedeckten es mit Steinen. Dann sengten die Brüder dem riesengroßen Dingo Dog das Fell ab. Die Fleischstücke steckten sie in den Ofen.

Dann warteten sie. Doch zuerst nahmen sie ein Bad. Sie suchten sich ein schattiges Plätzchen und machten ein Nickerchen, während das Fleisch vor sich hin schmorte. Schließlich ging die Sonne unter. Sie schliefen und schliefen und schliefen.

Irgendwann standen sie auf. »Also gut, holen wir es raus.«

Sie öffneten ihren Erdofen. Sie nahmen alles Fleisch heraus und ließen den heißen Dampf entweichen. Dann legten sie die Stücke eins nach dem anderen zum Abkühlen auf den Boden.

Gerade als sie dabei waren, ihr minha aus dem Ofen zu holen, tauchte von Süden her Old Fog auf. Die beiden sahen ihn kommen. »Ah, da ist er ja. Hierher ist er also gelaufen«, sagten sie.

Sie begrüßten ihn. »Da bist du ja, lieber Großvater«, sagten sie. »*Adhi-dhu imbwirrin.* Unser Großvater ist gekommen.«

»Ja, ich bin es. Ich bin gekommen.« Er hatte schon wieder großen Hunger.

»Nun, dann komm her. Komm und sieh dir das Fleisch an«, sagten die Magpie-Brüder.

Fog trat zu ihnen und setzte sich.

»Welches Stück möchtest du, Großvater? Das Bein vielleicht?«

»Hmm-hmm.«

»Oder was sonst? Den Arm vielleicht?«

»Hmm-hmm.«

»Tja, was möchtest du dann? Den Rücken?«

»Hmm-hmm.«

Da sagte der ältere Bruder zu dem anderen: »Ich glaube, er

möchte den Kopf.«[20] Der ältere Bruder fragte Fog: »Welches Stück möchtest du dann? Etwa den Kopf?«

»Ja, gebt mir den.«

Also mußten sie ihm den Kopf geben. Dann packten sie das ganze restliche Fleisch ein und machten sich auf den Rückweg zu ihrem Lager.

Old Man Fog nahm den Kopf des riesengroßen Dingo und marschierte geradewegs nach Osten. Er kletterte und kletterte, bis er den Gipfel von Jones's Gap erreicht hatte. Dort legte er den Kopf ab und dachte sich einen Zauber aus. Er beschloß, diesem Hund Augen zu geben. (Vgl. Farbtafel 1)

Ihr müßt nämlich wissen, daß zu jener Zeit alle Tiere blind waren. Emus, Wallabys, Känguruhs – keines von ihnen konnte sehen. Wenn Menschen auf die Jagd gingen, brauchten sie sich ihrer Beute nur zu nähern und sie mit einem Stock zu erschlagen. Die armen Dinger waren blind, deshalb rannten sie nicht weg.

Fog nahm den Kopf des Dingo und säuberte ihn. Dann sagte er zu ihm: »Das sind deine Augen. Sssuuuuu! Benutz deine Augen, um dich vor den Menschen zu hüten. Und das ist deine Nase. Sssuuuuu! Wenn bama[21] auf der dem Wind zugewandten Seite kommen, benutz deine Nase, um ihren Schweiß zu wittern, und lauf weg.«

So hat er alles verändert, versteht ihr? Das Fleisch war ihm gar nicht so wichtig. Er gab dem Schädel des Dingo Augen und eine Nase. Dann grub er und grub und grub, bis er ein großes Loch ausgehoben hatte. Er legte den Schädel hinein und häufte Erde darauf. Schließlich bedeckte er die Stelle mit großen Steinen. Wenn man dort vorbeikommt, kann man die Steine heute noch sehen. Er hat alle Tiere verändert, indem er den Schädel dort begraben hat.

Als Fog den Schädel des riesengroßen Dingos mit Erde und Steinen bedeckt hatte, machte er sich wieder auf den Weg. Er verschwand.

Die Geschichten: Besitz und Moral

Roger Hart und Tulo Gordon lachten über die Geschichte von *Wurrey*. Wir saßen zu dritt auf der Veranda des alten Krankenhauses von Hopevale und bereiteten die Verfilmung mehrerer Episoden aus diesen Geschichten vor. Von unten aus der Stadt hörten wir das Pfeifsignal: Zeit für den Afternoon Tea.

Wie immer sprachen wir auch an diesem Tag eine Mischung aus Guugu Yimithirr und Englisch, durchsetzt mit einzelnen Brokken aus Rogers Barrow-Point-Sprache. Tulo Gordon war einer meiner Guugu-Yimithirr-Lehrer gewesen und gab sich immer noch alle Mühe, meine Sprachkenntnisse zu verbessern. Roger Hart hatte mich als praktisch einzigen Gesprächspartner in Barrow Point angenommen. Offenbar reizte ihn die Möglichkeit, seine im wahrsten Sinne des Wortes geheime Sprache mit jemandem zu teilen.

Eines habe ich von Roger Hart gelernt: Man kann Geschichte zusammenbauen oder sich ins Gedächtnis rufen, ohne ein einziges Mal die Vergangenheit zu erwähnen, einfach indem man bestimmte Worte gebraucht. Die Barrow-Point-Sprache hatte, was die Erinnerung angeht, einen enorm beschwörenden Charakter für uns, weil sie untrennbar mit der Vergangenheit verknüpft war. Allein der Klang eines Barrow-Point-Ausdrucks konnte die Interaktion neu definieren oder der Unterhaltung eine neue Richtung geben.

Roger Hart war als Native speaker der Barrow-Point-Sprache mit praktischen Kenntnissen anderer Dialekte – vor allem der Sprache der Flinders Islands, die man in der Gegend von Cape

Melville sprach – aus dem »Norden« nach Hope Valley gekommen. Er konnte weder Englisch noch Guugu Yimithirr, die Sprache von Cooktown. Der einzige andere Junge aus Cape Melville, der bereits in Cape Bedford lebte, hatte seine eigene Sprache verlernt, daher mußte Roger mit der Verständigung noch einmal von vorne anfangen. In der Schule von Hope Valley lernte er ein leicht veraltetes Schulbuchenglisch und konnte sich bald flüssig in Guugu Yimithirr ausdrücken. Diese beiden Sprachen fallen ihm bis heute am leichtesten.

Es war klar, daß Roger seine eigene Sprache in vielerlei Hinsicht »vergessen« hatte, wie er es selbst ausdrückte. Seit er die Missionsschule besuchte, hatte er Angst vor seinen Barrow-Point-Angehörigen, wenn sie nach Cape Bedford kamen, um ihn zu besuchen. Für den kleinen Missionsschüler, der in einer auserwählten Gruppe zum Teil europäischer Protestanten erzogen wurde, waren die heidnischen Aborigines plötzlich zu einem Symbol für Gefahr und unchristliches Leben geworden.

Als Roger erwachsen war, kam einer seiner Onkel, an den er sich aus Barrow Point erinnerte, als Bootsmann nach Cape Bedford und brachte den jungen Männern, die dort als Matrosen anheuerten, ein paar Brocken der Barrow-Point-Sprache bei. Roger unternahm einen bewußten Versuch, sich seine Muttersprache wieder anzueignen und damit auch Bruchstücke aus der Geschichte und Tradition von Barrow Point. Außerdem fing er damit an, Lebensgeschichten von Verwandten aller Art aus Barrow Point zu rekonstruieren, von denen die meisten inzwischen gestorben waren oder im Territorium der Aborigines verstreut lebten. Nach dem Krieg, dem Exil im Süden und seiner Rückkehr zu der wiederaufgebauten Missionsgemeinde Ende der 60er, Anfang der 70er Jahre lebte Roger Hart außerhalb der Hopevale-Mission in einem Haus, das er gemeinsam mit seinem Jugendfreund Toby Gordon bewohnte. Dieser war damals schon relativ alt und bei schlechter Gesundheit, sprach die Barrow-

Point-Sprache jedoch noch fließend. Toby hatte sein ganzes Leben »draußen« verbracht, in Outstations, Aborigine-Lagern und Siedlungen. Da er nie die Art von Ausbildung erhalten hatte, die Roger dank seiner Hautfarbe zuteil geworden war, gelang es Toby Gordon, Rogers schlummernde Erinnerungen an seine Kindheit in Barrow Point wieder zum Leben zu erwekken.

Je tiefer wir in Rogers Barrow-Point-Sprache vordrangen, um so deutlicher stellte sich heraus, daß seine sprachlichen Einfälle mit ungeheuer vielen Erinnerungen und Geschichten verflochten waren. Wörter aus der Vergangenheit auszugraben wurde zu einer Obsession. Manchmal konnten wir das Barrow-Point-Äquivalent für ein vertrautes Guugu-Yimithirr-Substantiv oder -Verb nicht finden. Dann klopfte Roger Hart am nächsten Morgen in aller Frühe an meine Tür.

»*Anggatha*«, rief er triumphierend. »Im Traum ist es mir wieder eingefallen.«

Die lexikalischen Probleme wurden durch die Umgebung noch verstärkt. In Hopevale schienen sich selbst Pflanzen und Tiere ganz selbstverständlich in Guugu Yimithirr zu benennen, der Sprache dieser Gegend. Doch wie hieß diese oder jene Frucht oder Pflanze, die Roger aus seiner Kindheit in Barrow Point kannte, die es hier im Süden aber nicht gab? Nachdem wir uns Ende der 70er Jahre mit seiner Sprache zu beschäftigen begonnen hatten, entwickelte sich Rogers linguistische Rekonstruktion allmählich zu einer ausgewachsenen autobiographischen Reise. Die Suche nach der Bezeichnung für einen Baum oder Fisch weckte Erinnerungen an die Orte, an denen er zum ersten Mal einen solchen Baum gesehen oder einen solchen Fisch gefangen hatte. »Sich an die Vergangenheit erinnern« und »von der Vergangenheit erzählen« wurden ein und dasselbe. Die Besinnung auf eine Episode aus einer Geschichte oder den Namen eines Familienangehörigen setzte eine ganze Kette von Erinnerungen in Gang: ein Mann, der sich benommen hatte wie Old Fog, eine Frau, die an einem bestimmten Ort von einer Schlange gebissen worden war, oder ein vergessener Verwandter, dessen Name ihm plötzlich einfiel, als er von einem weit zurückliegenden Ereignis erzählte. So durchdrang die Vergangenheit immer mehr die Gegenwart.

Im Lauf der Jahre, in denen wir uns unterhielten, bekamen Roger, Tulo und ich ein gemeinsames Repertoire an Roger-Geschichten. Seine verschwundenen Verwandten wurden unsere Gefährten; ihre Taten bildeten die Grundlage für unsere Witze. Geschichten wurden erzählt, wiedererzählt, umgebaut und neu interpretiert. Oftmals veränderten sich die ursprünglichen Stimmen – gewöhnlich ein polyphoner, mehrsprachiger Chorus –, die wir beim ersten Mal gehört hatten, doch ganz verloren sie sich nie.

»Bei dieser Geschichte paßt wirklich alles zusammen, wenn man sie sich genauer ansieht«, bemerkte Tulo an jenem Nachmittag in Hopevale. »Old Fog war wirklich ein Schlawiner.«

»Tja, Wurrbal, Old *Wurrey*«, sinnierte Roger. »Er ist mein Totem, anggatha athu.« Roger erhob Anspruch auf eine Verwandtschaft nicht nur mit Wurrey, sondern auch mit den Orten, die dieser aufgesucht hatte, und den Menschen, denen seine Geschichten gehörten. »Die Geschichte vom riesengroßen Dingo Dog gehört uns«, setzte er hinzu.

Früher waren die Barrow Point People in zwei große Gruppen aufgeteilt. Die eine lebte direkt an der Küste von Barrow Point, die andere verstreut im Landesinneren, hauptsächlich am Fuß der Berge im Süden. Es waren dieselben Berge, in denen Jones's Gap liegt und Fog den Schädel des riesengroßen Dingo Dog vergraben hatte. Die Fog-Geschichten gehören nicht nur beiden Barrow-Point-Gruppen, sondern sorgten tatsächlich für einen Zusammenhalt in der gesamten Gegend, in der sich Fogs Abenteuer ereignet hatten – vom Jeannie River bis Bathhurst Head.

Rogers Kommentar dazu: »Wir gehören zusammen. Wegen dieser Geschichte vom Devil Dingo sind wir alle eins.«[22]

Das soziale Band zwischen Geschichte, Schauplatz und Clan hat aber auch eine dunklere, heutige Seite, nämlich den Verlust des Wissens. »Ich habe keine Verwandten mehr in Barrow Point«, fuhr Roger fort. »Die Jüngeren kennen diese Geschichten nicht mehr. Nicht einmal meine eigenen Söhne – ich habe sie ihnen jeden Abend erzählt, aber ich glaube, sie bringen alles durcheinander.«

Roger erinnert sich, daß er sich einmal mit seinem ältesten Sohn gestritten hat, weil dieser der Jeannie-River-Geschichte ein Element hinzufügen wollte. »Es ging ihm bloß darum, an der Geschichte herumzumäkeln, versteht ihr? Ich muß dazusagen, daß es zwei Arten des murrabal *baramundi* gibt: Die eine lebt im Salzwasser, die andere im Süßwasser. Ich habe ihm erklärt, daß es nicht *meine* Geschichte ist. Ich sagte, sieh mal, die Alten haben mir die Geschichte so nicht erzählt. Ich will keine *eigenen* Geschichten erfinden; sie gehören den Alten. Und was ich gehört habe, gebe ich auch genauso weiter.«

Der Barrow-Point-Begriff *yimpal* (Geschichte – oder *uwu yimpal,* wörtlich »Wortgeschichte«) bezeichnet wie seine Entsprechung auf Guugu Yimithirr, milbi, eine ganze Reihe von Aktivitäten, die mit dem Geschichtenerzählen verbunden sind, und umfaßt »Erzählungen« oder »Mythen« ebenso wie »Neuigkeiten«, »Klatsch« oder einfach »Gerede«. Die Leute in Hopevale sind an ein breites Spektrum von Geschichten in Englisch gewöhnt – darunter »Anekdoten«, »Geschichten aus der Vergangenheit«, »Bibelgeschichten«, »Märchen« und »Legenden« – und treffen keine terminologische Unterscheidung wie milbi oder *yimpal.* Roger Hart aber trennt zwischen »Geschichten« aus der Vergangenheit über das Schicksal entfernter, aber wiedererkennbarer Familienangehöriger und »Geschichten« aus einer viel früheren Zeit, als die Tiere noch aufrecht gingen, jagten und aßen wie

1 Fog und der Kopf des riesengroßen Dingo

2 Wie die Leute von Pinnacle von der Erde verschlungen wurden

3 Am Strand der Ninian Bay

4 Ein Aborigine-Polizist warnt vor einer bevorstehenden Razzia

Menschen und die gegenwärtigen Lebensumstände festgelegt wurden.

Man weiß, was am ersten Typ von Geschichten manu buthun (wahr) ist, weil es Zeugen gibt, die die entsprechenden Ereignisse miterlebt und später weitererzählt haben; so sind sie von Mund zu Mund weitergereicht worden. Im Gegensatz dazu kennt man die Geschichten des zweiten Typs nicht, weil jemand sie unmittelbar miterlebt hat, sondern weil jemand, der das Recht und das Wissen besitzt, die Geschichte zu erzählen – ein Großvater, ein Onkel oder vielleicht ein Ältester bei einer Initiation –, sie in allen Einzelheiten weitergegeben hat. Man kennt die Geschichte, weil man sie aus berufenem Mund gehört hat.

Aber es besteht auch eine wichtige Ähnlichkeit zwischen den beiden Typen. Die moralischen Prinzipien, die das Leben der Aborigine-Gemeinschaft prägen, liegen allen *yirrpal* zugrunde, so wie sie dem Verständnis der Ereignisse in der Gegenwart und der unmittelbaren Vergangenheit zugrunde lagen, bevor die bama *way* allmählich aus dem Blickfeld verschwand, was viele Leute aus Roger Harts Generation beklagen. Doch noch wichtiger ist, daß alle diese »Geschichten« – wie Sprache, Land oder Wissen im allgemeinen – ein Besitztum sind. Sie gehören Menschen und Orten. Eine Geschichte kann mir gehören, nicht (nur), weil ich dabei war, als sie sich zugetragen hat, oder weil ich sie als erster gehört habe, sondern auch, weil sie jemandem passiert ist (oder sich an einem Ort zugetragen hat), der mir gehört – meinen Leuten, in meinem Land –, weil es eine Geschichte ist, die meine Familie an mich weitergegeben hat. Und das gibt mir das besondere Recht, an den lustigen Stellen zu lachen, am Ende der Geschichte den Kopf zu schütteln und die Geschichte sogar selbst zu erzählen. Sie betrifft mich. Kein Wunder, daß Roger Hart Anspruch auf Old Fog als seinen Verwandten, seinen »Freund« oder Mentor erhebt.

Dabei ist Fog auf den ersten Blick alles andere als bewundernswert. In den ersten Episoden seiner Geschichte wandert er von Red Point zum Jeannie River – damals eine ziemlich wichtige Grenze zwischen den Sprechern des Guugu Yimithirr im Süden und den Sprechern einer Reihe deutlich verschiedener, aber miteinander verwandter Sprachen im Norden –, bevor er sich auf den Rückweg durch das Territorium dieser nördlichen Gruppen macht und dabei bestimmte Orte durch seine Abenteuer und Gaunereien im Gedächtnis der Menschen verankert. Wir haben bereits gesehen, wie er lügt, stiehlt, betrügt und böse Zauber erfindet. Aber es kommt noch schlimmer.

Fog ist ein klassischer Tunichtgut: Er steht für bestimmte Regeln im Leben der Aborigines, manchmal kraft seiner eigenen Widersprüchlichkeit. Ja, er stiehlt Old Lady Curlews Fische, aber warum hatte sie auch alle für sich behalten? Ja, er wirft sie in das Netz mit den Fischen, aber es war auch ungehörig und unklug von ihr, ihn zu beschimpfen. Er beschwindelt die Leute von Guraaban, als er ihnen weismacht, ihre Angehörigen seien gestorben, aber sollten sie sie nicht längst mal wieder besucht haben? Dazu kommt das komplizierte und ambivalente Thema Nahrung. Einerseits macht es eine Menge Arbeit aufzutreiben, was man zum Essen braucht, ohne die der Allgemeinheit vorbehaltenen Ressourcen des Buschs zu gefährden; andererseits muß man teilen, was man hat. Fog pocht auf sein Recht, am Essen der anderen zu partizipieren, versucht aber auch, allzu leichte Beute vor der gefräßigen Habgier der Menschen zu schützen.

»Diese Geschichten dienten dazu, uns an etwas zu erinnern. Sie sollten die Menschen lehren, sie ›ermahnen‹.« Roger verwendet den Guugu-Yimithirr-Ausdruck, der wörtlich »die Ohren langziehen« bedeutet. »Diese Geschichten geben den Menschen ein Beispiel, dem sie folgen sollen. Ihr seht, wie Old Fog sich verhält. Sie lehrten bama, nicht das zu tun, was er tut. Bei unseren Leuten galten äußerst strenge Regeln – anders als heute, wo die Menschen die richtige Lebensart verloren haben.«

Fog vor seiner Höhle bei Bathhurst Head

Roger erzählt von einer fast traumartigen Erinnerung an das letzte Mal, als er seinen Aborigine-Vater sah. Man hatte den kleinen Jungen nach Cape Bedford gebracht, damit er dort von weißen Missionaren aufgezogen wurde. Zwar hatte Roger anfangs versucht wegzulaufen, doch mittlerweile hatte er sich an das Leben in der Mission gewöhnt. Ein paar Monate, vielleicht sogar ein Jahr, nachdem sie ihn nach Cape Bedford gebracht hatten – Roger weiß es nicht mehr ganz genau –, kamen ein paar Männer aus Barrow Point in die Mission, um sich mit Nahrungsmitteln, Decken und Tabak zu versorgen, bevor sie wieder in ihr eigenes Land im Norden zurückkehrten. Unter ihnen war auch Rogers Vater. Er nahm den kleinen Jungen beiseite, und Roger weiß heute noch, daß ihm das schlechte Beispiel von Old Man Fog dazu diente, Roger zu ermahnen, sich gut zu benehmen.

»›Nimm dir kein Beispiel an Fog‹, sagte er, ›lauf nicht den Frauen nach und spiel nicht mit den Mädchen. Halte dich fern von ihnen. Sei nicht frech, und paß auf, daß du anderen Menschen keinen Kummer und keinen Ärger machst.‹ Er schärfte mir ein, die Gesetze zu befolgen und keinen Unsinn zu machen. Er erklärte mir, wie man sich zu verhalten hat. Am Schluß sagte er: ›Ich komme zurück.‹ Dann ging er fort, und ich habe ihn nie wieder gesehen.«

Roger zieht Parallelen zwischen bestimmten moralischen Vorschriften in Fogs Geschichte und den zehn Geboten der Bibel. »Sie erinnern uns daran, daß wir kein mayi stehlen dürfen, das jemand anderem gehört«, lachte Roger. »Sonst muß man damit rechnen, daß man von einem Speer getroffen wird. All diese Geschichten haben eine versteckte Bedeutung. Sie helfen uns, die alte Lebensart zu bewahren, auch noch angesichts dessen, was später passieren kann, zu unseren Lebzeiten.«

Während wir die Geschichten auf Band aufzeichneten und darüber sprachen, sie niederzuschreiben, sahen wir uns mit einem neuen Problem konfrontiert. Für wen waren diese Geschichten bestimmt? Roger Hart äußerte Bedenken. Zwar waren Tulo Gordons Guugu-Yimithirr-Geschichten vor einigen Jahren als Kinderbücher veröffentlicht worden, aber *Wurreys* Abenteuer hatten einen völlig anderen Charakter. Die Lektionen, die Rogers Erzählungen zugrunde lagen, waren der ernste Stoff, aus dem die Gesetze der Aborigines gemacht sind. Sie werden jungen Männern bei der Initiation eingetrichtert. Noch problematischer war der fragmentarische Charakter der Geschichten, an die Roger sich erinnern konnte. Bestimmt fehlten Teile, vielleicht erinnerte er sich falsch oder erzählte eine Geschichte »rückwärts«. Roger war sich bei einigen Episoden ebenso unsicher wie bei bestimmten Barrow-Point-Wörtern, die in seinem Gedächtnis wild verstreut waren.

Trotz des letzten Besuchs seines Vaters glaubt Roger, daß die Geschichten für Kinder nicht geeignet sind. Sie wurden nicht in aller Öffentlichkeit erzählt, sondern nur zwischen Menschen weitergegeben, die in einer bestimmten Beziehung zueinander standen. Roger erinnert sich, daß er die vollständige Version von Fogs Geschichte erst als Erwachsener gehört hat. Und zwar von Old Yagay, einem älteren Mann aus Barrow Point, der den Zweiten Weltkrieg überlebt hatte und in der Gegend von Cooktown blieb, als die Leute von Cape Bedford nach ihrem Exil in Woorabinda in den Norden zurückkehrten. Dieser Mann wohnte ein paar Wochen bei Roger, und Roger fragte ihn nach der Geschichte.

»Später fragte ich auch Old Lady Mary Ann[23] danach, und sie hat sie mir erzählt, die arme Alte. Sie war meine gami, meine Großmutter von derselben Seite.[24] Es ist ganz in Ordnung, wenn meine gami mir die Geschichte erzählt. Nur Leute, die wir als bama binthu[25] bezeichnen – solche, die einem nicht heilig sind –, dürfen sie erzählen. Die Old Lady konnte mir alles erzählen, versteht ihr, sie durfte Schimpfworte benutzen, fluchen, Witze machen.«

Statt offen über *Wurreys* Abenteuer zu sprechen, machten die alten Leute nur ganz selten geheimnisvolle Anspielungen auf seine Geschichte. Wenn das Wetter an der Mündung des Mack River klar war, zeigten die alten Männer manchmal auf einen vorspringenden Felsen an der Spitze von Bathhurst Head. »›*Wurrey ayila uwer,* seht nur den alten Fog da im Westen, *thurrgu agelu,* wie aufrecht er dasteht und nach Osten blickt‹ riefen sie. ›Fog ist wieder da und hält Ausschau nach Fischen. Da steht er und fischt.‹

Das ist das einzige Mal, daß sie die Geschichte erwähnten. Diesen Teil erzählten sie hin und wieder. Man könnte durchaus sagen, daß sie den alten Fog verehrt haben.«

Eine andere wichtige Episode handelt von der schrecklichen Strafe, die den Übeltätern in einem großen Lager bei Pinnacle zuteil wurde.

»Diese Geschichte, müßt ihr wissen, war sehr heilig. Sie erzählten sie *niemandem.* Als ich noch selbst in Barrow Point lebte, habe ich sie nie gehört. Sie war nicht für Kinderohren bestimmt. Als Yagay kam und bei mir wohnte, erzählte er sie mir. ‹Komm her. Hör zu‹, sagte er. ›Man hat euch Kindern davon nichts erzählt. Aber jetzt bist du alt genug.‹ Ich war damals ein erwachsener Mann. ›Also, jetzt werde ich dir eine Geschichte erzählen‹, sagte er. Und dann erzählte er, wie sich die Erde auftat und alle Menschen verschlang.«

Vom Erdboden verschluckt

Dies ist kein Märchen.[26] Es ist eine wahre Geschichte. Wer weiß, vor wie langer Zeit sie sich zugetragen hat. Vielleicht war es um 1800. Es ist keine uralte, sondern eine etwas neuere Geschichte. Eine Old Lady hat die Ereignisse als einzige überlebt, und zwar Toby Gordons babi, seine Großmutter. Zu dieser Zeit war sie noch ein kleines Mädchen. (Vgl. Farbtafel 2)

Tobys Großmutter hat alles gesehen. Wenn die Erde auch sie verschluckt hätte, wäre niemand mehr da gewesen, der die Geschichte hätte erzählen können. Durch sie ist sie uns überliefert worden.

Es gab einmal eine große Gemeinschaft von Gambiilmugu-warra People,[27] die im Süden lebten. Auf meiner Seite, zur Küste hin, waren die »älteren Brüder«. Die Hälfte der Gruppe, die im Landesinneren lebte, in der Gegend, die sie Pinnacle nennen, waren die »jüngeren Brüder«. Vielleicht gab es eine Grenze, die beide Gruppen voneinander trennte. Sie wäre irgendwo westlich der Wakooka-Station verlaufen. Obgleich unsere Seite im Norden und ihre im Süden lag, waren in Wirklichkeit alle Gambiilmugu. Wir aus Barrow Point und auch die Wuuri[28] hatten dieselbe Dingo-Dog-Geschichte. Außerdem sprachen wir alle dieselbe Sprache.[29]

Die Pinnacle People waren furchtbar dickköpfig und eigensinnig. Sie hörten auf niemanden, nahmen keinen Rat an und folgten keinem Befehl. Sie waren wild. Außerdem waren sie großartige Jäger. Kein Tier entkam ihnen. Aber sie waren nicht nur hinter minha her. Nachts zogen sie los und schlichen um die

Lager anderer Leute. Die Häuser, die sie damals hatten, waren eigentlich nichts weiter als *humpies*. Die Pinnacle-Leute waren auf der Jagd nach Mädchen – keinen kleinen Mädchen, sondern jungen Frauen, deren Brüste gerade zu wachsen begannen. Auf die hatten sie es abgesehen. Sie verschleppten sie zu ihrem Lager im Süden.

Manchmal stießen sie bis zum Jeannie River vor. Sie raubten die Frauen und verschleppten sie in ihre eigene Gegend. Oder sie drangen noch weiter nach Westen und Norden vor und raubten Mädchen aus Bathhurst Head oder von der anderen Seite der Princess Charlotte Bay. Sie holten sich viele Frauen von da oben und brachten sie nach Hause. Nach einiger Zeit war das Lager riesengroß. Viele junge Männer lebten dort, und das war gut so. Die Frauen bekamen allmählich Hunger, und so mußten die Männer auf die Jagd gehen, um alle zu ernähren.

Sie hatten genügend junge Frauen, um sich fortzupflanzen. Dann sagten sie: »Wißt ihr was? Laßt uns nach Norden gehen. Machen wir einen Ausflug zu unseren ›älteren Brüdern‹ und bringen ein paar junge Männer von dort mit.« Und so brachen sie nach Norden auf, in Richtung Küste.

Nun müßt ihr wissen, daß die Männer im Norden von Barrow Point, die an der Küste, ein bißchen älter und reifer waren. Außerdem waren sie ziemlich gewandte Redner. Als die jüngeren Männer aus dem Süden kamen, kümmerten sich ihre »älteren Brüder« an der Küste gerade um ein paar Jugendliche, die zur Initiation dorthin geschickt worden waren. Die »jüngeren Brüder« wollten sehen, wie die initiierten Jungen zurechtkamen.

Als die Pinnacle People an die Küste im Norden kamen, sagten sie zu den Ältesten: »Gebt uns die Jungen. Wir nehmen sie mit in den Süden. Sie sind jetzt richtige Männer.«

Sie hatten nämlich zu der Zeit einfach ein Überangebot an jungen Frauen da unten im Süden.

Die Leute oben im Norden, die »älteren Brüder«, verschlossen ihre Herzen. Zuerst schwiegen sie und gaben ihren »jüngeren Brüdern« keine Antwort.

»Nein«, sagten sie schließlich. »Wir werden diese Jungen nicht in den Süden schicken. Wir haben unsere Jugendlichen thabul (heilig) gemacht. Sie haben ihre nganyja (Initiation) hinter sich. Wenn ihr gegen das Gesetz verstoßen wollt, bitte sehr. Vielleicht werdet ihr von einem Speer durchbohrt, aber geht nur und seid ungehorsam, wenn ihr unbedingt wollt.«

»Gebt uns die Jungen.«

»Nein. Wir denken anders als ihr. Wir haben von euren Plänen gehört, aber wir machen dabei nicht mit.«

»Ach, kommt schon. Laßt die Jungen mit uns in den Süden ziehen. Da bekommen sie Frauen.«

Aber sie sollten keine Frauen bekommen, versteht ihr? Sie sollten nur mit einem Mädchen nach dem anderen schlafen.

Die »jüngeren Brüder« sahen die Köpfe der Jungen genauer an. Wenn sie ein oder zwei graue Haare entdeckten, sagten sie: »In Ordnung, du bist geeignet.« Sie sahen sich die ganze Gruppe an und suchten sich nur die ältesten Jungen aus. Schließlich hatten sie etwa ein Dutzend beisammen. Sie bestanden darauf, diese Jungen mit in den Süden zu nehmen. Schließlich kamen sie an den Ort, wo alle jungen Frauen versammelt waren. Jeder Junge suchte sich ein Mädchen aus und nahm es mit.

All diese Jungen von der Küste brachten ihre neuen Frauen zurück in den Norden. Doch der Rest der Gruppe blieb unten in der Gegend von Pinnacle. Die Männer gingen jeden Tag auf die Jagd und spähten nach Beute aus.

Eines Tages passierte etwas. Am frühen Morgen verließen die jungen Männer das Lager, um auf die Jagd zu gehen. Die anderen blieben zurück; es waren ziemlich viele. Die Sonne stieg höher. Plötzlich tat sich die Erde auf. Sie verschlang alle Menschen. Sie fielen einfach in die Tiefe.

Die Old Lady hatte als einzige überlebt. Sie wurde nicht von der Erde verschluckt. Bloß ihr Bein hatte sich in der Erde verfangen. Ein Fuß war in dem großen Loch verschwunden, und das Bein war gebrochen. Sie saß in der Falle.

Nach einer Weile kam jemand von der Jagd zurück. Er fand die Old Lady mit dem Bein in der Erde.

»Was ist los, wo sind denn die anderen?« fragte er.

»Alle sind in die Erde gefallen. Sie sind da drin. Ein großer yiirmbal[30] hat sie verschluckt.«

Sie schafften es, die Old Lady aus dem Loch zu befreien, in dem sie festsaß. Dann brachten sie sie nach Norden, nach Barrow Point.

Nach einiger Zeit heilte ihr gebrochenes Bein wieder. Das war, als Tobys Großvater sie heiratete. Und später hatte sie noch eine Menge Enkel. Ich habe die alte Frau gekannt, als ich noch ein kleiner Junge war. Auch ich nannte sie gami (Großmutter). Sie humpelte wegen ihres gebrochenen Beins. Ach, und sie war eine schreckliche alte Frau. Ich glaube, sie stammte aus dem Stammesgebiet von Wuuri. Da unten in Pinnacle hatten sie Frauen von überall, vom Jeannie River im Westen bis zur Princess Charlotte Bay.

Ich selbst habe dieses Land nie gesehen. Nur den Berg von weitem. Ich glaube, man kommt durch einen Ort namens Cockatoo Yard, und von da geht es nach Westen, bis zum Fuß des Berges, und dann nach Süden. Aber ein paar Leute kennen die Stelle noch, weil Banjo sie ihnen gezeigt hat.[31] Er sagte immer: »Geht bloß nicht dahin, sonst fallt ihr runter!«

Der yiirmbal verschluckte die Menschen, weil sie gesetzlos und ungehorsam waren. Er bestrafte sie, bevor sie noch größeres Unheil anrichten konnten, bevor sie das Volk der Aborigines vernichteten. Der Clan von Pinnacle war nämlich sehr mächtig, und alle Clans entlang der Küste hatten Angst vor ihm: »Laßt euch bloß nicht mit den Yiithuu People[32] ein!« hieß es.

Teil 2

Barrow Point

Barrow Point um die Jahrhundertwende

Die Invasion des Hinterlandes von Cooktown

Um 1900 war das Gold, das die europäischen Eroberer fünfundzwanzig Jahre zuvor in den hohen Norden von Queensland gelockt hatte, weitgehend erschöpft.[1] Farmer hatten den Platz der Minenarbeiter eingenommen und sich auf dem fruchtbarsten Land oder an Süßwasserquellen niedergelassen. Sie begannen (meist illegal), die übriggebliebenen Aborigines, deren Land sie sich zuvor angeeignet hatten, als Arbeitskräfte zu beschäftigen. Fischkutter kreuzten vor der Küste, auf der Suche nach billigen Arbeitskräften und Zerstreuung. Die Zerstörung traditioneller Überlebensmuster, eingeschleppte Krankheiten, systematische Ausrottung, Kontakt mit den Randerscheinungen der europäischen Wirtschaft sowie die wachsende Abhängigkeit von deren Gütern und Vertreibung im großen Stil, die es den Aborigines unmöglich machte, ihre gewohnten Lebensmuster beizubehalten, sorgten dafür, daß ihre Zahl rasch zurückging und sie sich auf neue Art über das ganze Land verstreuten.

Um die Jahrhundertwende scheint es in der Umgebung von Barrow Point und Cape Melville zwei verschiedene Aborigine-Populationen gegeben zu haben. Das Archivmaterial über die Bevölkerung dieser Gegend ist dürftig, aber es gestattet einen flüchtigen Einblick in das Leben der hier ansässigen Menschen nach dem Eindringen der Europäer.[2] Walter Roth, der erste sogenannte Schutzbeauftragte der Aborigines aus dem Norden, stattete Barrow Point Ende des 19. Jahrhunderts mehrere Besuche ab und vermaß die Körper zweier Männer, deren Namen er mit Oonquilba und Onawin[3] angab. Im Dezember 1898 zählte Roth zwanzig Männer und zehn Frauen in Barrow Point, fügte aber hinzu, die normale Einwohnerzahl sei mit Sicherheit größer, da »die Hauptgruppe nach C. Melville abgewandert« sei.[4]

Berichte aus der Umgebung lassen darauf schließen, daß sich die Menschen auf wenige Lager, einschließlich Ninian Bay, konzentrierten. Das war die Folge der »Verteilung« der an der Küste ansässigen Gruppen durch die Behörden im Anschluß an die Lizard Island Affäre 1881. Eine Europäerin namens Mary Watson war auf See ausgesetzt worden und auf einer Koralleninsel umgekommen, nachdem Aborigines – wahrscheinlich Angehörige des Guugu-Yimithirr-Sprachkreises aus der Gegend von Cape Flattery – mit Speeren bewaffnet ihr Haus gestürmt und ihren chinesischen Koch getötet hatten.[5] Dieses Ereignis schockierte die europäische Bevölkerung im Norden und führte zu polizeilichen Strafmaßnahmen gegen die an der Küste südlich von Barrow Point lebenden Aborigines.

In den ersten Jahren der europäischen Invasion ergriff die Regierung Maßnahmen zur »Befriedung« der Ureinwohner im Norden. Mit Hilfe sogenannter Schutzbeauftragter der Aborigines – auf regionaler Ebene für gewöhnlich Polizeibeamte oder Richter – versuchte die Regierung eine Reihe von Gesetzen einzuführen, die die Beschäftigung von Aborigine-Arbeitskräften regeln sollten. Durch die Ernennung bestimmter Aborigine-Ältester zu »Königen« ihrer jeweiligen »Stämme« (auch sie bürokratische Erfindungen) versuchten die Schutzbeauftragten wiederum, ihre Stellvertreter innerhalb des in ihren Augen diffusen gesellschaftspolitischen Gefüges der Einheimischen in angesehenen Positionen unterzubringen. Noch wichtiger war jedoch, daß die Regierung umfassende »indigene Polizeitrupps« aufstellte, Männer, die aus bereits »befriedeten« Aborigine-Gruppen rekrutiert wurden. Diese Aborigine-Polizisten, die formal dem Kommando eines europäischen Offiziers unterstellt waren, wurden mit Uniformen, Waffen und gelegentlich Pferden, aber auch mit weitreichenden Befugnissen ausgestattet, die es ihnen ermöglichten, im Namen der Zivilisation Chaos und Verwüstung unter den heidnischen Bevölkerungsgruppen anzurichten. Anfangs wurden solche aus einheimischen Polizisten bestehenden Trupps aus den südlichen Teilen von Queensland nach Norden geschafft. Doch als die Europäer immer größere Gebiete unter ihre Kontrolle brachten, stellte sich heraus, daß die Polizisten, die die Lager der Aborigines durchkämmten und deren Frauen und Kinder verschleppten, Stammesgenossen aus benachbarten Territorien und manchmal sogar noch engere Verwandte aus der eigenen Gruppe waren, die das Lager verlassen hatten, um in den Stationen, wie die großen Farmen und Ländereien genannt wurden, oder in der Stadt Arbeit zu suchen.

Die Ereignisse von Lizard Island spielten sich vermutlich zu weit entfernt ab, um direkte Auswirkungen auf die Aborigines von Barrow Point zu haben. Es gibt jedoch Erzählungen von anderen Massakern. Beispielsweise sollen Polizeitrupps im Clan-Gebiet der Muunhthi-warra[6] am Jack River, südlich von Tanglefoot, regelmäßig Razzien durchgeführt und willkürlich Menschen hingerichtet haben. Einmal soll eine große Gruppe Überlebender nach Cape Melville geflüchtet sein und sich dort in einer Höhle versteckt haben. Einer anderen Erzählung zufolge stießen Überlebende einer Polizeirazzia in einem Salzgewinnungsgebiet unweit der Mündung des Wakooka Creek auf einen Aborigine-Polizisten, der eine Frau aus der Gegend vergewaltigte, und töteten ihn auf der Stelle.

Im Jahr 1902[7] berichtete Roth über die Aktivitäten eines Übeltäters aus Barrow Point, eines gewissen Charlie Bushman, der »zwei oder drei Morde an Angehörigen anderer Gruppierungen begangen und Europäer bedroht« hatte. Roth merkte an, daß seine »Verlegung noch nicht angeordnet« worden sei. »Verlegung« war der gebräuchliche Euphemismus für die gängige gewaltsame Verschleppung von Aborigines in Straflager, die weit von ihrem angestammten Territorium entfernt waren.

Um 1910 hatte sich die anfangs gewaltsame Konfrontation zwischen Schwarz und Weiß in der Region auf feste Beziehungsmuster eingependelt, die jedoch für die Aborigines ebenso verheerend waren. Einzelpersonen konnten sich anscheinend frei im Gebiet bewegen, kamen jedoch gelegentlich mit der Obrigkeit in Konflikt. Sergeant Bodman von der städtischen Polizei in Cooktown berichtete von einer Expedition im Dezember 1910 zu einem Aborigine-Lager an der Küste bei Red Point, etwa »60 Meilen nördlich von Cooktown«, dessen Bewohner eng verwandt waren mit denen von Barrow Point. Bodman hatte einen Haftbefehl für einen Aborigine namens Chucky bei sich, der wegen Pferdediebstahls gesucht wurde.

> Im Lager befanden sich etwa sechzig junge Männer und Frauen, und alle Männer waren mit Speeren bewaffnet. Als wir dort ankamen, war Chucky nicht anwesend. Drei junge Männer kamen mit Speeren auf uns zu und warnten uns davor, Jungen aus dem Lager mitzunehmen. Es war ein gefährlicher Trupp … Auf unsere Fragen hin erfuhren wir, daß Chucky ein paar Tage zuvor das Lager verlassen und nach Barrow Point gegangen war.[8]

Bodman gab die Suche vorerst auf.

Im April 1911 wurde Chucky verhaftet, als er in Cooktown von Bord eines Schiffes ging.[9] Der Schutzbeauftragte Bodman empfahl seine »Verlegung« nach Barambah mit folgender Begründung:

> Dieser Aborigine ist ein sehr schlechter Mensch und war bereits mehrfach wegen Diebstahls im Gefängnis ... Die Regierung hat mehrere Haftbefehle gegen ihn erlassen [weil er nach seiner Freilassung aus dem Gefängnis in Townsville ein Pferd gestohlen hatte] ... Ein paar Tage später spürte die Polizei Chucky in Cookstown auf, war jedoch nicht in der Lage, ihm den Diebstahl nachzuweisen, und mußte ihn wieder auf freien Fuß setzen ... Als Schutzbeauftragter der Aborigines halte ich Chucky fest, bis ... [ich Befehl erhalte, ihn abzutransportieren], wozu ich dringend raten würde, da dieser Bursche der Polizei eine Menge Ärger bereitet hat und ich mehrere Anzeigen wegen Diebstahl von ... Minenarbeitern und anderen Personen erhalten habe, deren Lager in diesem Bezirk ausgeraubt wurden. Er ist ein tüchtiger Arbeiter und sollte besser unter Aufsicht außerhalb dieses Bezirks leben.[10]

Schließlich wurde Chucky zusammen mit mehreren anderen Aborigines, die kurz vorher aus Laura hierher verlegt worden waren,[11] nach Brisbane gebracht.

Kontakte vom Meer her

Es gab regen Kontakt zwischen Aborigines und Fischern, deren Kutter regelmäßig die Lager an der Küste aufsuchten, aber auch zwischen nomadisierenden Aborigines und Europäern, deren Siedlungen und Minenlager sich bis weit ins Hinterland erstreckten. Wie die Reaktion auf den Polizeibesuch in Red Point vermuten läßt, waren diese Kontakte nicht immer freundschaftlicher Natur. Die Polizei von Cooktown berichtete 1910, mehrere Aborigines hätten einen japanischen Schiffskapitän beschuldigt, ein Mitglied seiner Aborigine-Mannschaft getötet zu haben.[12] Die Korrespondenz über diesen Fall zeigt, daß der Schiffskapitän bei der Polizei entlang der ganzen Küste bereits als »schlechter Mensch« aktenkundig war. Ein Aborigine meldete der Polizei in Cardwell, der Kapitän habe »einen Jungen wie ihn« getötet, »indem er ihn biß und zu Boden schlug«.[13] Zu der Zeit hatte die Polizei in Cooktown elf Aborigines in Gewahrsam, die auf besagtem Schiff angeheuert hatten, dann aber weggelaufen waren. In dem Permit des japanischen Kapitäns war ursprünglich von zwölf »jungen Männern aus der Gegend« zwischen sechzehn und achtundzwanzig die Rede. Sieben der zwölf, darunter der vermißte Junge, waren als Bewohner von »Barrow Point« ausgewiesen.[14] (Vgl. Farbtafel 3)

Roger Hart erinnert sich, als Kind von Seeleuten aus Barrow Point gehört zu haben, deren Kapitän in Wut geraten war, nach dem Gewehr gegriffen und einen von ihnen durch einen Schuß ins Herz getötet hatte. Daraufhin hatte die Mannschaft aufbegehrt und ihn an den Mast gefesselt, bis das Schiff im nächsten Hafen anlegte und sie ihn der Polizei übergeben konnte.

Junge Männer verbrachten Monate oder sogar Jahre auf Fischkuttern und Luggern, die an der Küste von Queensland entlangfuhren. Beim Rekonstruieren der Familiengeschichten von Barrow Point stellte sich heraus, daß in vielen Fällen Männer wie Roger Harts Onkel (mütterlicherseits) oder sein älterer Bruder auf Schiffen anheuerten und dann spurlos verschwanden. Das Büro des Obersten Schutzbeauftragten der Aborigines versuchte, den Fischfang zu reglementieren, indem man die Kapitäne verpflichtete, offizielle Verträge mit den Arbeitskräften abzuschließen und deren Gehälter direkt an den örtlichen Schutzbeauftragten abzuführen, der sie in »sicheren Gewahrsam« nehmen sollte. Die Regierung versuchte auch, die gängige Praxis zu unterbinden, daß Kapitäne Männer irgendwo an der Küste aufnahmen und sie später einfach an Land setzten, wo es ihnen gerade paßte, manchmal in einem völlig anderen Teil Australiens oder sogar in einem anderen Land. Roger Hart behauptet, daß viele Männer aus Barrow Point in Lockhart, Bamaga oder sogar am Carpentaria-Golf geheiratet haben und nie wieder in ihr altes Gebiet zurückgekehrt sind. Andere starben ihm zufolge unverheiratet in Orten wie Cherbourg im Süden, Thursday Island im Norden oder gar in Japan.

Der Missionar Schwarz von Cape Bedford, der seit Anfang der 20er Jahre seine schützende Hand über die Aborigine-Bevölkerung im Norden hielt, war ein besonders sprachgewaltiger Kritiker des gesamten *bêche-de-mer*-Handels und seiner schädlichen Einflüsse auf das Leben der Aborigines. In seinem Jahresbericht an den Obersten Schutzbeauftragten der Aborigines, Bleakley, schrieb er 1926 über die Lager von Cape Melville und Barrow Point:

> Derzeit befinden sich fast alle Männer aus diesen beiden nördlichen Gruppen, die körperlich dazu imstande sind, etwa neun Monate im Jahr auf Fischerbooten. Am Jahresende kommen sie mit einem schwer verdienten, aber höchst mageren Vorrat an Lebensmitteln, neuer Kleidung, ein paar nutzlosen Luxusartikeln etc. zurück, die entweder gar nicht benutzt werden oder sich in lächerlich kurzer Zeit verbrauchen, so daß man meinen möchte, diese jungen Kerle müßten einsehen, daß es besser wäre, zu Hause zu bleiben und ihren Frauen und Familien beizustehen (letztere sind heutzutage äußerst selten), um sich und ihnen ein besseres Leben zu ermöglichen. Doch dieser Gedanke scheint ihnen nie zu kommen, und wenn die Rekrutierungsboote nach zwei oder drei Monaten zurückkehren, lassen sie sich mit ein paar Drinks, die ihrem bereitwillig entwickelten Geschmack eher entsprechen als *sugar-bags*, rasch dazu bewegen [wieder anzuheuern].[15]

Auf den Einwand, der Einsatz von Aborigines für solch produktive Arbeit könne ihre »Zivilisierung« beschleunigen, entgegnete Schwarz:

> Weiter oben an der Küste, wo diese jungen Männer rekrutiert wurden, befindet sich ein »Lager« von Aborigines, ein bedauernswertes Häuflein, kein Vergleich zu ihren Vorfahren, die vor 40 Jahren hier lebten und starke, gesunde Menschen waren. Es gibt ein paar Alte, nicht viele, es gibt eine Menge Frauen, die größtenteils an ekelhaften Krankheiten leiden, einige Kinder – auch nicht viele –, teilweise Mischlinge ... Es wäre wohl angemessener ..., das als »Hunger, Elend und Syphilisierung« zu bezeichnen.[16]

Dennoch bedeutete das Anheuern auf einem Schiff für viele junge Männer, den strengen Regeln zu entrinnen, die wachsame ältere ihnen auferlegten, unter anderem äußerst begrenzte Möglichkeiten für eine angemessene Heirat. Immer wieder ankerten japanische Boote vor Cape Melville, und die jungen Männer strömten hin, um Arbeit zu bekommen. Sie verbrachten Monate auf hoher See und kehrten nur hin und wieder mit Nahrungsmitteln aus Cooktown zu ihren Eltern zurück, die im Lager geblieben waren. Bootskapitäne wie Captain Monaghan von der *Spray* legten eine Reihe von Zwischenstops ein und ließen Männer mit Vorräten von Bord gehen, wenn die Weihnachtszeit (und der damit einhergehende Monsun) nahte. Er legte erst in Barrow Point an, dann in Cape Melville und fuhr schließlich nach Richtung Norden, wo er die »Burschen von den Inseln«[17] aus seiner Mannschaft absetzte.

In der Ninian Bay machten Fischkutter nur selten lange Halt, nahmen aber an vielen Orten entlang der Küste Süßwasser auf, vor allem in Cape Melville. Roger erinnert sich, daß die Leute in den Lagern immer Ausschau nach Schiffen hielten und große Signalfeuer anzündeten, wenn sie eines entdeckten. Fremde Crewmitglieder begleiteten die Barrow-Point-Männer nur selten an Land – »Ich glaube, sie hatten Angst vor bama« – es sei denn, es lockte eine Tanzveranstaltung.

Die Arbeit auf dem Schiff war körperlich anstrengend und gefährlich. Aborigines, die nach Kreiselschnecken tauchten oder *bêche-de-mer* (Seegurken) sammelten, arbeiteten – bis auf einfache Taucherbrillen – ohne jede Ausrüstung. Häufig setzten die Fischerboote sie stundenlang an teilweise vom Wasser überspülten Riffen aus. Yagay, Roger Harts Stammesgenosse aus Barrow Point, erzählte, wie einmal ein anderer Taucher von einem Hai erwischt wurde. Seine Kiefer schnappten mit dem typischen »Tack!« zu, und von dem Mann blieb nichts übrig als eine Blutlache, die sich langsam im Wasser ausbreitete.

Die japanischen Schiffskapitäne hinterließen einen nachhaltigen Eindruck bei der Aborigine-Bevölkerung. Viele Leute in Hopevale glauben heute noch, daß ihre Verschleppung in den Süden während des Zweiten Weltkriegs ebensoviel mit ihren traditionellen Verbindungen zu den japanischen Fischkuttern zu tun hatte wie damit, daß der Missionar Schwarz Deutscher war. Männer aus Barrow Point arbeiteten für Black Otto, Kapitän der Sunshine, für Moo Kai und Captain Sakata. Barney Warner, ein alter Mann aus Barrow Point, der den größten Teil seines Lebens auf See verbrachte, pflegte Matrosen aus Cape Bedford von seinen Abenteuern mit Sakata zu erzählen, den er für einen »echten Gentleman« hielt. Was Sakata dem Hafenmeister von Cooktown antwortete, der sich das Beiboot des japanischen Kapitäns ausleihen wollte, um einen Tagesausflug zum Leuchtturm gegenüber dem Kai von Cooktown zu machen – »Early morning go!« –, gilt bei den Geschichtenerzählern der Aborigines bis heute als klassisches Beispiel für »Japanee English«.

Einen ganz anderen Eindruck hinterließen die Bootskapitäne

bei denen, die sich um das Wohlergehen der Aborigines kümmerten. Captain Monaghan, der häufig in Barrow Point anlegte, bezahlte seinen weißen Crewmitgliedern angeblich 3 Pfund pro Woche. Im Gegensatz dazu berichtete der Missionar Schwarz 1925 in einem Schreiben an den Schutzbeauftragten Bleakley, daß die Aborigine-Matrosen einen wahrhaft kläglichen Lohn erhielten. Und er gibt ein Gespräch wieder, das er offenbar mit Captain Sakata geführt hat.

> Wenn diese jungen Männer ohne Einwirkung von Alkohol angeheuert, fair behandelt und halbwegs in Relation zu dem bezahlt würden, was sie ihren Kapitänen einbringen, wäre kaum etwas gegen ihre Beschäftigung auf den Booten einzuwenden. Doch in welchem Verhältnis steht ihr Lohn zu den Gewinnen, die ein solches Boot macht? Der Kapitän eines japanischen Schiffes legte vor etwa einem Monat hier an. Ich kenne diesen Mann schon seit einigen Jahren und halte ihn für einen Menschen, der weit über dem Durchschnitt der japanischen Schiffskapitäne steht, denen man hier sonst begegnet. Im Lauf des Gesprächs erwähnte er, daß er allein in dieser Saison bereits 43 Tonnen Kreiselschnecken eingefahren habe und ohne weiteres noch 10 Tonnen zusammenbekommen würde. Der Preis für Kreiselschnecken liegt ihm zufolge bei 90 Pfund. Man kann sich also leicht ausrechnen, was Eigner und Kapitän am Ende der Saison verdient haben und was die Mannschaft (in diesem Fall übrigens junge Männer aus Barrow Point und Cape Melville) als Anteil am Gewinn erhalten werden, den sie durch ihre Arbeit erwirtschaftet haben. Legt man diese Zahlen zugrunde, belaufen sich die Bruttoeinnahmen aus dem Verkauf von Kreiselschnecken in einer Saison auf fast 5000 Pfund.

Schwarz fährt fort:

> Von diesem Kapitän erfuhr ich, daß der Arbeitslohn 1/8 Pfund pro Monat beträgt. Ich weiß nicht, ob das stimmt, es scheint mir so lächerlich wenig, daß ich es nicht glauben kann, denn der Wert der Kreiselschnecken, die sie oftmals an *einem* Tag einholen, übersteigt die Löhne für die Aborigine-Mannschaft in der gesamten Saison. Es kann einfach nicht gerecht sein, daß diese einfachen Aborigines für einen nominellen Lohn auf solchen Fischerbooten angeheuert werden und ein Vermögen für japanische und andere reiche Schiffseigner anhäufen, während ihre eigenen Familien verhungern müssen oder Ihrer Behörde oder den verschiedenen Stationen zur Last zu fallen.[18]

Schwarz schlug 5 Pfund als angemessenen Monatslohn vor, der auch der Industrie zuzumuten sei.[19]

Aborigines aus der Umgebung von Barrow Point und Cape Melville unterhielten zudem regelmäßigen Kontakt mit anderen Schiffen, die an ihre Küste kamen und häufig dort anlegten, um Süßwasser aus den bekannten Quellen in der Gegend aufzunehmen. Versorgungsschiffe auf dem Weg nach Cape York und Neuguinea im Norden passierten die Küste ebenfalls innerhalb des Riffs, oft in Sichtweite der Küstenbewohner. King Harry aus Cape Melville kannte viele Schiffe, die an der Küste auf und ab fuhren. Durch seine vielen Frauen hatte er mehrere Stiefkinder, deren leibliche Väter irgendwelche Matrosen waren, bei denen es sich nicht um Aborigines handelte; einige waren Kinder des dänischen Leuchtturmwächters auf Pipon Island.[20] Doch nicht alle Begegnungen mit vorbeikommenden Schiffen verliefen freundschaftlich, wie die folgende Geschichte von Roger Hart zeigt.

King Harry wird ins Meer geworfen

Diese Geschichte hörte ich, als ich noch klein war, aber damals verstand ich sie nicht sehr gut. Dann haben Banjo und Toby sie mir wieder erzählt. Sie handelt von King Harry, dem Vater von Old Bob.[21]

Es war einmal ein großes Dampfschiff mit Namen *Kalatina.* Dieses Dampfschiff habe ich auf seinem Weg nach Thursday Island oft vorbeifahren sehen.

Eines Tages tauchte im Osten ein großes Schiff auf, das um die Spitze von Cape Melville bog. Es war der Dampfer *Kalatina.*

Der alte King Harry lebte damals dort bei einer großen Gruppe von Leuten aus Flinders Island. Als sie den Dampfer vorbeiziehen sahen, sprangen sie in ihre Einbäume und paddelten nach Norden, weil sie versuchen wollten, das Schiff zu erreichen und sich ein bißchen Essen zu erbetteln.

Es gelang ihnen, das Schiff in der Durchfahrt zwischen Stan-

King Harry wird über Bord geworfen

ley Island und Flinders Island einzuholen. King Harry machte das immer so. Er paddelte in seinem Kanu an das Schiff heran und bat die Mannschaft um etwas zu essen.

Wahrscheinlich hatten die Weißen an Bord das allmählich satt. Sie fanden ihn ein bißchen lästig.

Diesmal sahen die Männer auf dem Dampfer die Kanus näher kommen. Sie drosselten die Geschwindigkeit.

»Warten wir auf sie«, sagten sie.

Sie warfen eine Strickleiter aus, und die bama kletterten an Bord. Sogar King Harry kletterte hinauf, mit seinem Schild auf der Brust.[22]

Die Bootsleute sagten: »Na gut, wir geben euch was zu essen.« Doch statt dessen packten sie King Harry und hoben ihn hoch. Sie schüttelten ihn wie einen Stock und warfen ihn über Bord. Er fiel geradewegs ins Wasser.

Tja, so kletterte der alte King wieder in sein Kanu und paddelte davon. Danach kam er nie wieder, um etwas zu essen zu erbetteln.

Die Mannschaft an Bord bestand ausschließlich aus Weißen – manche waren während des Krieges schon auf der *Melbidir*[23] gefahren. Ich glaube, sie hatten die Nase voll von King Harry, und eines Tages wurden sie böse und warfen ihn ins Wasser, den armen Kerl.

Europäische Siedlungen in der Nähe von Barrow Point

Die Leute in den Lagern von Barrow Point führten je nach Jahreszeit ein Nomadenleben. Sie zogen von einem Ort zum anderen, um die traditionellen Nahrungsquellen aufzusuchen, soziale Beziehungen innerhalb der drastisch reduzierten Bevölkerung zu pflegen und nicht zuletzt als Reaktion auf die europäische Besiedelung. Während der Regenzeit suchten sie Stammesgebiete bei Wakooka im Landesinneren auf. In der Trockenzeit wanderten sie zwischen Barrow Point und Cape Melville und weiter an der Küste entlang oder zu den vorgelagerten Inseln. Zwar befanden sich alle Gebiete auf diesen Wanderrouten im Besitz der Aborigines, doch waren viele Orte in den ersten Jahrzehnten dieses Jahrhunderts bereits weitgehend entvölkert.

Der europäische Vorstoß ins Hinterland hatte verheerende Folgen für die restlichen Aborigines, denen es gelungen war, die gewaltsamen Übergriffe der Goldsucher gegen Ende des Jahrhunderts zu überleben. Als der Goldrausch verebbte, verlegten sich die Behörden auf eine geordnetere und dauerhaftere Ausbeutung »unbesiedelter Gebiete im Besitz der Krone«, die offiziell als »echtes Niemandsland« galten. Nach und nach besiedelten Europäer die Gegend nördlich von Cooktown und drängten die Aborigines, die noch im Busch lebten, in immer kleinere Gebiete und schließlich sogar in die Randgebiete europäischer Siedlungen ab.

Zwar war Ende der 80er Jahre des letzten Jahrhunderts ein Großteil des Gebiets nördlich von Cooktown zur Landnahme zugelassen worden, doch erst nach dem Ersten Weltkrieg, als heimkehrenden Soldaten besondere Vergünstigungen angeboten wurden, beantragten die ersten Siedler Landnahmegenehmigungen. Zwei besonders umfassende Landnahmegenehmigungen betrafen Gebiete mitten in dem Territorium, das Roger Hart als sein Stammesgebiet bezeichnet.

Abbey Peak

Abbey Peak an der Küste der Ninian Bay umfaßte das als *lipwulin* bezeichnete Gebiet, Rogers Geburtsort.[24] Die Gegend um Barrow Point wurde inoffiziell bereits vor dem Ersten Weltkrieg von

Farmern genutzt.[25] 1916 hatte sich ein gewisser Mr. James Bennett, ehemaliger Pionier der australischen Armee, für ein Gebiet von 50 Quadratmeilen beworben, das scheinbar »brachlag«, obwohl angrenzende Grundstücke für dreißig Jahre an einen Maurice Hart und zwei Brüder namens O'Beirne verpachtet waren.[26] Bennetts Wünschen sollte soweit wie möglich entsprochen werden, da er als Soldat gedient hatte. Im August 1916 wurde ihm ein 55 Quadratkilometer großes Areal, »das Parrow [sic] Point Creek« umfaßte, zur Besiedelung verpachtet. Es grenze an ein ähnlich großes Gebiet an, das sein Partner, Thomas Edmund Thomas, aus Cooktown bekam.[27]

Der Pionier Bennett scheint nicht viel Zeit auf seinem neuerworbenen Grundbesitz verbracht zu haben, da er noch im selben Jahr zur Armee zurückkehrte und sein Land an einen der Brüder O'Beirne weiterverpachtete.[28] Über Bennetts weiteres Schicksal gibt das Grundstücksregister keinerlei Aufschluß.

Um 1918 stritten sich mehrere Gutsbesitzer um das Barrow-Point-Gebiet.[29] Schließlich beschloß die Regierung, mehrere Landnahmegenehmigungen zu einem vorrangig zur landwirtschaftlichen Nutzung bestimmten Gebiet zusammenzufassen, das Abbey Peak heißen sollte.[30]

Am 18. Juni 1920 schließlich wurde der Grund für eine Summe von 227 Pfund an Allan Critchley Instone aus Cooktown überschrieben.[31] In Roger Harts Kindheit war Instones Gelände an der Küste der Ninian Bay ein bedeutender Anziehungspunkt für Siedlungen der Aborigines aus Barrow Point. Instone blieb in Barrow Point, bis er 1926 seinen Pachtvertrag an die benachbarte größere Starcke-Station verkaufte.

Offensichtlich hatte Instone keine Familie, solange er in Barrow Point lebte, obgleich mehrere Aborigine-Mädchen ihm den Haushalt führten. Außerdem »heuerte« er offiziell Leute an oder beschäftigte aufgrund einer Vereinbarung mit dem dortigen Schutzbeauftragten der Aborigines ein paar Männer aus Barrow

Point legal als Viehhüter, Gärtner und Schiffsjungen. Reverend Schwarz aus Cape Bedford erwähnte zwei solche Fälle in einem Brief an den Obersten Schutzbeauftragten der Aborigines, in dem er ihm Pläne unterbreitet, die gesamte Bevölkerung von Barrow Point nach Süden ins Missionsschutzgebiet zu verlegen.

> Jackie Red Point lebte beträchtliche Zeit hier, bis er mit Ihrer besonderen Erlaubnis des [Police Constable und] Schutzbeauftragten [der Aborigines] Kenny [aus Cooktown] an Mr. Instone vermittelt wurde. Zusammen mit King Nicholas (auch einer von Mr. Instones Schiffsjungen) scheinen all unsere jungen Männer gut bekannt zu sein, obgleich ich persönlich mich nicht daran erinnern kann, ihn hier [in Cape Bedford] gesehen zu haben, es sei denn, unter anderem Namen.[32]

Jackie Red Point kehrte später nach Cape Bedford zurück und arbeitete auf Schiffen der Mission. King Nicholas, der selbsternannte »König« des Barrow-Point-Lagers, erhob Einspruch gegen die Pläne des Missionars, die Leute aus Barrow Point von ihrem eigenen Land nach Cape Bedford zu verlegen, und wurde schließlich in die Strafkolonie auf Palm Island deportiert.

King Nicholas, Nelson, Billy Salt und Toby Flinders – alles Männer, an die Roger Hart sich aus seiner Kindheit erinnert – arbeiteten auf Mr. Instones Boot oder halfen ihm, das Gelände zu roden, Melonen zu pflanzen und die Farm in Schuß zu halten. Jackie Red Point kümmerte sich um den Garten oder warf sein Fischernetz in der Bucht aus. Die Kinder folgten ihm und schlugen mit Stöcken auf die Wasseroberfläche, um die Fische ins Netz zu treiben und alles herauszuholen, was sie erwischen konnten. Manchmal erbettelten sie ein paar Kartoffeln von Jackie oder seiner Frau Sara. Andere Männer hielten Instones Anwesen instand – flickten Zäune, bestellten die Felder und ar-

Instones Haus

beiteten als Viehtreiber. Instone hatte auch einen großen Gemüsegarten, den ein malaischer Gärtner pflegte. Aborigines nannten ihn Sam Malaya.[33]

Instone war im allgemeinen sehr streng mit den Aborigine-Kindern und ließ sie nicht auf seinen Feldern oder in den Gärten spielen, geschweige denn in der Nähe seines Pfahlhauses. Rogers Erinnerung zufolge besaß er einen scharfen Hund, der die Kinder verjagte. Trotzdem klauten sie hin und wieder Obst und Gemüse aus dem Garten, wenn sie sich unbemerkt hineinschleichen konnten.

Das Haus, die Gärten und die Viehhöfe des Siedlers verteilten sich auf mehrere kleine Hügel im Westen eines großen Felsgebiets an der Südküste der Ninian Bay. In den Mangroven, die den Strand säumten, hatten Instones Leute einen Platz zum Anlegen für sein Boot gerodet, die *Iona,* mit der eine Aborigine-Crew bei gutem Wetter nach Cooktown segelte, um Vorräte einzukaufen. Den großen Fischkuttern, die an der Küste entlangfuhren und häufig junge Aborigines als Matrosen an Bord nahmen, verweigerte Instone den Zugang zu seinem Hafen in der Ninian Bay, möglicherweise um sein Monopol als Vermittler einheimischer Arbeitskräfte zu sichern.

Inwieweit Instone offiziell für die Aborigines verantwortlich war, die unter den Schutzgesetzen auf seiner Station lebten, blieb unklar. Roger Hart glaubt, daß er »so etwas wie ein Oberaufseher« war, der die für die Aborigines bestimmten Regierungsgüter – Decken, Stahlwerkzeuge, Angelhaken und -schnüre, Mehl, Tabak und dergleichen – an die Lager in der Umgebung verteilte. Leute aus Barrow Point, die später ins Schutzgebiet von Cape Bedford kamen, berichteten, Instone habe Löhne unterschlagen, die er den Männern hätte ausbezahlen sollen, die von Fischkuttern entlassen worden waren. Statt ihnen das Geld einfach auszuhändigen, habe er Arbeitsleistung verlangt, oder, wie Roger Hart es ausdrückt, »Überstunden ... sie mußten zuerst für ihn arbeiten.« Angeblich segelten zwei Männer aus Barrow Point, Tracker Billy McGreen sen. und Jackie Red Point mit der Ketsch *Soapbox* nach Cooktown, um Instone anzuzeigen – »Er hat bama gezwungen, für ihr eigenes Geld zu arbeiten.«

Wakooka

Die Wakooka-Station im Süden war der zweite Großgrundbesitz auf dem traditionellen Territorium der Barrow Point People. Maurice Hart, den Roger Hart üblicherweise als seinen Nicht-Aborigine-Vater bezeichnet, fing irgendwann vor 1916 an, in der Gegend nördlich von Starcke Vieh zu züchten. Nachdem er ein Feuer auf seinem früheren Besitz überlebt hatte, startete er eine Kampagne, um Land im Gebiet von Wakooka zu erwerben.[34] Er stritt sich mit seinen Nachbarn von Mt. Hope um Weide- und Wegerechte für sein Vieh.[35]

Im November 1916 beantragte Hart, der als Wohnsitz Ninian Bay angab, einen Pachtvertrag für die Landnahmegenehmigung 397, das Stück Land, das Wakooka hieß.[36] Wenig später begann er auf seinem Grund und Boden zu bauen, züchtete Vieh und gründete eine Familie. Er blieb bis 1932 in Wakooka, als sein Land wie zuvor bereits Abbey Peak in den riesigen Starcke-Besitz überging.[37]

Mitte der 20er Jahre versuchte der Missionar Schwarz die Regierung zu überreden, die Reste der Gemeinschaften im Norden, einschließlich der Leute von Barrow Point, in das Schutzgebiet von Cape Bedford umzusiedeln, über das er die Oberaufsicht führte. In einem Brief an den Obersten Schutzbeauftragten der Aborigines zählte er mögliche Hindernisse für dieses Vorhaben auf.[38] Dazu gehörten die bestehenden Viehzucht-Stationen. Schwarz erwähnte zwei Gutsbesitzer, die sich ungehindert und ohne Rechtsgrundlage die Arbeitskraft von Aborigines aus der Region zunutze machten.

> Zwar gelten Aborigines in der Nähe einer Viehzucht-Station im allgemeinen als Plage, dennoch glaube ich nicht, daß einer dieser Viehzüchter es gerne sähe, wenn die Aborigines von hier oben umgesiedelt würden, daher kann man kaum mit ihrer Unterstützung rechnen.[39]

Maurice Hart könnte durchaus zu jenen Cape-York-Viehzüchtern gehört haben, die Schwarz im Sinn hatte. Obwohl er Aborigines beschäftigte, die seine Stallungen ausmisteten und sich um das Vieh kümmerten, schränkte er ihre Bewegungsfreiheit auf seinem Grund und Boden ein. Er war bekannt dafür, daß er sie auspeitschte, wenn er sie auf seinem Gebiet etwa beim Honigsammeln erwischte, und sie dann fortjagte.[40]

Andere Europäer kamen als Viehhüter, Viehhofbauer oder Sandelholzsammler in die Gegend von Barrow Point.[41] Die Viehhüter sammelten sich in Lagern in der Umgebung, bevor sie das Vieh auf die Weide trieben. Roger und die anderen Kinder wußten, daß sie dort möglicherweise Brot, *damper* oder Tee bekamen. Besonders lebhaft erinnert sich Roger an den alten Billy Burns, einen in der ganzen Region berühmten Viehhofbauer, der einen gewaltigen Buckel hatte. Wenn er sein Nachtlager aufschlug, mußte er zuerst eine Grube im Sand ausheben, um Platz für den Buckel zu schaffen.

Um 1915, als Roger Hart zur Welt kam, hatten sich um die Ländereien von europäischen Siedlern wie Instone und Hart bereits halbwegs feste Aborigine-Lager etabliert. Ihre Bewohner stellten sich sowohl auf die Siedler im Landesinneren ein, die ihnen kärglich bezahlte Dienstboten- oder Viehhüterjobs anboten, als auch auf die Küste, wo die meisten jungen Männer ihren Lebensunterhalt damit verdienten, daß sie harte körperliche Arbeit auf japanischen Fischereifahrzeugen gegen Mehl, Tabak und einen Mindestlohn eintauschten. Sowohl die Siedler als auch die Fischer waren ganz entscheidend von der Arbeitskraft der Aborigines abhängig, ignorierten jedoch sämtliche Ansprüche der Aborigine-Lager auf ihren Grund und Boden oder kämpften sogar dagegen an.

Die Lager in Barrow Point

Allein aus heutigen Erinnerungen läßt sich nur schwer rekonstruieren, was genau die Barrow Point People meinten, wenn sie behaupteten, das Gebiet, in dem sie lebten, »gehöre« ihnen. Vor der Invasion der Europäer waren die Aborigines in dieser Gegend in kleinen Gruppen organisiert, die heutzutage häufig als Clans bezeichnet werden. Ihr Territorium war mit genau benannten Orten übersät, die zum Teil große rituelle oder ökonomische Bedeutung besaßen, und jeder wußte, welche Gruppen welche Orte »besaßen«. Ähnlich wurden einzelne Aborigines mit genau festgelegten *runs* oder Gebieten in Verbindung gebracht, in denen sich bestimmte Orte befanden. Normalerweise übernahm man Sprache und territoriale Zugehörigkeit vom Vater, doch die Bindung an Land und Sprache der Mütter und Großmütter spielte ebenfalls eine Rolle. Außerdem erbte man von seinem Clan ein häufig unzusammenhängendes Mosaik sogenannter *home sites,* die überall verstreut sein konnten, sowie eine Reihe von Geschichten, Totems und Verwandten. Unterschiedliche Clans konnten durch gemeinsame Ansprüche an Orte und Geschichten miteinander verbunden sein, aber auch durch eheliche Bande, die häufig über mehrere Generationen anhielten. So »gehörte« jeder einzelne zu bestimmten Orten, Sprachen, Geschichten und anderen Menschen. Wörter und Geschichten bildeten ein Idiom, in dem sich sowohl soziale Unterschiede (»das ist mein Wort, das ist seines«) als auch soziale Zusammengehörigkeit (»wegen dieser Geschichte sind wir beide eins«) niederschlugen.

Als Roger ein Kind war, galt es als höflicher, andere mit ihrer Clan-Zugehörigkeit zu bezeichnen als mit ihrem Personennamen. Um eine Person zu identifizieren, die man von weitem gesehen hatte, sagte man beispielsweise, »Ah, bama yalngaa-ngu – das ist einer aus [der Clangegend] yalnga«, statt nur den Namen der Person zu nennen.

Die Aborigine-Siedlungen bei Barrow Point befanden sich zu beiden Seiten von Instones Station und erstreckten sich entlang der Ninian Bay. Das größte Lager hieß *lipwulin*[42] und befand sich an der Küste unmittelbar nördlich des Felsgebiets, das es von Instones Station trennte. Das Lager zog sich mehrere Kilometer weit nach Osten bis zu den Mangroven hin, die am Nordrand von Barrow Point wuchsen. Sein Wasser erhielt es aus jahreszeitlich auftretenden Bächen und einer großen Lagune weiter südlich im Landesinneren, wo man auch gut fischen und jagen konnte. *Iipwulin* war Roger Harts Geburtsort und diente als Hauptlager des gesamten Barrow-Point-Gebiets; es war die eigentliche Heimat der »älteren Brüder«-Hälfte der Gambiilmugu People. Von diesem Lager aus zogen die Menschen an der Küste entlang oder nach Süden und Osten zu anderen Lagern und Stammesgebieten.[43]

Instones Station war für die Aborigines von Barrow Point die Quelle, die sie mit Arbeit und dem täglichen Bedarf versorgte. Roger Hart erinnert sich, daß die Männer »[von *Iipwulin* aus] nach Westen gingen, um Tabak zu bekommen. Ein paar bama arbeiteten als Viehhüter. Diejenigen, die für Instone arbeiteten, brachten Tabak für die anderen mit. Aber nicht viel, nur ein bißchen.«

Ein zweites großes Aborigine-Lager befand sich südlich von Instones Gelände, auf einer Hochebene, in der ebenfalls eine Süßwasserquelle entsprang. Dieses Lager hieß *Iiwalin.* Außerdem gab es noch ein kleineres Lager am Westrand der Mangroven, die Instones kleinen Hafen umgaben. Hier wohnten die Aborigine-Familien, die für Instone arbeiteten.

Weiter westlich, in der südwestlichen Ecke der Ninian Bay, gab es ein weiteres, ziemlich großes Lager, das um den Bach *Uwuru*[44] entstanden war. Im Sommer zogen die Menschen in Richtung Küste, wo der *Uwuru* in die Ninian Bay mündete. Dort hatte man leichten Zugang zu einer Reihe von Riffs und weiter oben am Bach gelegenen Lagern und konnte aus dem Busch andere als die gewohnten Nahrungsmittel gewinnen. Roger erinnert sich, daß Leute aus Cape Melville, Bathhurst Head und andere, die er mit der *Walmbaarrga* genannten Gegend an der Princess Charlotte Bay assoziiert, hier häufig ihr Lager aufschlugen, wenn sie nach Barrow Point kamen. In der Trockenzeit konnte man in diesem Winkel der Bucht gut Dugongs (Seekühe) jagen. Roger erinnert sich, daß die Menschen in *Uwuru* immer reichlich zu essen hatten. »Bama jagten [dort] Schildkröten. Bei Ebbe konnte man das Riff sehen, das vom Ende der Bucht bis *Imeenhthin*[45] reichte.«

Ein häufig genutzter Lagerplatz befand sich etwas weiter oben an der Küste, auf halber Strecke zum Eumangin Creek, wo es direkt am Strand eine Süßwasserquelle gab. Während der Viehtreibersaison zogen viele Männer mit ihren Familien an den *Uwuru*, um dort Arbeit zu finden, die Instone offenbar gelegentlich zusammen mit seinem Nachbarn Maurice Hart aus Wakooka vergab. Die Viehhüter wurden mit Tabak, Mehl und Teeblättern bezahlt, die sie mit den anderen teilten.

Der Bach bei Eumangin markierte die nördliche Grenze des Territoriums von Roger Harts Clan, den Gambiilmugu People. Es gab kleine Gruppen von Aborigines, die unmittelbar an der Küste lebten. Das Territorium der Thagaalmugu-warra genannten Gruppe begann laut Roger in Eumangin und erstreckte sich nach Norden bis North Bay Point, dann in westlicher Richtung bis nach Cape Melville und über Flinders Island hinaus.[46] Zwar betrachtet Roger Hart das Lager von *Iipwulin* als seine Heimat, doch besuchte er als kleiner Junge – noch bevor er sechs Jahre alt war – weit entfernte Gegenden wie Cape Melville und Bathhurst Head in der einen oder Cape Bowen in der anderen Richtung.

Im Territorium der »jüngeren Brüder«, der anderen Hälfte der Barrow Point People, gab es ebenfalls mehrere Lager. Um 1915 unterhielten die meisten Aborigines keine unabhängigen Lager mehr, sondern lebten ständig in der Nähe europäischer Siedler. In der Wakooka-Station lebten und arbeiteten außer der Gambiilmugu-Gruppe Angehörige vieler unterschiedlicher Gruppierungen. Das Hauptlager in dieser Region lag an der Küste unweit der Mündung des Wakooka Creek, einem Stützpunkt zwischen Barrow Point und Cape Bowen weiter im Süden.[47]

Bush Tucker

Da die Barrow Point People an der Küste der Ninian Bay lebten, waren sie vom Meer abhängig. Sie fischten und sammelten Schalentiere in den Riffen, die bei Ebbe aus dem Wasser lugten. In den flachen Mangrovensümpfen suchten sie nach Schlammkrebsen, Gründelfischen und Muscheln. Von ihren Einbäumen aus erlegten sie mit Speeren größere Meerestiere wie Schildkröten und Dugongs.

Je nach Jahreszeit wuchsen am Ufer zahlreiche Früchte. Dort gab es importierte Pflanzen wie die Kokospalme und einheimische, etwa die ngundarr oder Jujube, eine dattelähnliche Beere, die an der Küste zwischen Cape Bowen und Cape Melville in Unmengen gedeiht. Ihr ungenießbarer roter Same reift am Ende der Regenzeit, wenn Frühling und Sommer nahen, zu einer süßen, tintenschwarzen Frucht heran.

Dennoch erinnert sich Roger Hart, daß die Leute im Lager von Barrow Point Hunger litten, zumindest die Kinder. Das lag zum einen daran, daß viele Nahrungsmittel für Kinder verboten waren, da die älteren sie für tabu oder thabul *(awiyi)* erklärten.

»Wir durften keinen Honig trinken, der noch Wachs enthielt. Wir bekamen nur welchen, der völlig rein war. Eier von Laubenwallnistern bekamen wir auch nie. Die waren tabu.

›Eßt ja keine Eier von Laubenwallnistern‹, hieß es, ›sonst trifft euch der Donner.‹

Auch Emufleisch war verboten. Wenn die Erwachsenen ein Krokodil getötet und gekocht hatten, bekam kein Kind etwas davon ab, aus Angst, daß sich später ein Krokodil umdrehen und ein Kind fressen könnte.

»Es gab noch vieles andere, was wir nicht essen durften, aber daran kann ich mich nicht mehr erinnern. Damals habe ich sowieso nicht soviel gegessen. Mein Magen war noch klein.«

Wenn sie durch den Busch wanderten, mischte Rogers Mutter etwas Eßbares mit Asche und gab es ihm zu trinken, um seinen Hunger zu dämpfen. Ähnlich erging es Kindern, die allzu laut nach Essen schrien.

Honig bildete den wichtigsten Teil der Nahrung. Er spielt noch heute eine wichtige Rolle, auch wenn nur noch wenige Leute die Geduld oder die Fähigkeit besitzen, einheimische Bienen bis zu ihren Nestern zu verfolgen. »Man muß ein sehr gutes Auge haben, um sie zu sehen«, erklärte Roger. »Die meisten von uns laufen herum, ohne etwas zu bemerken.« In den Lagern tauchten die Menschen einen aus trockenen Gräsern gemachten Schwamm in den flüssigen Honig, um ihn aus der Wabe zu lösen. Die bevorzugte Art, Honig zu konsumieren, bestand darin, ihn mit Wasser zu mischen. Eine Blechdose voll mula, am Morgen getrunken, lieferte Energie für einen ganzen Tagesmarsch.

Auf unseren Wanderungen durch den Busch zeigten mir Tulo und Roger wiederholt alte Narben an Bäumen – Stellen, an denen Bienennester abgeschlagen worden waren – und neue Nester, die darauf warteten, daß jemand sich die Mühe machte, sie zu holen. Als auf einer Fahrt nach Cape Melville ein Leck im Benzinkanister den größten Teil unseres im Laden gekauften Zuckers verdorben hatte, verzichteten mehrere alte Männer auf das Fischen und Krebsesuchen und verbrachten statt dessen den Tag damit, einen Eimer voll mula zu sammeln, um ihren Tee zu süßen.

In Barrow Point ging der Honig an der Küste rasch zur Neige, vor allem in den Frühlingsmonaten mit schönem Wetter, wenn sich die Menschen aufs Fischen und das Jagen von Schildkröten und Dugongs konzentrierten. Ähnlich sammelten die Bienen in der winterlichen Trockenzeit keinen Nektar und lagerten keinen Honig ein. Manchmal wurde es Februar, bis der Regen die Menschen ins Landesinnere trieb, nach Wakooka und noch weiter. Von Februar bis Juni gab es Honig in Hülle und Fülle. Diejenigen, die zu dieser Jahreszeit ins Landesinnere gezogen waren, jagten Schnabeligel und anderes Kleinwild.

Wie auch anderswo auf der Halbinsel von Cape York wurden die einzelnen Menschen mit bestimmten Bienenarten in Verbindung gebracht – eine Zuordnung, die man ebenfalls vom Vater erbte. Daher bevorzugten bestimmte Menschen auch bestimmte Honigsorten. Die beiden einheimischen Bienenarten, anhand derer man die beiden grundlegenden »Arten von Menschen« oder Moieties[48] im gesamten Guugu-Yimithirr-Gebiet unterscheidet, walarr und thuuru, waren auch in Barrow Point zu finden. Die erste Art, *Ulmuru* in der Barrow-Point-Sprache, baut einen langen, tunnelähnlichen Eingang zu ihrem Nest. Die zweite, die mit dem übergeordneten Begriff *uulgaal* bezeichnet wird, ist die kleine schwarze *bally bee.*

Grüne Ameisen wurden für medizinische Zwecke verwendet, als Heilmittel für alle Beschwerden von Grippe bis Durchfall. Außerdem konnte man sie auf den langen Märschen von einer Süßwasserquelle zur nächsten kauen, da ihr erfrischend säuerlicher Geschmack den Mund befeuchtete und die Speichelbildung anregte.

Frischfleisch wurde ohne Salz gebraten oder gekocht, Meeresschildkröten und Schalentiere kochte man für gewöhnlich wie Krebse oder Hummer in Meerwasser. Mit Speeren erlegten die Männer Känguruhs, graue Wallaruhs und kleinere Wallabys. Außerdem jagten sie Eidechsen und *goannas.*

»Sie aßen all das, und sie litten keinen Hunger.«

Heutzutage wimmelt es in Roger Harts Heimat von Wildschweinen, aber er weiß noch, daß man damals, bevor das Gebiet diesen Tieren überlassen wurde, äußerst selten Gelegenheit hatte, ein Schwein zu erlegen.

Die Suche nach Früchten der Saison führte die Barrow Point People bis zur Princess Charlotte Bay, nach Süden bis Cape Bowen und ins Landesinnere bis Wakooka und darüber hinaus. Sie gruben nach gelben Yamswurzeln und buken aus weißen Yamswurzeln stärkehaltiges Brot. Außerdem sammelten sie in den Sümpfen und Lagunen im Landesinneren die Knollen wilder Lilien, *unhthiin*.[49] Die alten Frauen legten auf der Suche nach diesen Pflanzen weite Strecken zurück. Roger erinnert sich an eine beliebte Stelle an einer Lagune ein Stück oberhalb der Mündung des Mack River, südlich von Cape Melville.

»Heute fressen nur noch Schweine diese Dinger. Aber damals gab es keine Schweine. Die alten Frauen holten sich die Wurzeln der Lilien und auch die Samenkapseln, wenn die Blüten abgefallen waren. Die kochten sie dann in großen Mengen in ihren Erdöfen. Wenn die Kapseln weich waren, kratzten sie alle Samen und das Fruchtfleisch heraus und machten eine Art Brot daraus. Das war gutes mayi.« Auch das Innere der Wurzeln wurde zu Brot oder *damper* verarbeitet, nachdem diese aus dem Erdofen kamen. Roger erinnert sich, daß *ayi unhthiin* »gut war, wenn auch das Innere ein bißchen wäßrig schmeckte. Aber sonst war es trocken, ungefähr wie gekochte Kartoffeln.«

Außer den verschiedenen Yams-Arten aßen die Leute in Barrow Point auch die Früchte weißer Mangroven, die sie *udan* nannten.[50]

Andere Nahrungsmittel, die es im Busch gab, erforderten eine aufwendigere Zubereitung. Überall in diesem Teil von Queensland sammelten die Aborigines die Nüsse der Zamiapalme, die man erst zerstampfen und von Giftstoffen befreien mußte, bevor man sie essen konnte. Die gleiche Art der Zubereitung war bei den yulnga oder *barra-barra*-Nüssen erforderlich.[51]

Einer von Rogers Spielkameraden war zu ungeduldig, um diese Prozedur abzuwarten.

Nicholas und die Zamiannüsse

Wir lagerten unweit des Baches bei *Uwuru*. Die alten Frauen saßen im Kreis und bereiteten die Nüsse der Zamiapalme zu, *uthiwi*. Sie hatten sie zum Rösten in die Asche gelegt und holten sie gerade aus dem Feuer. Später schlugen sie die Nußschale ab, nahmen den eßbaren Kern heraus und warfen ihn auf einen Haufen. Das mayi war bereits weich.

Nicholas[52] beobachtete sie. Wahrscheinlich dachte er: »Ha, es guckt gerade keiner«, schnappte sich eine Handvoll Nußkerne und rannte davon. Dann setzte er sich hin und aß sie. Wenig später wurde ihm furchtbar übel, denn die Nüsse waren in der Asche zwar weich geworden, aber sie waren immer noch roh.

Nachdem die Frauen die Nüsse geschält haben, schlagen sie sie auf einem Felsen flach. Sie stecken sie in *dilly bags,* die sie an einem Fluß oder unter einem Wasserfall befestigen, wo das Wasser rasch fließt. Dort lassen sie sie wochen-, manchmal monatelang hängen. Wenn man die Nüsse herausnimmt, sind sie weich und schmecken nach nichts. So ist dieses mayi. Man muß es mit Honig bestreichen.

Dugong und Schildkröte waren die beliebtesten Beutetiere. Beide waren an der Küste, wo Rogers Leute ihr Hauptlager hatten, nur selten zu finden. Deshalb unternahmen die Männer mit ihren Speeren lange Jagdzüge: nach Norden bis Cape Melville, nach Osten über die Spitze von Point Barrow hinaus, oder südwärts bis nach Cape Bowen.

»Früher war das eine phantastische Gegend, um Dugongs zu jagen. Wahrscheinlich würden wir auch heute noch eine

Menge davon finden, wenn wir mit einem Dingi rausfahren würden.«

Früher jagten die Leute von *Iipwulin* aus, manchmal mit dem Boot, manchmal zu Fuß. Die alten Männer, die nicht mehr gut laufen konnten, fuhren auch in den Booten mit. Erst ging es ganz um die Spitze herum und dann dicht am Ufer entlang nach Süden. Der andere Teil ging zu Fuß quer über Land, bis er an der Küste im Osten herauskam. Vorher war eine bestimmte Stelle ausgemacht worden, wo man sich treffen würde.

Wenn sie einen Dugong fingen, schlugen sie ein Lager auf und zerlegten das Tier. Sie zogen erst weiter, wenn alles aufgegessen war.

»Ich weiß noch, wie Long Billy mal mit dem alten Ngamu Wuthurru[53] auf die Jagd ging. Ngamu Wuthurru war ein Einzelgänger; er jagte nicht gern mit den anderen zusammen. Aber dieses eine Mal machte er sich mit dem alten Billy auf die Suche nach Schildkröten. Es war früh am Morgen, und wir hatten unser Lager in Cape Melville. Eigentlich wollten wir schon weiterziehen. Ich erinnere mich noch genau an die Stelle.

Tja, an diesem Morgen fingen sie keine Schildkröten, dafür erwischten sie einen ganz jungen Dugong mit ihren Harpunen. Sie schleppten ihn an Land und zerlegten ihn. Und so mußten wir dableiben, um den Dugong in einem Erdofen zu kochen. Es war ein gutes Essen.«

Trotz der Vielfalt an eßbaren Pflanzen und Tieren wirkte sich die Nähe von Instones Besitz nachhaltig auf die Ernährungsweise der Barrow Point People aus. Die Männer besorgten sich in der Station Tabak. Die Frauen wurden für ihre Arbeit im Haus oftmals mit Weizenmehl bezahlt.

Wenn Old Man Jackie Red Point sein Fischernetz auswarf, das wahrscheinlich der Schutzbeauftragte der Aborigines den in den Lagern lebenden Ureinwohnern zur Verfügung gestellt hatte, folgten ihm die Kinder bis ins Wasser, weil sie hofften, ein paar

Fische geschenkt zu bekommen. Außerdem statteten Roger und seine Spielkameraden Instones Gärten heimliche Besuche ab. Sam Malaya kümmerte sich um die Tomaten, die Roger und die anderen gelegentlich zu stibitzen versuchten. In seinem Garten gediehen außerdem Salat, Kohl und Süßkartoffeln.

»Wir mußten ihn die ganze Zeit im Auge behalten«, entsinnt sich Roger. »Wir wollten ihm nicht zu nahe kommen. Er wußte, daß wir die Tomaten klauten, denn er sah die abgebrochenen Stengel, aber er sagte Instone nichts davon. Er mochte es nicht, wenn wir seinem Garten zu nahe kamen, deshalb hatten wir Angst vor ihm, aber davon abgesehen war er kein schlechter Kerl. Er wurde nie böse.«

Die Kinder liefen Sam Malaya auch hinterher, wenn er auf die Jagd ging. Er kaute Tabak, und sie versuchten, ihm welchen abzubetteln. Roger kann sich erinnern, daß er ein Gewehr besaß und häufig Vögel oder eine bestimmte Pfeifentenart schoß, die digalaba hieß.

Er war außerdem eine gute Quelle für Angelhaken und andere Gerätschaften, die die Leute im Lager brauchen konnten. Roger erinnert sich, daß sich seine Mutter aus diversen Teilen, die sie von Sam Malaya bekommen hatte, eine Angel bastelte, mit der sie Judenfische fing.

Die Barrow Point People zogen in die Gegend westlich von Bathhurst Head, um dort *ambaarr* zu sammeln, Bambus für ihre Fischspeere. Sie verwendeten das Kernholz der schwarzen Palme, *thuguy*, und des Grasbaums, *abulthabul*, außerdem ein Hartholz, das als wurrbuy bezeichnet wurde, für Wurfspeere, das Holz des Eisenrindenbaums für die Harpunen, die sie für die Dugongjagd brauchten, spitze Widerhaken für ihre Kampfspeere und von den Siedlern gestohlenen Zaundraht für die Zacken ihrer Fischspeere.

Yiithuu-warra

In den ersten Jahrzehnten dieses Jahrhunderts vollzog sich im Leben der Aborigines von North Queensland eine massive Umstrukturierung. Buchstäblich alle Bereiche des sozialen Gefüges von Rogers Volksgruppe waren von den Veränderungen betroffen. Auswüchse wie Entführung, Adoption, mehrere Ehen und Vergewaltigung, aber auch die durch die Invasion der Europäer in Gang gesetzte gewaltsame Enteignung hatten das Verhältnis zwischen Individuen, »Stämmen« und bubu (»Heimatland«) erheblich kompliziert.[54]

Als Roger Hart geboren wurde, hatten die veränderten Lebensbedingungen der Aborigines bereits eine tiefgreifende Anpassung bei der Erbfolge und im sozialen Geflecht innerhalb der Clanzugehörigkeit notwendig gemacht. Die verheerenden Folgen von Umsiedlungen und Krankheiten, gepaart mit der Ausbeutung der Aborigines – Männern wie Frauen – durch die Siedler und Fischer, machten es der Aborigine-Bevölkerung schon schwer genug, sich fortzupflanzen, und noch schwerer, ihr rituelles Brauchtum aufrechtzuerhalten, das zur Organisation in Clans gehörte. Die Invasion der Europäer führte zu massiver Entvölkerung, einer drastischen Verringerung der alten Nahrungs- und Wasserressourcen für die Aborigines, gewaltsamen Umsiedlungen (»Verlegungen«) und Mord (»Zerstreuung«). Zu Beginn des Jahrhunderts hatte die Mehrheit der überlebenden jungen männlichen Aborigines Arbeitsplätze, die sie weit von ihren Lagern wegholten. Viele Aborigine-Frauen wurden aus ihren Clangebieten entführt oder von weißen Arbeitgebern zu diversen Dienstleistungen gezwungen. Immer mehr Aborigine-Mütter bekamen Kinder, deren Väter keine Aborigines waren, was es noch schwieriger machte, »der väterlichen Linie zu folgen«. Gehörten solche Kinder nun zu den Clans der Ehemänner ihrer Mütter? Sollten sie ihren Müttern zugeordnet werden oder gar ihrem Geburtsort? Oder waren sie einfach Außenseiter, Unpersonen?

Bestimmten Clans zugeordnete Stätten wurden oft ganz aufgegeben, und auch die Clans verschwanden, wenn ihre Mitglieder starben oder ihre Zahl so sehr schrumpfte, daß rituelle Verpflichtungen nicht mehr erfüllt und die je nach Jahreszeit erforderliche Ausnutzung ihres Territoriums nicht mehr möglich war. Lager wie das in Barrow Point wurden zu Zufluchtsorten für Menschen aus verschiedensten Gebieten, Durchgangsstationen bei den anhaltenden Wanderungen zwischen europäischen Siedlungen – wo man für Gelegenheitsjobs mit Tabak, Mehl, Decken und anderen Gebrauchsgegenständen entlohnt wurde – und abgelegenen Gebieten, in denen noch die traditionelle Form der Nahrungsbeschaffung und althergebrachte Rituale und Lebensformen möglich waren.

Roger Hart eignete sich sein Wissen über die Gesetze und Gepflogenheiten der Aborigines unter diesen komplexen, unbeständigen Bedingungen an. Die Clanzugehörigkeiten, die er Einzelpersonen heute zuweist, ergeben sich nicht daraus, wo sie gelebt haben, sondern aus dem, was ihm diese Leute über ihre Väter, Großväter oder, bei halb-europäischen Kindern wie Roger, deren Stiefväter – die Aborigine-Männer ihrer Mütter – erzählt hatten. In Rogers Kindheit lebten diejenigen, die der Gruppierung der »jüngeren Brüder« der Gambiilmugu People angehörten, Seite an Seite mit Angehörigen der »älteren Brüder« in den gleichen Lagern. Die Barrow Point People zogen großräumig durch die ländlichen Gebiete. Sie hatten gemeinsame Lager und unterhielten Beziehungen zu Menschen aus weit verstreuten und häufig entfernten Clans.

Obgleich sich die Einzelheiten in der Familien-Terminologie von Sprache zu Sprache unterschieden, erkannten die Aborigines aus diesem Teil von Queensland ihre Stammesgenossen anhand eines überwiegend gemeinsamen Kategoriensystems. Darin war das soziale Umfeld in zwei Hälften, sogenannte Moieties, geteilt: in die Angehörigen der väterlichen und in die der mütterlichen Linie. Für einen Mann bedeutete das zum Beispiel, daß er seine Identität – unter anderem Sprache, Clanzugehörigkeit, heilige Tiere, Ahnenland und Geschichten – von seinem Vater übernahm. Seine Ehepartnerin aber suchte er in der mütterlichen Linie, also auf der anderen Seite. Eine adäquate Partnerin war für ihn das Kind einer Person, die in dieselbe Kategorie fiel wie ein Bruder der Mutter – etwa ein entfernter Onkel aus der anderen Moiety. Die Terminologie wies solche Onkel und ihre Frauen dementsprechend als potentielle Schwiegereltern aus, als Menschen, deren Nachkommen »die richtigen« Ehepartner für eine bestimmte Person wären. Solch zukünftigen Schwiegereltern begegnete man mit besonderer Ehrerbietung und großem Respekt. Bei Geschwistern galt die Reihenfolge der Geburt; die Erstgeborenen einer jeden Generation waren grundsätzlich die »Bosse« in der Familie und hatten eine gewisse Macht über ihre jüngeren Geschwister, Neffen und dergleichen.

Roger verwendet Guugu-Yimithirr-Ausdrücke, um die Verwandtschaftsbeziehungen zwischen den beiden Hälften der Barrow-Point-»Nation« zu erklären – gaarga (jüngerer Bruder) und yaba (älterer Bruder). »Meine Leute gehörten zu den ›älteren Brüdern‹ im Westen. Meine ›jüngeren Brüder‹ waren Leute wie Toby Gordon und Old Man Yagay aus dem Süden. Diese ››jüngeren Brüder‹ machten zu viele Kinder. Sie wollten die Bosse sein. Sie waren hervorragende Jäger. *Uwu dhaga* – sie hatten starke Wörter. Wenn die Leute aus dem Norden sie kritisierten, drohten die jüngeren Brüder, mit dem Speer auf sie loszugehen.«

Manchmal kamen die Kategorien »älterer Bruder/jüngerer

Bruder« den Verwandtschaftsbeziehungen, so wie Roger sie sieht, ins Gehege. Dies entspricht der allgemeinen Verwirrung, die durch die plötzlichen sozialen Veränderungen entstand. Und so antwortete Roger auf meine Frage nach seiner Verwandtschaftsbeziehung zu Old Man Yagay:

»Zuerst war er mein *uguya* [klassifikatorischer Bruder der Mutter]. Doch dann veränderten sie das, und er wurde mein *yaba* [klassifikatorischer älterer Bruder].»

Erstaunlicherweise veränderten sich Verwandtschaftsbeziehungen auch schon in der Zeit vor dem Kontakt mit den Europäern. Starb zum Beispiel jemand, wurden Verwandtschaftsbezeichnungen manchmal systematisch verändert, um dem Hinterbliebenen das »Vergessen« zu erleichtern oder um das Andenken an den Toten zu ehren. »Eigentlich müßte ich ja Yagays ›älterer Bruder‹ sein, denn wir hier im Norden sind die ›älteren Brüder‹. Die Leute im Süden waren ›jüngere Brüder‹ und hätten sich daran halten müssen [um Verwandtschaftsbeziehungen überschaubar zu halten], verstehst du?«

Die miteinander verflochtenen Clans von Barrow Point bis Cape Melville und Flinders Island im Norden hatten eine gemeinsame soziale Identität, auch außerhalb ihres eigenen Gebietes. So wie die aufsässigen, ungehorsamen und kriegerischen »jüngeren Brüder« aus Pinnacle »harte Worte« gebrauchten und die ganze Küste entlang gefürchtet waren, genossen auch die Mitglieder der Gruppierungen von Cape Melville und Barrow Point, die auf Guugu Yimithirr alle zusammen Yiithuu-warra hießen, einen furchteinflößenden Ruf.

»Die Leute aus der Gegend von Cooktown und die Thiithaarr-warra People aus Cape Bedford pflegten zu sagen: ›Hütet euch vor den Yiithuu-warra! Haltet euch fern von ihnen!‹ Das beherzigten sie auch, den anderen bloß nicht zu nahe zu kommen. Sie waren alle gute Jäger und gute Krieger.«

Tulo Gordon, selbst ein Guugu-Yimithirr-Sprecher aus Nugal,

pflichtet ihm bei. »Ich erinnere mich noch an North Shore [am Endeavour River gegenüber von Cooktown, wo es ein großes Durchgangslager der Aborigines gab], da hörte ich, wie die Leute von Fremden erzählten, die nachts kamen. ›Hütet euch vor den Yiithuu-Leuten‹, sagten sie. ›Die sind gefährlich, warra thuul nubuun.‹«[55]

Der Pinnacle-Clan wurde von der Erde verschluckt, weil er gegen den strengen Aborigine-Kodex, der die Ehe und die sexuellen Beziehungen regelte, verstoßen hatte. Dieses »Gesetz« ist der Teil des gesellschaftlichen Lebens, der in Roger Harts Erläuterungen der »alten Sitte und Gebräuche« am deutlichsten nachhallt, obgleich das »bama-Gesetz« in seiner Generation eher rhetorischen als praktischen Wert hatte, denn fast alle heirateten »schief«, sei es freiwillig oder notgedrungen. Im Idealfall wurden Ehen zu einem frühen Zeitpunkt über große Entfernungen hinweg arrangiert. Häufig sprachen die Ehepartner verschiedene Sprachen. Manchmal kam es zu einem wiederholten Austausch von Frauen zwischen einzelnen Clan-Gruppen. Nicholas beispielsweise, der »König« von Barrow Point, war mit gamba[56] Rosie verheiratet, einer Frau vom Lockhart River weit im Norden. Roger erläutert: »Die Alten ließen ihn nicht in der eigenen Verwandtschaft heiraten, also ging er da hinauf.« Als die Barrow Point People später, Ende der 20er Jahre, in die Lockhart-Mission umgesiedelt wurden, kamen sie mit weit entfernten Gruppen in Berührung, zu denen sie durch Heirat bereits Beziehungen geknüpft hatten.[57]

Dennoch ist selbst die frühe Geschichte der Region von Ehen durchsetzt, die nach strengen Aborigine-Maßstäben inakzeptabel waren. Aufgrund der radikalen Entvölkerung, gepaart mit einer tiefgreifenden Störung der vorher normal funktionierenden sozialen und rituellen Kontakte zwischen einzelnen Gruppen, wurde es immer schwieriger, verwandtschaftlich passende Ehepartner zu finden. Der Kampf um heiratsfähige Mädchen muß dementsprechend brutal gewesen sein.

Ein Speerduell

Mein Bruder arbeitete auf den Schiffen. Sein Boss war Mr. Monaghan, der Kapitän der *Spray*, die später von der Cape-Bedford-Mission gekauft wurde. Viele Leute aus Barrow Point arbeiteten für ihn. Old Man Charlie Monaghan arbeitete ebenfalls auf diesem Schiff. Er hatte seinen Namen von dem weißen Besitzer.

Mein Bruder fuhr auf verschiedenen Schiffen weit nach Norden, bis Neukaledonien. Im Lager von Cape Melville gab es einen Mann namens Yalunjin. Auf Englisch nannten sie ihn Jackie Barrow Point. Er war mein Onkel. Er war furchtbar eifersüchtig auf meinen Bruder. Der Grund war ein Mädchen namens Mary Ann, die Stieftochter des alten Imbanda. Sie war in meinen Bruder verliebt. Deshalb wurde Yalunjin eifersüchtig. Er wollte sie für sich – damals war sie noch sehr jung.

Yalunjin hielt bei Mary Anns Stiefvater um ihre Hand an. Imbanda lehnte ab. »Du kannst nicht deine eigene Großmutter heiraten«, sagte er zu ihm. Mary Ann war nämlich wie eine Großmutter für ihn, eine gami.

Yalunjin wurde sehr böse, denn mein Bruder war sein Rivale. »Mach dich auf was gefaßt, wir treffen uns im Norden«, sagte er zu meinem Bruder. Er hielt seine Speere schon bereit.

Mein Bruder sprang auf und lief nach Norden. Ebenso Old Man Imbanda als mala-digarra, als Meister oder Beschützer meines Bruders. Seine Aufgabe war es, die Speere abzufangen, die der andere Mann werfen würde.

Yalunjin warf einen Speer nach dem anderen auf seinen Rivalen, und der alte Imbanda schlug sie zur Seite. Imbanda stand vorn, mein Bruder hinter ihm.

Einen der letzten Speere erwischte Imbanda nur am Schaftende. Der Speer änderte seine Richtung und traf ihn ins Auge.

Da stürzte Old Man Imbanda oben im Norden zu Boden; der Speer hatte sein Auge durchbohrt.

Dann warf Yalunjin seinen letzten Speer. Auch mein Bruder stürzte zu Boden, denn der Speer hatte ihn in die Seite getroffen.

Alle Leute schrien auf. Yalunjin, der Schuldige, rannte nach Westen davon, nachdem er seinen Gegner mit einem Speer durchbohrt hatte.

»Warum hast du meinen Neffen hier im Osten mit einem Speer durchbohrt?« rief einer hinter ihm her. Old Man Wathi – Billy Salt – wollte ihn rächen. Schnell rannte er noch weiter nach Westen, um zu verhindern, daß Yalunjin floh.

Yalunjin kam von Osten her am Strand entlanggelaufen. Als er ganz nahe war, stand Wathi plötzlich auf. »Wo läufst du denn hin?« rief er dem Flüchtenden zu.

Yalunjin konnte weder vor noch zurück – er war schon zu nahe. Wathi warf seinen blitzschnellen Speer. Yalunjin konnte ihm nicht ausweichen. Er hob die Arme, um ihn abzufangen, aber die Widerhaken bohrten sich tief in sein Fleisch, und er fiel zu Boden.

Sie mußten die Speerspitze mit den Widerhaken abhacken, um den Schaft aus dem Arm herauszuziehen. Dann schafften sie den Schuldigen nach Osten ins Lager zurück.

Meine Mutter nahm ihren Grabstock. Es war eine Eisenstange, die sie benutzte, um Yamswurzeln auszugraben. Damit schlug sie den Mann auf den Kopf, so fest, daß er blutete. Erneut fiel er zu Boden. Dann stießen ihm alle anderen abwechselnd ihre Speere ins Bein und zogen sie wieder heraus. Das nennen wir wabu-daamaayga – Rachenehmen. Es war die Strafe dafür, daß er meinen Bruder mit seinem Speer verletzt hatte.

Nachdem mein Bruder sich von der Speerwunde erholt hatte, kehrte er zu den Schiffen zurück. Aber er hatte immer noch ein Stück von dem Speer in der Seite. Innerlich heilte die Wunde nie richtig aus.

Vom Schiff aus tauchte er nach Krebsen und Muscheln. Tja, und die Kälte setzte sich in der tiefen Wunde fest – vielleicht war es Lungenentzündung oder so was. Er wurde richtig krank, und dann starb er da unten. Der alte Monaghan fuhr immer nach Süden und verkaufte den Fang in Rockhampton, und er hat mir erzählt, daß mein Bruder in Keppel Sands bei Rockhampton gestorben ist.

Sie konnten die Knochen meines Bruders nicht in einer Wanne aus Baumrinde nach Hause bringen. »Macht nichts, laßt ihn dort«, hieß es, als die Nachricht von seinem Tod in Barrow Point eintraf.

Danach wurde Yalunjin nach Palm Island verbannt. Dort starb er später unter dem Namen Jackie Maytown.

Die meisten Leute, die fest in den Lagern von Barrow Point lebten, waren schon älter. Die Jungen verbrachten den größten Teil ihrer Zeit auf den Fischkuttern und ließen ihre Frauen zurück. So wurden diese zur leichten Beute für andere, die sie entführen wollten.

»Die bama kamen von weiter westlich – aus Port Stewart, von der Princess Charlotte Bay oder von der Halbinsel Cape York – und raubten die Frauen. Ihre Männer waren ja auf den Schiffen. Wenn die Männer nach Hause kamen, stellten sie fest, daß die Frauen weg waren. Da machten sie kehrt und fuhren wieder auf den Schiffen hinaus.«

»Hat ihnen die Arbeit auf den Booten gefallen?«

»Aber ja, sie wollten immer raus aus dem Lager. Vermutlich wollten sie den strengen Regeln entkommen – wollten zum Beispiel ihren Schwestern oder Schwiegermüttern aus dem Weg gehen. Oder den Essensvorschriften. Einige der jüngeren Männer verheirateten sich in anderen Orten, in Lockhart etwa oder gar in Kowanyma. Sie bekamen Kinder, und dann entstanden ihre Familien eben dort.«

»Wenn Männer Frauen entführten, mußten sie dann vorher nicht die Eltern um Erlaubnis fragen?«

»Nein, thawuunh, und weißt du, warum? Die alten Leute gehorchten noch dem ›Gesetz‹. Wenn ein Mann ein Mädchen mit passender Abstammung heiraten wollte, zum Beispiel eine Cousine, und sie war erwachsen, gaben die Eltern sie leichten Herzens her.

›Nimm sie‹, sagten sie dann, ›du bist ein guter Jäger.‹

Jedenfalls wenn das Mädchen die Tochter eines *imoyir*[58] war, also die Tochter eines geeigneten Schwiegervaters. Doch wenn sie von derselben Linie war wie du oder ein gaminhtharr[59] – also das war schlecht. Dann wurde die Hochzeit verboten. Man mußte dem Vater folgen, verstehst du?«

Wenn die jungen Frauen ins heiratsfähige Alter kamen, wurden sie streng überwacht. Die Alten hielten die Mädchen »alle an einem Ort und ließen sie nicht frei herumlaufen«. Sie durften höchstens kurze Botengänge erledigen, und man erwartete, daß sie sofort zurückkehrten. Wenn sie auf die Jagd oder zum Früchtesammeln gingen, dann ausschließlich in Begleitung ihrer Mutter, einer Tante oder Großmutter. Kaum erreichte ein Mädchen das entsprechende Alter, sorgten die Eltern dafür, daß sie »dem richtigen bama« gegeben wurde, also einem Mann, der in einer korrekten verwandtschaftlichen Beziehung zu ihr stand.

Für Menschen aus Hopevale, die, wie Roger, im lutherischen Geist erzogen worden waren, weisen die Gesetze der Aborigines und die Vorstellungen der Bibel von korrekter Eheschließung Parallelen auf. Roger beschreibt eine bei den Aborigines übliche Leviratsehe, bei der ein jüngerer Bruder die Frau seines verstorbenen älteren Bruders übernehmen kann.[60] Das Prinzip der klassifikatorischen Ehe zwischen Cousin und Cousine blieb bei einer solchen Verbindung gewahrt, sofern der ältere Bruder ebenfalls korrekt geheiratet hatte. Doch in den von Gewalt geprägten frühen Jahrzehnten dieses Jahrhunderts führten Mißbrauch und der Mangel an geeigneten Partnern zu vielen Ehen, bei denen die strengen Vorschriften des Gesetzes außer acht gelassen wurden.

Junge Frauen fielen häufig anderen Übergriffen zum Opfer, wie Biographien und Schwangerschaftsberichte in vielen Einzelfällen deutlich machen. Frauen waren wali wali, »überall verstreut«, führten ein ungeordnetes Leben und mußten gelegentlich große Entfernungen überwinden, wenn sie von einem Ehemann zum nächsten wechselten. Doch nicht nur Angehörige der Einheimischen-Polizei oder europäische Siedler entführten Frauen. Roger Hart weiß eine kleine Geschichte von der Flucht einer Frau vor ihrem zukünftigen Ehemann zu erzählen.

Ein Zauber gegen Entführung

Ich weiß nicht, wo sie sie geraubt hatten – irgendwo östlich von Barrow Point, glaube ich. Das Mädchen mochte ihren Mann nicht besonders. Sie war nämlich gezwungen worden, mit ihm zu gehen. Aber sie brachen auf, und dann liefen und liefen sie.

Nach einer Weile wurde es Nachmittag, vielleicht vier Uhr. Sie wollten ein Feuer machen. Also nahm der Mann seine Feuerstöcke und versuchte, einen Funken hervorzubringen. Er saß mit dem Gesicht nach Westen. Das Mädchen saß östlich von ihm, aber nicht dem Osten zugewandt – nur hinter ihm, versteht ihr? Sie beobachtete ihn.

Tja, dieser Bursche versuchte also, mit seinen Feuerstöcken ein Feuer zu machen. Er rieb sie aneinander.

Das Mädchen murmelte einen Zauberspruch. Sie sagte zum Feuer: »Suuuu! Feuer, komm nicht! Suuu! Flammen, bleibt aus!«

Ihr Mann rieb und rieb seine Feuerstöcke. Er war so damit beschäftigt, Feuer zu machen, daß er das Mädchen vergaß. Er vergaß alles um sich herum bis auf seine Feuerstöcke. Sein Kopf war mehr oder weniger eingeschlafen.

Da stand das Mädchen auf und ging los. Sie ging und ging und hörte nicht mehr auf zu gehen. Sie ging und kam nie wieder.

Unterdessen war der Mann immer noch mit seinen Feuerstöcken beschäftigt. Endlich kam der erste Funke. Er sagte: »Gut so! Jetzt bring mir Teebaumrinde!« Dann sah er sich um, aber sie war nicht da. Sie war zu ihrer Mutter zurückgegangen. Er hatte keine Lust, ihr nachzulaufen, da er die Frau gestohlen hatte. Wäre er ihr gefolgt, hätte man ihn mit dem Speer getötet.

Viele Frauen aus Cape Melville und Barrow Point wurden von Angehörigen der Einheimischen-Polizei entführt, aber es gibt auch »schiefe« Ehen, die aus weniger gewaltsamen Verbindungen entstanden sind. Eine solch »unpassende« Ehe wurde zwischen einem Mann aus der Pinnacle-Gruppe und jenem Mädchen vereinbart, um dessentwegen Rogers Bruder von einem Speer getroffen worden war. Sie wuchs im Lager von Barrow Point bei ihren Stiefeltern auf, die aus der Mack-River-Region in der Nähe von Cape Melville stammten.

Eine schiefe Ehe

Leute aus Regionen im Westen kamen regelmäßig in unsere Gegend. Dann vermischten sie sich mit unseren Leuten. Old Man Imbanda war ein Burrumun.ga-Mann, der zum Schwiegervater des alten Johnson wurde. Johnson heiratete Mary Ann. Imbanda war ihr Vater – na ja, eigentlich ihr Stiefvater. Er war ihr mugagay, ihr Onkel. Sie wohnte bei Imbanda und seiner Frau. Ich weiß nicht, wer ihr wirklicher Vater war.

Nun war da Old Johnson. Sie wollten sie ihm nicht geben, weil er ein naher Verwandter war. Für uns waren sie alle nahe Verwandte. Johnson und sein Bruder hätten für mich eigentlich wie mugur [klassifikatorischer Onkel mütterlicherseits] sein müssen, aber später haben sie das geändert und mir gesagt, wir wären wie Vettern-Brüder. Wir sprachen alle die gleiche Sprache. Toby Gordon nannte sie »Vater« – für ihn waren sie wie Onkel.

Johnson versuchte also unentwegt, eine Frau zu finden.

Das Mädchen lebte bei ihrem Stiefvater. Wir waren in ein Lager am Mack River gezogen. Dort lebten wir in ein paar kleinen *humpies*.

Eines Nachts kam Johnson in die Nähe unserer Behausung. Er behauptete, daß er eine Blechdose suche, die er verloren habe.

»Hier ist nichts«, sagten alle.

Aber es war nur eine List. »Vielleicht ist sie da«, meinte er. Er ging zu dem Unterschlupf des Mädchens, um nachzuschauen. Doch statt seine Dose zu suchen, versuchte er, mit ihr zu schlafen. Es war Nacht, und niemand sah, was er tat. Das Mädchen war damals erst ungefähr sechzehn Jahre alt und lebte bei ihrem Stiefvater. Er packte sie und warf sie einfach zu Boden.

»Ich will dich nicht. Mach, daß du rauskommst!« sagte sie. Sie konnte ihn nicht leiden und jagte ihn davon. In dieser Nacht ließ er sie in Ruhe.

Am nächsten Tag kam er mit seinem Speer. Der ungehorsame Kerl versuchte, Old Man Imbanda anzugreifen. Doch der alte Mann hatte Glück – Johnson verfehlte ihn. Dann wurde er festgehalten.

»Laß den Mann ihn Ruhe! Vergiß es! Nimm deinen Speer und geh nach Hause!« sagte man ihm. Da beruhigte er sich.

Wenig später brachten sie mich nach Cape Bedford. Ich habe nie erfahren, wie er es am Ende geschafft hat, das Mädchen doch zu heiraten. Als ich das Lager verließ, war er noch unverheiratet.

Eines Tages, als ich unten in Mossman arbeitete – also erst vor wenigen Jahren –, habe ich mich gefragt: Wie hat der alte Johnson es endlich doch geschafft, Mary Ann zu heiraten? Ich fragte Toby Gordon danach. Er erzählte mir die ganze Geschichte.

Sie hatten ein Lager westlich von Cape Melville, direkt am Strand in der Nähe der Landspitze. Dort gibt es eine Süßwasserquelle, bei der sie häufig ihr Lager aufschlugen. Nach einer Weile beschlossen sie, auf die andere Seite der Spitze zu wechseln. Damals gab es dort einen alten Pfad, und es ist nicht weit bis nach Osten. Also zogen sie los. Die Männer gingen voran. Sie hatten sich verteilt, um nach Wild Ausschau zu halten. Auch die Frauen trugen ihr Hab und Gut auf die Ostseite des Kaps. Sie gingen und gingen. Kurz bevor sie die Küste erreichten, trat die junge Mary Ann – sie war zu der Zeit immer noch unverheiratet – auf einen spitzen Ast. Ein Splitter bohrte sich in ihren Fuß. Sie setzte sich hin und weinte. Sie konnte den Splitter nicht herausziehen, und die anderen Frauen riefen um Hilfe.

Nun war der alte Johnson zufällig nicht sehr weit entfernt. Als er sie rufen hörte, dachte er: »Vielleicht versucht jemand, unsere Frauen zu entführen.«

Also rief er zurück: »Uuuui!«

»Komm schnell! Komm schnell!«

Er lief nach Norden und fand sie. »Was ist los?«

»Sie hat einen Splitter im Fuß.«

Johnson sah sich den Fuß an. Er zog den Splitter heraus. Er band ihr die Füße zusammen, und dann hob er sie einfach hoch. Die alte Frau – ihre Tante – konnte nichts dagegen tun. Sie konnte ihn nicht daran hindern.

Sie setzten den Weg nach Osten fort. Er trug sie auf seinen Schultern. Er sagte zu ihr: »Hör zu. Nun wirst du mich nicht mehr verlassen. Jetzt mußt du bei mir bleiben.« Es war der Versuch, sie mit einem Zauber an sich zu binden.

Als sie die Ostseite des Kaps erreichten, baute er sich ein eigenes Haus, abseits vom restlichen Lager. Old Imbanda und seine Frau konnten nichts tun. Also ließen sie die Sache auf sich beruhen. Und von dem Tag an behielt er die Frau bis zu seinem Tod, unten in Yarrabah.

Andere Ehen verletzten die üblichen Anstandsregeln nicht aufgrund falscher Verwandtschaftsbeziehungen, sondern weil die Zwangsumsiedlung von Aborigine-Gruppen durch Missionen und Regierungsbehörden Fremde zusammenführte, deren Verwandtschaftsbeziehungen nicht ohne weiteres erkennbar waren. Das erlebte Barney Warner, ein Mann aus Barrow Point, der als Erwachsener in die Cape-Bedford-Mission gekommen war und dort blieb. Er hatte nur ein Kind, das der Beziehung zu einer Witwe entstammte, deren Ahnenland tief im Süden bei Proserpine lag.

Die Witwe des Diebes

In Cape Bedford lebte ein Mann namens Marrbugan (Höhle). Einmal stahl er etwas Büchsenfleisch, das er im Boot eines weißen Mannes gefunden hatte. Das Boot lag am alten Anlegeplatz der Mission vertäut. Er hatte Hunger und aß das Fleisch auf.

Der Missionar Schwarz erfuhr von dem Diebstahl. »Wer hat das Fleisch gegessen?« fragte er.

»Das war ich«, gestand der arme Marrbugan.

Danach durfte er nicht weiter in der Mission bleiben. Man schickte ihn fort, weil er den weißen Mann bestohlen hatte. Der Missionar sagte zu Marrbugan und seiner Frau: »Geht! Ihr müßt die Mission verlassen!«

Etwa um diese Zeit kam Barney Warner aus Cooktown vorbei. Er arbeitete auf den Schiffen und machte auf seinem Heimweg Station in der Mission.

»Wo willst du hin?« fragte Marrbugan.

»Ich gehe nach Barrow Point im Westen.«

»Ich würde gern mitkommen«, sagte Marrbugan. Er war ein

wenig krank. Ich glaube, er hatte ein schlechtes Gewissen, vielleicht war ihm aber auch bloß das Büchsenfleisch auf den Magen geschlagen.

Wie auch immer, der Missionar Schwarz stimmte dem Plan zu. »Na schön. Geh, geh mit Barney in sein Land«, sagte er.

Also gingen sie los. Sie wandten sich nach Norden. In der ersten Nacht schlugen sie ihr Lager an der Mündung des McIvor River auf. Marrbugan ging es immer schlechter. Doch Barney konnte die beiden nicht dazu überreden, eine Weile auszuruhen. »Bleib du hier, ich gehe allein weiter«, sagte er, aber Marrbugan wollte unbedingt mitkommen.

Also gingen sie weiter. Schließlich erreichten sie Cape Flattery. Marrbugan war mittlerweile sehr schwach. »Bleibt hier«, sagte Barney zu dem Mann und seiner Frau. »Du bist zu krank, um weiterzugehen.« Doch er konnte sie nicht überreden.

Sie änderten die Richtung und marschierten jetzt nach Westen. Sie kamen zu einer Stelle östlich von Point Lookout. Der Strand heißt marramarranganh. Dort schlugen sie ihr Lager auf.

Marrbugan war sehr krank und auch sehr hungrig. Barney sagte zu der Frau: »Bleib du hier und kümmere dich um ihn. Wir brauchen etwas zu essen.« Er ging los, um ein paar Fische zu fangen.

Während Barney fischte, starb der gute alte Marrbugan. Seine Frau machte sich auf und rief Barney. »Komm«, sagte sie, »er ist tot.«

Barney kehrte zum Lager zurück und hob ein Grab für den Toten aus. Sie bestatteten ihn gleich dort. Doch Barney wollte ihn noch nicht verlassen. Sie blieben lange Zeit am Grab und wachten. Sie behielten ihr Lager mehrere Wochen lang. Nachdem sie ihn lange genug betrauert hatten, mußten sie irgendwann entscheiden, was sie tun sollten.

Marrbugans Frau gehörte einer Gemeinschaft im Süden an, der Marie-Yamba-Mission bei Proserpine.[61] Sie hieß Daisy.

Barney wollte diese Frau nicht nach Barrow Point mitnehmen. Er hatte Angst vor dem, was die anderen sagen würden. Weshalb brachte er eine fremde Frau mit nach Hause? Sie würden böse werden. Aber allein mit ihr losziehen konnte er auch nicht.

»Ich glaube, es ist besser, wenn ich sie zurückbringe«, sagte er sich. Und so kehrten sie nach Cape Bedford zurück.

Der Missionar Schwarz empfing sie. »Du bist also wieder da, Barney?«

»Ja, ich habe die Frau zurückgebracht. Ihr Mann ist gestorben.«

Schwarz muß geglaubt haben, daß sie schon die ganze Zeit zusammenlebten. »Warum hast du sie nicht zu deinen Leuten im Westen mitgenommen?«

»Ich habe sie eben zurückgebracht.«

Selbst die Verwandten der Frau in der Mission drängten ihn, sie mitzunehmen. Es waren lauter George Bowen People[62] aus Proserpine. »Nimm sie.« Sie waren gern bereit, sie ihm zu geben.

Doch die Leute aus Barrow Point erklärten, er könne sie nicht heiraten. »Laß sie hier«, sagten sie.

Schließlich schämte er sich, weil er so lange mit ihr gelebt hatte. »Nun, was soll's«, dachte er. »Dann lasse ich sie eben hier.«

Nach einer Weile machte er sich wieder auf den Weg nach Barrow Point, allein. Da lebte er bei uns im Lager.

Die Frau bekam ein kleines Mädchen, und später heiratete sie einen anderen Mann. George Marie Yamba hieß er und stammte aus ihrem eigenen Land unten bei Bowen. Das kleine Mädchen, Barneys Tochter, wurde Connie genannt.

Connie ging mit den anderen Mädchen in Cape Bedford zur Schule, bis der Missionar eine ganze Schar nach McIvor entsandte. Dort ist sie auch gestorben.

Das Stachelschwein

Das ist eine Geschichte vom Stachelschwein.[63] Ich nenne es *arriyil,* und in Guugu Yimithirr heißt es balin.ga. (Vgl. Farbtafel 8) Diese Geschichte gehört zum Strand südlich von Barrow Point. Dort jagten bama in der Nähe eines großen Sumpfgebiets ein Stück landeinwärts nach Stachelschweinen. Ich weiß nicht, ob

Balin.ga auf der Jagd

es dort heute auch noch so viele gibt. Vielleicht sind sie mittlerweile ausgestorben. Manche Stachelschweinarten leben im weichen Erdreich in der Nähe der Sümpfe, aber nicht im Wasser. Früher entzündeten die Leute Buschfeuer am Rand der Sümpfe. Dann durchstreiften sie das abgebrannte Land auf der Suche nach etwas Eßbarem. Sie konnten erkennen, wo das Stachelschwein seine Höhle gegraben hatte. Man sah es an einem kleinen Hügel am Boden. Dann gruben sie es aus und töteten es, um sein Fleisch zu essen.

Vor langer Zeit war das Stachelschwein ein menschliches Wesen, eine Frau. Dieses Stachelschweinmädchen war schrecklich ungehorsam. Sie hörte auf niemanden. Wir sagen *uyiin-mul* dazu – »taube Ohren«. Sie zog immer allein los und jagte, wo sie wollte.

Nun bekam dieses Mädchen ein Baby. Sie mußte sich um ihr

Balin.ga wird mit Speeren angegriffen

Kind kümmern. Niemand weiß, ob es ein Junge oder ein Mädchen war.

Als das Baby älter war, dachte das Stachelschweinmädchen: »Jetzt ist das Baby schon etwas größer. Ich kann es bei anderen Leuten lassen, und sie werden sich darum kümmern. So kann ich wieder allein jagen gehen.«

Danach ging sie jeden Tag auf die Jagd. Sie überließ ihr Kind anderen Leuten, und die mußten sich darum kümmern.

Einmal, als die Stachelschweinfrau schon eine ganze Weile weg war, bekam das Baby Hunger. Es fing an zu schreien. Die Leute schwärmten aus, um die Mutter zu suchen. Sie riefen nach ihr: »Wo bist du? Dein Baby hat Hunger!«

Sie antwortete vom Süden her: »Hier bin ich.«

Doch als sie an die Stelle kamen, von wo sie geantwortet hatte, war sie nicht da.

Wieder riefen sie nach ihr. »Wo bist du?«

Und wieder antwortete sie: »Ich bin hier, im Osten.«

Sie wandten sich nach Osten, doch da war sie auch nicht.

Jetzt riefen sie nach Norden.

»Hier bin ich.«

»Komm zurück. Dein Baby schreit nach dir.«

Auch als sie in Richtung Norden gingen, fanden sie keine Spur von ihr.

Schließlich wandten sie sich nach Westen und riefen: »Wo bist du?«

»Hier bin ich.«

So ging es weiter. Sie folgten ihrer Stimme, aber sie konnten sie nirgends finden. Schließlich wurden die Leute sehr böse. Sie gingen zum Lager zurück und holten ihre Speere. Dann machten sie sich erneut auf die Suche.

Die Stachelschweinfrau führte sie weiter an der Nase herum. Sie rief sie aus allen Himmelsrichtungen, und die Leute drehten sich im Kreis und folgten ihrer Stimme.

»Ich bin hier.«

Doch inzwischen waren sie ihrem Versteck etwas näher gekommen.

»Aha! Da ist sie!«

Sie nahmen ihre Speere und bewarfen sie tüchtig damit. Ein Speer folgte auf den anderen. Schließlich war sie von oben bis unten mit Speeren bedeckt. Diese Speere verwandelten sich in Stacheln, die sie bis heute behalten hat.[64]

Wenn ihr also ein Stachelschwein seht, das mit lauter Stacheln bewehrt ist, wißt ihr, daß es in Wirklichkeit bama-Speere sind.

Nganyja

Die Richtlinien für korrektes Verhalten wurden bei den Aborigines durch mächtige Mythen bestimmt, die an bestimmte Orte gekoppelt waren. So markieren große Steine die Stelle bei Jones's Gap, an der die Magpie-Brüder den Devil Dingo töteten und in einem Erdofen brieten. Roger Hart zufolge gingen die Menschen nicht gern allzu nah an dieser Stelle vorbei. In ihrem Umkreis schwiegen sie oder sprachen nur in gedämpftem Ton, um ja den Geist des riesengroßen Hundes nicht auf sich aufmerksam zu machen.

Die Felsen im Osten von Barrow Point wurden ebenfalls gemieden, wohl weil sie alte Gräber bargen. Wenn die Menschen dort vorbeikamen, verstummten sie. Es war Sitte, den Pfad mit Blättern zu bestreuen. Bevor sie den Berg hinaufstiegen, brachen sie ein paar Zweige ab und nahmen sie mit. Die legten sie dann einen nach dem anderen ab, während sie schweigend den Kamm passierten.

In dem Gebirgszug, der sich von Cape Bowen landeinwärts erstreckt, gab es noch eine heilige Stätte, einen kahlen, von niedrigem Wald umstandenen Fleck. Als Kind hatte man Roger Hart beigebracht, daß die Seele eines Verstorbenen zuerst diesen Ort auf dem Gipfel des Berges bei Cape Bowen aufsucht, um sich eine Weile auszuruhen. Anschließend, so hieß es, fliegt sie nach Norden. »Sie flog nicht zum Himmel auf, sondern nach Neuguinea.«

Ein yiirmbal, eine Art Schutzengel, bewohnte angeblich *Wurrguulnyjin*, Noble Island, östlich von Cape Bowen.[65] Diesem Ort durfte man sich nicht nähern, wie die Alten Roger einschärften. Die Kanus aus Barrow Point hielten sich immer weit südlich von der Insel, wenn sie an der Küste entlangfuhren.

Bestattung der Toten

Im Umgang mit den Verstorbenen mußten komplizierte Vorgehensweisen, Rituale und Verbote beachtet werden. Roger Hart erinnert sich genau an diesen Teil des Lebens in Barrow Point. Starb jemand, wurde er sofort beerdigt. Nach etwa einer Woche wurde der Leichnam wieder ausgegraben. Dann zog man ihm von Kopf bis Fuß die Haut ab, wie man – der Vergleich stammt von Roger Hart – eine gesengte Sau häutet. Außerdem wurden ihm sämtliche Haare ausgerissen und sorgfältig nach Körperregion getrennt. Diese Haare verarbeitete man zu Amuletten, die den Angehörigen des Toten übergeben wurden.[66] Den auf diese Weise vorbereiteten Leichnam bezeichnete man als *munun urdiiga* ([mit] geöffneter/entfernter Haut).[67] Nachdem dieser Reinigungsprozeß abgeschlossen war, wurde der Tote erneut begraben.

Wenn sich der Leichnam völlig zersetzt hatte, holten die Angehörigen des Verstorbenen seine Knochen aus der Erde, vor allem die von Brustkorb und Beinen und den Schädel. Den Rest ließen sie im Grab liegen. Die Knochen trugen sie in einer Schale aus Baumrinde mehrere Monate mit, während sie von einem Lager zum anderen zogen. Erst wenn sie dem Toten sechs Monate lang so ihre Achtung erwiesen hatten, hörten sie auf, ihn zu betrauern und bestatteten seine Knochen endgültig in einer Höhle. Damit galt eine solche Grabstätte als »heilig« oder »tabu«.

5 Die Barrow Point People in Cape Bedford

6 Vögel fressen das Fleisch des Regenwald-Python

7 King Nicholas wird von einer Schlange gebissen

8 Das Stachelschwein

Anstandsregeln

Die Vorschriften der Aborigines erstreckten sich selbst unter den einigermaßen desolaten sozialen Bedingungen von Barrow Point in der ersten Hälfte dieses Jahrhunderts auch auf profanere Bereiche als Heiratsvorschriften und heilige Stätten. Angemessenes Verhalten hatte zum Teil mit der Ausdrucksweise zu tun: höflich oder unhöflich, respektvoll oder beleidigend, ärgerlich oder versöhnlich. Sogar für das Schweigen gab es Vorschriften. Roger Harts Erzählungen vom Leben in den Lagern von Barrow Point illustrieren, was Anstand und Ungebührlichkeit bedeuteten. Sie veranschaulichen, wie man sich zu benehmen hatte und inwieweit die Menschen diesen Ansprüchen gerecht wurden.

Abgesehen von Geschichten, die von Speeren und körperlicher Gewalt handeln, erinnert sich Roger auch daran, wie die Alten mit verbaler Aggression umgingen. Als die Erwachsenen, die Roger in die Cape-Bedford-Mission gebracht hatten, ohne den kleinen Jungen in ihr Gebiet zurückkehrten, empörte sich ein Mann im Lager, weil sie den Jungen dort gelassen hatten.[68] »Wie kann man ein Kind den Weißen überlassen?« rief er und griff nach seinen Speeren.

Statt zu antworten, blieben die anderen einfach nur still sitzen und sagten nichts. Hätten sie geredet, meint Roger, wäre der aufgebrachte Mann nur noch mehr provoziert worden und wäre womöglich noch mit dem Speer auf jemanden losgegangen.

»So lautete die Vorschrift. Wenn man angeschrien, zum Streit oder gar zum Kampf herausgefordert wurde, reagierte man einfach nicht. Man blieb stumm. Wer den Mund aufmachte, lief Gefahr, im nächsten Augenblick von einem Speer durchbohrt zu werden. Es war besser, den anderen toben zu lassen und abzuwarten, bis er sich wieder beruhigte.«

Das Geschichtenerzählen in den Lagern war eine offizielle

Angelegenheit, häufig gab es nur einen einzigen Redner, den Roger als »eine Art Prediger« bezeichnet. Die Zuhörer saßen im Schatten, während der Redner vor ihnen stand. Er erzählte von Speerkämpfen, alten Fehden und Todesstrafen. Es kam vor, daß er seinen eigenen Speer und *wommera* nahm und einzelne Szenen nachstellte, um zu zeigen, wie einer seinen Speer schleuderte und ein anderer getroffen wurde und zu Boden fiel.

Geschichten und allerlei Unfug

»Eines Tages buddelten Toby und ich hinter dem Versammlungsplatz ein Loch in die Erde. Ein Mann erzählte seine Geschichte und ging dabei immer hin und her. Plötzlich machte er einen Schritt rückwärts, ohne hinzusehen, rutschte ab und fiel in unsere Grube.

Da sprangen alle Leute auf, so böse waren sie, und jagten uns über den Strand.«

Die australischen Aborigines sind berühmt für ihren kunstvollen Sprachstil und den besonderen Wortschatz, der für bestimmte Personen, insbesondere Schwiegereltern oder angeheiratete Verwandte, reserviert war. Diese wurden mit außerordentlichem Respekt behandelt.[69] Von einem solchen Vermeidungsvokabular ist in der Barrow-Point-Sprache nichts mehr übriggeblieben, doch Roger Hart erinnert sich an spezielle Anstandsregeln, die die Kommunikation von Männern und Frauen mit ihren potentiellen Schwiegermüttern und -vätern regelte.

»Man sprach grundsätzlich nicht mit Mitgliedern der angeheirateten Familie. Wenn ich einen Auftrag erledigen mußte, wenn ich zum Beispiel meinem Schwager oder Schwiegervater irgend etwas bringen wollte – egal ob etwas zu essen oder sonst etwas –, konnte ich nicht einfach zu ihm hingehen und es ihm in die Hand drücken. Ich mußte ganz vorsichtig, vornüber gebeugt, auf ihn zugehen, es in beiden Händen halten und dann in seiner Reichweite auf dem Boden abstellen. So konnte er es nehmen. Dann entfernte ich mich rückwärts gehend und noch immer gebeugt. So verhielt man sich zum Beispiel beim Bruder der Frau, der Schwiegermutter oder Schwägerin.

Nehmen wir an, ich wollte ihm Tee bringen. Dann mußte ich meine Dose mit beiden Händen halten und sie ihm ganz vorsichtig überreichen.

In den Lagern wurde bereits den Kindern beigebracht, potentielle Schwiegereltern oder enge Verwandte ihrer möglichen Ehepartner zu erkennen und ihnen besondere Achtung zu erweisen. Selbst bei einem Namensvetter, *wurri-yi*,[70] einem Mann, der genauso hieß wie ich, mußte ich mich so verhalten. Vielleicht bat er mich um Tabak. Na gut, dann mußte ich beide Arme ausstrecken und den Tabak in seine Hände rieseln lassen, ohne ihn zu berühren. Manchmal brachte man so jemandem etwas zu essen, und er wandte einem den Rücken zu, sagen wir, er schaute nach Norden. Dann stellte man das Essen in einiger Entfernung südlich von ihm ab. Und wenn man weg war, konnte er sich umdrehen und es aufheben.

Solche Leute mußte man einfach respektieren. Nicht einmal kleine Kinder durften sich vor ihren Tabu-Verwandten nackt sehen lassen. Sie mußten sich mit den Händen bedecken oder sich etwas um die Hüften binden.«

Die Initiationsrituale der Männer, die sich in rudimentärer Form bis in die 20er Jahre hielten, standen in enger Verbindung zu den mythischen Stätten. Bei der Initiation wurden alle Aborigine-Vorschriften zusammengefaßt, angefangen vom Wissen um Land und Traditionen bis hin zu gesellschaftlichen Normen und Heiratsvorschriften. Am lebendigsten ist Roger Harts Erinnerung an die Initiation, die er in Cape Melville miterlebte und mit Mungurru (Carpet Snake) assoziiert.

Der Berg bei Cape Melville, wo die Knochen von Mungurru verstreut sind, wurde von bama verehrt. Dort brachten sie alle jungen Männer zur Initiation hin, um sie thabul oder *awiyi* zu machen, sie einzuweihen. Es war ein großes Fest.

Damals waren viele junge Männer gerade von den Booten heimgekehrt, die ihre Arbeit während des Monsuns um die Weihnachtszeit unterbrachen. Alle Lager kamen zusammen. Die Alten befanden die Zeit für günstig, um die Zeremonie abzuhalten und die Jungen zu initiieren.

Ich war damals noch klein und lebte im Lager.

Die Alten gingen im Lager herum und wählten die noch nicht initiierten Männer und Jungen aus. Sie konnten sich nicht weigern.

»Nein, nein, ich will nicht initiiert werden.«

»Egal, du kommst trotzdem mit«, sagten die Alten.

Sie nahmen verheiratete Männer mit, die die Zeremonie noch nicht mitgemacht hatten. Und ganz junge. Nur wenn die Großmutter eines Jungen kam und ein wenig Milch aus ihrer Brust auf seinen Kopf träufelte, rührten sie ihn nicht an – dann war er noch zu klein. Bei mir war das der Fall, deshalb ließen sie mich in Ruhe, aber vielleicht nahmen sie Banjo mit. Ich weiß es nicht mehr so genau. Toby und ich waren noch etwas kleiner. Ich glaube, der Vater der beiden war kurz zuvor gestorben – irgendwann Anfang der 20er Jahre. Möglich, daß Johnny Flinders[71] und sein älterer Bruder Diver bei dieser Initiation dabei waren.

Sie nahmen also alle diese Jungen mit und beaufsichtigten sie streng. Sie durften nur gesunde Nahrung zu sich nehmen. Wenn sie Honig tranken, mußte er völlig klar sein, von allen Wachsresten und anderen Rückständen der Wabe gereinigt. Eier bekamen sie keine. Wenn sie essen durften, dann immer nur ganz wenig auf einmal. Die Alten wachten darüber.

Die Jungen durften sich nicht frei bewegen. Wenn sie verheiratet waren, durften sie nicht mal ihre Frauen besuchen.

Wir blieben lange in diesem Lager, einen ganzen Monat vielleicht, und die jungen Männer wurden von morgens bis abends beaufsichtigt. Dann zogen wir weiter, Richtung Süden nach Blackwater, in die Nähe der Abzweigung, die nach Eumangin an der Küste führt. Dort schlugen wir unser neues Lager auf, nördlich der Stelle, die heute Billy's Yard oder Billy's Paddock heißt. Sie lag ein paar Meilen von Cape Melville entfernt. Dort gab es jede Menge gutes Wasser.

Auch alle Kandidaten für die Initiation wurden dorthin gebracht, aber wir anderen hatten unser Lager etwas weiter weg, abseits von ihnen.

Wir durften nicht mit den jungen Männern zusammensein, ihnen nicht ins Gesicht sehen oder ihnen auch nur nahe kommen. Sie waren nämlich thabul. *Awurr awutha awiyi aamila* – geht nicht zu der heiligen Stätte.

Es gab dort vier oder fünf alte Männer, die über die Jungen wachten. Einer dieser Alten war Ngamu Wuthurru, und ein anderer war mein Vater, *Wanyjarringga,* aber es gab auch noch andere, die aus dem Westen, von Flinders Island und der Princess Charlotte Bay gekommen waren. Sie bauten ein eigenes Haus neben einem kleinen Hügel, und dann zogen sie eine Art Graben drum herum. Dort wurden die jungen Männer eingesperrt. Die anderen jagten und brachten ihnen Fleisch. Sie hatten es erlegt, durften es aber nicht essen.

Die jungen Männer durften mit niemandem zusammensein und mit niemandem sprechen: weder mit ihren Frauen noch mit ihren Kindern oder Angehörigen. Sie mußten sich mehrere Monate lang völlig vom Rest des Lagers fernhalten, selbst wenn die gesamte Gruppe zwischendurch mehrmals weiterzog. Es kam vor, daß eine solche Zeremonie, sagen wir, im Januar begann und erst im März oder April endete.

Ich kann mich noch gut an eine Nacht erinnern. Wir hatten uns schon hingelegt. Es muß ungefähr neun Uhr gewesen sein. Die jungen Männer hatten ihr Lager im Osten; unseres lag im Westen. Wir schliefen. Mein mugagay (Großonkel), Barney Warner, war auch da. Kann sein, daß er die jungen Männer beaufsichtigte.

Plötzlich hörte ich einen lauten Knall. Es war wie eine Explosion am Lagerfeuer drüben in ihrem Lager. Es hörte sich nach Dynamit oder einem Schuß an. Bumm! Die Leute rannten in alle Himmelsrichtungen davon.

Als sie die Explosion hörten, wußten die Alten, daß irgendwas faul war. »Lauft nicht weg«, sagten sie. Sie verteilten sich und überprüften die jungen Männer. Wer war das?

Ein junger Kerl fehlte. Er hatte sich heimlich davongeschlichen, um seine Frau zu besuchen.

Sie gingen direkt dorthin, wo die Frau war. Als sie den Gesuchten fanden, na, da war vielleicht was los! Sie hätten ihn um ein Haar getötet. Wenn unter den Alten ein Hitzkopf gewesen wäre, hätten sie den Jungen auf der Stelle mit einem Speer durchbohrt, weil er gegen die Vorschriften verstoßen hatte. Doch dieses eine Mal ließen sie es durchgehen.

Später fragte ich Barney danach. Er behauptete, es sei der *yiirmbal* dieses Ortes gewesen, der die Explosion verursacht hatte. Er wußte auch noch, wer der Mann war, der sich heimlich davongemacht hatte. Nelson, Wathis Bruder – derselbe Nelson, der später an der Mündung des McIvor River starb.[72] Er hatte sich heimlich zu seiner Frau geschlichen, um mit ihr zu schlafen, und für dieses schlechte Benehmen hätten sie ihn beinahe umgebracht.

»Mach das ja nicht noch mal«, sagten sie. »Schlag dir solche Dinge aus dem Kopf. Das ist schlecht. Der Geist dieses Ortes hat dir den Kopf verdreht!«

Männer tanzen zur Feier ihrer Initiation

Sie wußten, daß der riesige Carpet Snake die Explosion verursacht hatte. Sein Geist hatte gesehen, wie sich der Junge davonstahl, und gewußt, daß er etwas Falsches tat. Die Leute hatten großes Vertrauen zu diesem Berg.

In Barrow Point fanden solche Initiationen nie statt. Man wartete lieber, bis sich die Leute aus allen Lagern bei Cape Melville versammelten. Das war der richtige Ort dafür, wegen des Berges und wegen Carpet Snake. Aber die Zeremonie fand auch nicht jedes Jahr statt, nur alle zehn oder elf Jahre. Man wartete, bis eine Reihe von Jungen groß genug war, um thabul gemacht zu werden.

Nach der Explosion beschlossen sie, erneut weiterzuziehen. Wir anderen sollten nach Eumangin gehen. Sie würden später nachkommen, sagten sie. Also zogen wir an die Küste und warteten dort auf sie.

Ich weiß nicht, was sie mit den jungen Männern anstellten.

Ich nehme an, sie brachten ihnen bei, wie sie sich zu verhalten hatten: daß man dieses nicht durfte und jenes verboten war. Sie machten sie mit den Vorschriften vertraut. Sie hielten sie auch von den Frauen fern und legten ihnen nahe, nur auf die erlaubte Weise zu heiraten.

Nach einiger Zeit kam einer der alten Männer mit einer Botschaft. »Morgen treffen sie hier ein«, sagte er. Die Zeit der Einweihung – ich bin nicht sicher, ob es dasselbe ist wie nganyja[73] – ging dem Ende zu. Also warteten wir. Gegen zwei Uhr kam die nächste Botschaft: Sie waren auf dem Weg und schon ziemlich nah, westlich von uns.

Gegen vier konnten wir ihre Rufe hören, als sie näher kamen. Sie trugen ein großes Stück Teebaumrinde, tanzten, sangen und riefen. Sie hielten inne und begannen von neuem zu singen und zu tanzen. Wir beobachteten sie, wie sie sich vom Westen her dem Strand näherten.

Die Frauen waren glücklich. »Unsere Männer sind zurück!« dachten sie. »Die Jäger kommen nach Hause.«

Das Stück Teebaumrinde, das sie bei sich hatten, war sehr groß und bestand aus mehreren zusammengebundenen kleineren Stücken. Sie hatten sie weiß und gelb bemalt, damit sie aussah wie Carpet Snake. Sie hatten alles selbst gemacht und die Farben aus verschiedenen Lehmsorten gewonnen. Ein Teil war rot. Sie hatten versucht, die Zeichnung von Mungurrus Haut nachzuahmen.

Sie kamen weiter auf uns zu. Irgendwann legten sie die lange Teebaumschlange ab und ließen sie liegen. Sie schwenkten ihre Speere über den Köpfen und kamen näher. Es waren Grasspeere mit Spitzen aus Wachs. Als sie die Ostküste erreichten, teilten sie sich in zwei Gruppen – die thuuru-Männer auf der einen und die walarr-Männer auf der anderen Seite.[74] Nun begann eine Art Scheingefecht. Sie bewarfen sich gegenseitig mit ihren Wachsspitzen-Speeren, bis sie schließlich genug hatten.

Das war der Abschluß. Jetzt war alles zu Ende. Sie waren eingeweiht. Nun kannten sie die Vorschriften und wußten, wie man sich zu verhalten hatte und welche Frauen man heiraten durfte und welche nicht. Alle konnten nach Hause gehen. Manche warteten darauf, daß die Boote vorbeikamen und sie aufnahmen, damit sie ihre Arbeit als Kreiselschnecken-Taucher wieder aufnehmen konnten. Andere kehrten zu Instone oder in die anderen Lager zurück.

Einige dieser jungen Männer heirateten freilich gar nicht. Sie fuhren zur See. Sie wurden weggeschickt, wer weiß, wohin. Möglich, daß sie unten in Cherbourg oder irgendwo anders im Süden landeten. Viele Schiffsbesatzungen bestanden aus Japanern, die oben auf Thursday Island lebten. Und es konnte passieren, daß es einen aus der Mannschaft nach Japan verschlug und er dort starb. Andere kamen nach Hause, um zu heiraten, und mußten feststellen, daß Leute aus dem Westen gekommen waren und ihnen ihre Freundinnen geraubt hatten.

Das ist die ganze Geschichte, soweit ich sie kenne.

Zauberei

Zauberei und die Angst vor Rache durch Magie waren bei der Aborigine-Gemeinde in North Queensland weit verbreitet. Männer, die aus der Gegend von Cooktown kamen oder dorthin wollten, suchten oft Zuflucht in den Lagern »heidnischer« Aborigines im Schutzgebiet der Cape-Bedford-Mission, weil sie Angst vor Zauberern hatten. »Nun ja, ein paar von den Alten trieben sich hier im Missionsgebiet herum«, erzählt Roger Hart. »Sie machten sich gegenseitig dambun [d.h. verhexten sich].«

Zu Fememorden mittels Zauberkraft kam es oft erst Jahre nach den Ereignissen, die Anlaß zu einer Fehde gegeben hatten, gelegentlich sogar erst Generationen später. Da Mitglieder der Einheimischen-Polizei an der Entführung und Ermordung anderer Aborigines beteiligt waren, galten sie und ihre Nachfahren als besonders gefährdet. Mehrere Männer aus den Lagern von Barrow Point arbeiteten als Spurenleser für einen Sergeant McGreen von der Polizeiwache in Laura. Sie waren an der Verschleppung von Menschen in Strafkolonien wie Palm Island beteiligt. Später, so Roger Hart, erfuhren andere, »daß sie Spurenleser gewesen waren und viele ihrer Angehörigen weggeschickt hatten. Tja, und wenn sie den Kerl selbst [d. h. den Spurenleser] nicht schnappten, hielten sie sich anderswo schadlos und rächten sich an seinen Kindern.«

Vom alten Mickey Bluetongue[75] hatte Roger eine Version der Ereignisse gehört, die zum Tod des alten Billy McGreen[76] geführt hatten. Billy hatte der Einheimischen-Polizei angehört und stammte ursprünglich aus einem der Barrow-Point-Clans. Der

Vorfall ereignete sich in Elderslie, einem Grundbesitz am McIvor River, wo bis in die 30er Jahre ein vorübergehendes Aborigine-Lager bestand. McGreen, der aus dem Clangebiet Manyamarr südlich von Cape Bowen stammte, war an der Verhaftung und Verschleppung vieler Aborigines beteiligt gewesen, Männern wie Frauen. Angeblich hatte er Ende der 20er Jahre Charlie Burns[77] erwischt, als dieser in Glenrock, einem anderen Grundbesitz am McIvor River, Honig sammelte. Long Billy hatte ihm Tabak angeboten. Als Burns auf ihn zukam, hatte McGreen ihm Handschellen angelegt und ihn der Polizei übergeben, damit er nach Palm Island »verlegt« wurde. Heute glauben die Leute, er sei wegen Viehdiebstahls festgenommen worden.[78]

Ein paar Jahre später kamen mehrere Leute aus einem anderen großen Aborigine-Lager in Flaggy am Endeavour River den McIvor herauf, in der erklärten Absicht, den alten McGreen zu verzaubern. Sie zündeten ein großes Feuer an und erhitzten darin eine Eisenstange. Diese wurde dann als Zaubermittel benutzt, um McGreens Tod herbeizuführen.[79] »Aber wenn sie so was tun, wenn sie jemanden verhexen, bleibt sein Körper unberührt. Sie hinterlassen keine sichtbaren Spuren.«

Leute aus einer Region hegten oftmals Mißtrauen gegen Leute aus einer anderen. Sie waren ständig auf der Hut, weil sie befürchteten, ein unbekannter Feind könnte ihnen eine gefährliche Substanz verabreichen oder sie verzaubern. Im Guugu-Yimithirr-Gebiet waren Leute von Barrow Point und anderswo im Westen als potentielle Zauberer gefürchtet. Wenn sie zu Besuch kamen, schlugen sie ihr Lager getrennt von den anderen auf, versorgten sich selbst mit Nahrungsmitteln und hatten ihr eigenes Lagerfeuer. Der mittlerweile verstorbene Peter Gibson aus Hopevale erinnerte sich, daß er als junger Mann heimlich die Grenze der Mission überschritt, um die alten Leute am McIvor River zu besuchen, die ihm Tabak schenkten. Bei einem dieser Besuche forderten die Barrow Point People ihn auf, ihren wilden

Honig zu probieren, den sie ihm in einer bila, einem aus einem Blatt gemachten Gefäß, reichten. Da er Angst hatte, ihr Angebot anzunehmen, folgte er dem Beispiel des Old Man Fog: Er bohrte ein Loch in die bila und gab vor, den Honig zu trinken, ließ ihn aber heimlich herausfließen.

Und den Barrow-Point-Leuten selbst galten mehrere Personen als gefährlich. Der legendäre Ngamu Wuthurru (der Old Man der Nacht) mit seinem dichten Haar und seinem Vollbart war schon alt und grau, bevor Roger Hart nach Cape Bedford gebracht wurde.

Alle Leute in Barrow Point hatten ein bißchen Angst vor ihm, weil er die Angewohnheit hatte, andere zu verhexen. Barney Warner hat mir eine Geschichte von ihm erzählt. Sie trug sich zu, als ich schon nicht mehr im Lager lebte. Ein kleines Mädchen in *lipwulin* war gestorben, und man hatte sie begraben. Eines Nachts, Monate später, saßen alle Männer ums Feuer und erzählten sich Geschichten. Da ergriff Ngamu Wuthurru das Wort. Das kleine Mädchen lag bereits im Grab.

»Ich habe viele Menschen umgebracht«, erzählte er. »Ich habe sie verhext. Es fing im Osten an. *Ugu imbay-ayu.* Da habe ich einen getötet. Dann einen in Thiithaarr (Cape Bedford). Ich ging nach Westen. In Yuuru (Cape Flattery) tötete ich wieder einen. Dann einen in Thanhil (Point Lookout). Ich zog weiter, immer weiter nach Westen. Ich tötete einen in Galthanmugu (Red Point) und noch einen in Wuuri (Cape Bowen). Ich habe [Zauber-]Knochen, um Menschen umzubringen«, erklärte er.

Nun ja, sie hörten, wie er sich damit brüstete, alle möglichen Leute von Cooktown bis Barrow Point verhext zu haben. Da dachten sie: »Dann hat der Alte wohl auch unser kleines Mädchen umgebracht.«

Sie packten ihn und brachten ihn nach Süden zur Lagune. Einige begannen Holz zu hacken. Andere gingen auf die Jagd. Einer hatte eine flache Eisenstange, mit der er Ngamu Wuthurru einen Hieb versetzte. Der alte Mann fiel zu Boden.

In diesem Moment hörten sie einen lauten Donnerschlag. Alle bekamen Angst und ließen den alten Mann einfach liegen, da bei der Lagune. Vielleicht hatte der Geist dieses Ortes die Explosion verursacht, weil sie versucht hatten, den Alten zu töten. Als sie den Donnerschlag hörten, rannten sie schnell zurück ins Lager, in dem Glauben, Ngamu Wuthurru sei tot.

Sie warteten ein gute Weile, ehe sie sich zur Lagune zurückwagten, um nach ihm zu sehen. Die Stelle war leer.

»Wo ist er bloß hin?« dachten sie.

Sie suchten ihn überall im Süden. Schließlich führte ihre Suche sie zurück zum Strand. Die anderen aus dem Lager, die auf der Jagd gewesen waren, hatten den Donnerschlag auch gehört. »Was war das für eine Explosion?« fragten sie.

»Wir haben den alten Mann getötet, da im Süden bei der Lagune. Weiß der Teufel, was das für ein Knall war.«

Sie suchten weiter. Sie waren überzeugt, daß Ngamu Wuthurru tot war, denn die Eisenstange hatte ihm eine tiefe Kopfwunde zugefügt. Sie machten ihn für den Tod des kleinen Mädchens verantwortlich.

Aber am Ende stellte sich heraus, daß sie ihn doch nicht getötet hatten. Nach einiger Zeit stieß mein Vater zufällig auf den alten Zauberer, der ganz allein dahockte und noch immer lebte.

»Sie haben versucht, mich umzubringen«, sagte er.

Mein Vater warnte ihn. »Mach nur weiter so und töte andere Menschen«, sagte er. »Du wirst schon sehen, was du davon hast.«

Doch Ngamu Wuthurru hörte nicht auf, die Menschen zu verhexen. Viele Jahre später lebte er im Lager von Muguulbigu, nördlich vom heutigen Hopevale. Dort ging er mit dem alten Norman Arrimi, Roy Dicks Vater, auf die Jagd.

Sie fanden etwas Honig, und gingen hinunter an den Bach

bei Billy Boil, um ihn mit Wasser zu mischen. Da fing der alte Mann abermals an, sich zu brüsten. »Ich habe diesen umgebracht, und ich habe jenen umgebracht, und den da auch.«

Sein Begleiter wurde nachdenklich. »Aha, vielleicht ist er derjenige, der meine Frau verhext hat.«

Arrimi griff nach seiner Axt und hieb sie dem alten Mann in die Brust. Auch er verließ ihn in dem Glauben, ihn getötet zu haben.

Dann kehrte er in sein Lager zurück. Die anderen fragten ihn: »Wo ist der alte Mann?«

»Keine Ahnung«, antwortete er. »Weiß der Teufel, wo er ist.«

Doch schon am nächsten Tag, am späten Nachmittag, tauchte der Alte wieder im Lager auf. »Sie haben versucht, mich zu töten«, sagte er.

Wahrscheinlich hatte er neun Leben, wie eine Katze.

In späteren Jahren, als Ngamu Wuthurru schon uralt war, erzählten die Bewohner der Cape-Bedford-Mission noch immer von seinen Heldentaten als Zauberer. Angeblich konnte er auf einem Boot auftauchen, das vor der Küste ankerte, und dafür sorgen, daß die Mannschaft im Schlaf erstickte.[80] Außerdem ging das Gerücht, daß er sich einen Ringkampf mit King Jacko aus dem Cape-Bedford-Schutzgebiet geliefert hatte, nachdem dieser ihn dabei erwischt hatte, wie er versuchte, sich ins Bridge-Creek-Lager zu schleichen, wo viele ungetaufte Aborigines lebten.[81]

Das Problem der »Mischlingskinder«

In Roger Harts Kindheit führten die Aborigines normalerweise ein Nomadenleben. Die Lager an der Küste waren Zufluchtsorte für Menschen geworden, die Besitzansprüche auf weit verstreute Gebiete erhoben. Roger erinnert sich, daß in den Lagern von Barrow Point zeitweise bis zu einem halben Dutzend verschiedene Sprachen gesprochen wurden. Viele der Leute kamen aus dem Norden, aber selbst aus dem tiefen Süden, aus Cooktown und vom McIvor River, kamen welche nach *Iipwulin*, die Guugu Yimithirr sprachen. Rogers Stammesbrüder aus der Gegend von Laura im Landesinneren überquerten den Jack River, passierten Jones's Gap und kamen nach Wakooka und Barrow Point, wo sie ein paar Wochen oder sogar Monate blieben, ehe sie denselben Weg, den sie gekommen waren, wieder zurückwanderten.

Die Aborigines mußten notgedrungen umherziehen, um ihre Bedürfnisse an europäischen Gütern wie Tabak, Mehl, Werkzeug und Decken zu befriedigen, die ihnen als Gegenleistung für Arbeit winkten. Doch sie trugen auch den wechselnden Jahreszeiten Rechnung. In den Wintermonaten, wenn das Wetter schön war, lebten sie an der Küste, wo sie fischten und jagten. Während der Regenzeit, von Januar bis Juni, zogen sie ins Landesinnere, sammelten Honig, jagten Beuteldachse, nahmen vielleicht irgendwo ein paar Dingo-Junge mit und ließen sich in den Gebieten um Wakooka, Tanglefoot und der Pinnacle Range nieder. Sobald das Wetter es erlaubte, kehrten sie in die Lager an der Küste zurück und nahmen den Kontakt zu Siedlern wie Instone oder Hart und den allgegenwärtigen japanischen Fischkuttern wieder auf.

In den ersten zwanzig Jahren des 20. Jahrhunderts entwickelten Missionen und Regierung, unterstützt von den Schutzbeauftragten der Aborigines und deren verlängertem Arm, der Einheimischen-Polizei, immer mehr Interesse daran, das Lagerleben der Aborigines zu reglementieren und es letztendlich ganz abzuschaffen. In Rogers Kindheit hielten sich die Barrow Point People von Gebieten fern, in denen sie Gefahr liefen, in gewaltsame Auseinandersetzungen verstrickt oder in Strafkolonien im Süden »verlegt« zu werden. Wenn King Nicholas, der von der Regierung ernannte Sprecher der Barrow-Point-Lager, von seiner Arbeit bei Instone nach Hause kam und von einer bevorstehenden Polizeirazzia berichtete, »rollten die bama«, so Roger, «[ihre swags] zusammen und machten sich aus dem Staub«. Chookie McGreen, Rogers Verwandter mütterlicherseits, der der Einheimischen-Polizei angehörte, arbeitete als Spurenleser für die Polizeiwache in Laura. Obwohl er seine Leute vor bevorstehenden Razzien warnte, damit die Barrow-Point-Kinder nicht von ihren Eltern getrennt wurden, konnte er nicht verhindern, daß zwischen 1910 und 1920 mehrere Kinder aus Cape Melville mitgenommen wurden.

Erstaunlicherweise hatten die Männer und Frauen, die für europäische Siedler arbeiteten, ein freieres und sichereres Leben als die Aborigines, die weiterhin im Busch lebten. Doch die unmittelbare Nähe zu den Weißen barg viele andere Gefahren. Familien, die ihr Lager auf dem Grund und Boden von Europäern aufschlugen, lieferten sich den Launen der Besitzer aus. Die Wallace-Brüder, jahrelang Eigentümer eines Grundstücks am McIvor, waren berüchtigt dafür, daß sie Aborigines auspeitschten, egal ob Männer oder Frauen, wenn sie sie dabei erwischten, daß sie Honig sammelten, wilderten oder das Vieh »in Unruhe versetzten«. Obwohl ihre Kinder bessere Chancen hatten, den Heimen zu entgehen, als jene, die »wild« im Busch lebten, mußten unter dem »Schutz« europäischer Siedler stehende Aborigine-Eltern damit rechnen, daß ihre Kinder auf andere Weise mißhandelt wurden.

Den deutlichsten Beweis für den Kontakt zwischen Aborigines und den Fremden, die in ihr Territorium eingedrungen waren, lieferte indirekt die steigende Anzahl von Mischlingskindern, im Jargon der damaligen Zeit *half-castes* (halbweiße Kinder) genannt.[1] Für die Regierung war die bloße Existenz solcher Kinder nicht nur ein Problem, sondern wurde geradezu als Blamage empfunden. Bereits 1896 hatte der für den Norden zuständige Schutzbeauftragte der Aborigines, Archibald Meston, in einem Bericht über die Lebensbedingungen der Aborigines in Queensland die Umstände als alarmierend bezeichnet. Er schrieb, daß die »Freiheit der [Aborigine]-Frauen, nach Belieben zu kommen und zu gehen, wann und wohin sie wollen, einen dauerhaften Anstieg der Mischlingsbevölkerung zur Folge haben wird«.[2]

Drei Jahre später vermerkte der für den Norden zuständige Schutzbeauftragte Roth in seinem Bericht, was in seinen Augen längst gang und gäbe war: daß immer mehr hellhäutige Kinder von Aborigine-Müttern getötet wurden. Er entwarf Pläne zur Verbesserung der Situation, die sich im wesentlichen darauf konzentrierten, die Kinder – vor allem solche von Eltern unterschiedlicher Rassen und Mädchen – von ihren Familien zu trennen und in Heimen unterzubringen.

> Es liegt ... durchaus im Rahmen des Möglichen, daß diese Form der Kindestötung aufhört, wenn man die Schwarzen davon überzeugen kann, daß die Regierung die Absicht hat, für solche verwahrlosten Kinder zu sorgen. Besonders die kleinen Mädchen haben meine rege und aufrichtige Anteilnahme geweckt. Wir versuchen

nach wie vor, sie in verschiedenen Missionsstationen unterzubringen. Meine Empfehlungen ... fußen nicht unbedingt auf ihrer gegenwärtigen schlechten Behandlung etc., sondern zielen ausschließlich auf das künftige Wohlergehen, die Versorgung und das Glück der Kinder. Es ist viel besser zu wissen, daß sie eines Tages rechtmäßig verheiratet im Schutz der Missionen und damit des Staates leben werden, als sich damit abzufinden, daß sie, sobald sie alt genug sind, um von skrupellosen Weißen mißbraucht zu werden – was gegenwärtig der Fall ist – als mißratene Mädchen in ihre Lager zurückgeschickt werden und dort letztendlich Krankheiten und allgemeiner Verwahrlosung zum Opfer fallen. Meine Bemühungen, die Lebensumstände der reinrassigen kleinen Mädchen zu verbessern, gehen in eine ähnliche Richtung.[3]

In seinem Jahresbericht für 1901 gab Roth eine ungeschminkte Einschätzung der Zukunft jener Kinder, die teilweise von Aborigines abstammten.

> Mischlingskinder brauchen unsere Sympathie vielleicht noch mehr als reinrassige. Überläßt man sie sich selbst, enden die meisten weiblichen Mischlinge als Prostituierte, die männlichen als Vieh- und Pferdediebe.[4]

In einigen Teilen von Queensland waren Mischlingskinder als Hausbedienstete besonders begehrt, was Roth zu weiteren Anmerkungen veranlaßte.

> Da es so aussieht, als habe mein Plan, Mischlinge und reinrassige Kinder aus der Obhut privater Arbeitgeber in verschiedene Missionsstationen und Heime zu verlegen, in nicht unbeträchtlichem Maße die Gemüter bestimmter

Bevölkerungsschichten erhitzt, ist es möglicherweise angebracht, hier festzuhalten, daß alle Schritte ... ausschließlich unter dem Aspekt erfolgten ... dem Geist des Gesetzes zu entsprechen ... Es ist mein oberstes Anliegen, das zukünftige Wohlergehen und Glück dieser Kinder zu gewährleisten ... So wie die Dinge derzeit stehen, arbeiten die meisten dieser weiblichen Kinder als Kindermädchen und wachsen in dem trügerischen Glauben auf, »zur Familie zu gehören«. Dieser Tatsache ist es wahrscheinlich zuzuschreiben, daß sie keinen regelmäßigen Lohn beziehen. Geraten sie jedoch in Schwierigkeiten, sind sie nicht länger erwünscht, sondern werden abgeschoben und müssen allein zurechtkommen, so gut es geht.[5]

Genau so ein Fall läßt sich fast ein Jahrzehnt später aus der Korrespondenz vom 20. April 1920 zwischen dem Obersten Schutzbeauftragten der Aborigines in Brisbane und dem Schutzbeauftragten von Cooktown, Sergeant Bodman, rekonstruieren. Bodman hatte einen Verlegungsbefehl für eine junge Mischlingsfrau angefordert, die bei einer gewissen Mrs. Gorton am McIvor River beschäftigt war.

Sie hat ein Mischlingsmädchen, seit es 4 Jahre alt war ... das ihr von Dr. Roth übergeben worden war. Dieses Mädchen ist mittlerweile siebzehn Jahre ... Inzwischen ist sie der Familie lästig und erwartet in Kürze ein Kind. Sie will nicht sagen, wer der Vater ist. Mrs. Gorton ist sehr darauf erpicht, daß dieser Mischling so schnell wie möglich nach Yarrabah [eine anglikanische Missionsstation außerhalb von Cairns] verbracht wird.[6]

»Verwahrloste und elternlose Kinder«

Um die Jahrhundertwende hatte Roth die Vision, daß Missionen und Heime spezielle Refugien sein sollten, die Aborigine-Kindern, vor allem den Mischlingen unter ihnen, eine praktische Ausbildung bieten könnten.

> Viele Arbeitgeber haben sich hinter dem Abschnitt 4 des Gesetzes verschanzt, demzufolge Mischlinge dann nicht als «Aborigines» gelten ... wenn sie als Kinder weder bei Aborigines gelebt haben noch Kontakt zu ihnen hatten ... Ich war genötigt, das Einweisungsgesetz zu bemühen; ohne letzteres wäre es mir nicht möglich gewesen, irgendwelche Ansprüche auf diese verwahrlosten und elternlosen Kinder zu erheben ... Der Staat übernimmt die – in meinen Augen wichtige – Verantwortung dafür, diese Kinder aus ihrer Aborigine-Umgebung herauszuholen, übergibt sie jedoch zugleich den verschiedenen Missionsstationen, die nun der direkten Überwachung und Kontrolle der Regierung unterliegen.[7]

Die Cape-Bedford-Mission, in der Roger eines Tages landen sollte, war eine der Missionsstationen, mit deren Hilfe Roth seine Pläne umzusetzen begann. Der Missionar Schwarz hatte sich viele Jahre lang geweigert, »verwahrloste und elternlose Kinder« aufzunehmen, die ihm von den Schutzbeauftragten der Aborigines aufgedrängt wurden, weil er hoffte, seine kleine Gemeinde im lutherischen Geist getaufter Aborigines vor schädlichen Außeneinflüssen zu bewahren, sei es von schwarzer oder von weißer Seite.

Doch schließlich zwangen ihn die Umstände, seine Vorgehensweise zu ändern. Zuerst geriet eine lutherische Partnermission am Bloomfield River, südlich von Cooktown, in ernsthafte Schwierigkeiten, unter anderem wegen der Geburt eines hellhäutigen Kindes, dessen Mutter eine zum Christentum bekehrte Bewohnerin der Station und dessen erklärter Vater ein europäischer Missionsarbeiter war.[8] Letzten Endes wurden Mutter *und* Kind nach Cape Bedford verbannt, so daß Reverend Schwarz sich genötigt sah, wenigstens ein in der Gegend gezeugtes, halb-europäisches Kind in seiner Mission aufzunehmen.

Des weiteren bedeutete das Scheitern der lutherischen Marie-Yamba-Mission bei Proserpine genau zur Jahrhundertwende, daß eine große Gruppe von Aborigines aus dem Bowen-Gebiet ebenfalls nach Cape Bedford verlegt wurde. Einige dieser Leute hatten teilweise europäisches Blut; einer wurde später sogar ein bedeutender Anführer in Cape Bedford und gründete eine einflußreiche Familie.[9]

Mehrere andere hellhäutige Kinder, deren Entwicklung im Busch die Aufmerksamkeit der örtlichen Behörden von Cooktown erregt hatte, fanden ebenfalls den Weg in die Mission, manchmal auch, weil ihre Aborigine-Eltern unmittelbar um ihre Aufnahme baten, da sie sie lieber in die Obhut des Missionars Schwarz gaben als sie »draußen« zu lassen.[10] Das Archivmaterial belegt den Fall von Dora, die später Roger Harts Schwiegermutter werden sollte.

Dora, die Tochter von Matyi, dem Regenmacher

Reverend G. H. Schwarz, der Missionar von Cape Bedford, unterhielt eine freundschaftliche Beziehung zu dem ersten für den Norden zuständigen Schutzbeauftragten der Aborigines, Dr.

Walter E. Roth.[11] Im Februar 1902, kurz nach einem Besuch des Schutzbeauftragten in Cape Bedford, schrieb Schwarz an Roth. In seinem Schreiben heißt es, er hoffe, von den umliegenden Gemeinschaften, vornehmlich von der Aborigine-Gruppe, die am McIvor River lebt, ein paar neue Kinder für die Schule in Hope Valley zu bekommen. Und er fährt fort:

> Der Mischling, ein etwa zehnjähriges Mädchen, von dem ich Ihnen berichtet habe, lebt noch immer in diesem Lager. Ihre Verwandten wollen sie nicht herkommen lassen, aber es ist schade, sie im Lager aufwachsen zu sehen. Könnten Sie nicht dafür sorgen, daß sie nach Yarrabah verlegt wird?[12] Es wäre gut für die Kleine, wenn sie bald von dort weggebracht würde. Der Mann ihrer Mutter ist Matyi, der Regenmacher der Schwarzen vom McIvor River.[13]

Diese beiläufige Erwähnung findet sich in dem ersten Brief in einer umfangreichen Akte unter den Berichten des für den Norden zuständigen Schutzbeauftragten der Aborigines. Die Akte enthält die offiziellen Verfügungen darüber, was mit dem Mädchen Dora zu geschehen habe, das letzten Endes von der Cape-Bedford-Mission aufgenommen wurde, dort zur Schule ging, heiratete und vier Kinder großzog, darunter eine Tochter, die später Roger Harts Frau wurde.

Innerhalb einer Woche nach Erhalt von Schwarzs Brief hatte der für den Norden zuständige Schutzbeauftragte der Aborigines an den Staatssekretär im Innenministerium geschrieben und um die »Bevollmächtigung« ersucht, »dieses Kind dem Gericht von Cooktown vorzuführen und wegen Verwahrlosung im Heim von Yarrabah unterbringen zu lassen«.[14] Wenig später wies Roth die Polizei von Cooktown an, Doras Verlegung in die Wege zu leiten, und schlug vor, sich mit der Frage nach Doras Aufenthaltsort an Reverend Schwarz zu wenden. Es folgten mehrere Monate Tauziehen, in denen Constable Kenny aus Cooktown versuchte, die Kleine von einem Siedler namens Charles Wallace wegzuholen, der sie auf Glenrock, seinem Besitz am McIvor River, festhielt.

Der erste Versuch, sie mitzunehmen, erfolgte am 23. Juni 1902. Constable Kenny berichtete, daß er nach Glenrock fuhr, wo das Mädchen, wie er gehört habe, »sporadisch beschäftigt war«. Er fährt mit seiner Schilderung in nüchternem Polizeijargon fort:

> Der Constable informierte Wallace, daß er Anweisung habe, den Mischling abzuholen und ins Heim von Yarrabah zu verbringen. Mr. Wallace schickte sie sofort ins Haus und schloß die Tür, nachdem sie sich zuvor auf der Veranda aufgehalten hatte. Dann erklärte er dem Constable, er könne sie nur mit Gewalt mitnehmen, da er seine Einwilligung nicht geben werde; der Mischling sei ihm von den Eltern anvertraut worden, und er habe die Absicht, die Sache auszufechten. Daraufhin unternahm der Constable keine weiteren Schritte, sondern erklärte Mr. Wallace, daß er seine Vorgesetzten informieren werde, mit denen sich Mr. Wallace künftig auseinanderzusetzen habe.[15]

In einem späteren Schreiben führte Kenny aus, daß Wallace im vergangenen Februar um die offizielle Erlaubnis ersucht habe, das kleine Mädchen einzustellen, das jedoch kurz darauf von Glenrock weggelaufen war, so daß keine Erlaubnis ausgestellt wurde.[16]

Charles Wallace seinerseits wandte sich direkt ans Innenministerium und bat um die Erlaubnis, das Mädchen behalten zu dürfen.

> Ich wende mich bezüglich einer Mischlings-*gin* an Sie. Constable Kenny kam zu mir und wollte sie mitnehmen. Ich habe ihn daran gehindert, da er keine offizielle Verfügung vorzuweisen hatte. Ich weiß selbst, daß das Gesetz vorschreibt, den Schwarzen ihre Kinder wegzunehmen, aber in diesem Fall verhält es sich so, daß der Vater und die Mutter das Kind in mein Haus brachten und meine Frau baten, sie aufzunehmen und für sie zu sorgen. Bei dieser Gelegenheit darf ich Ihnen mitteilen, daß ich einen Mischlingsjungen aus demselben Stamm habe, der schon als Säugling zu mir kam und mittlerweile zehn Jahre alt ist. Die Mutter liegt im Sterben und hat mir das Versprechen abgenommen, daß ich mich um den Jungen kümmern werde. Inwieweit dieses Versprechen bisher erfüllt wurde, können Sie leicht feststellen, sofern Sie Erkundigungen einziehen wollen. Ich schicke ihn zusammen mit meinen beiden eigenen Kindern in die hiesige G[rund]schule … Die *gin* selbst möchte nicht weg von hier.[17]

Obgleich Wallace damals (wie heute in der Erinnerung der Leute) in dem Ruf stand, die Aborigines, die auf seinen Ländereien oder in der Umgebung lebten, zu mißhandeln, schilderte er seine Beziehung zu ihnen in einem rosigen Licht.

> Dr. Roth[18] kann Sie, so er es wünscht, ebenfalls über die Behandlung informieren, die meine Frau wohl jedem Kind angedeihen lassen würde. Obwohl er und ich unterschiedlicher Meinung sind, was die Schwarzen angeht, bin ich überzeugt, daß er zu sehr Gentleman ist, um in diesem Punkt Lügen zu verbreiten. Ich kann nicht verstehen, warum ausgerechnet diese *gin* ausgesucht wurde, wo doch viele andere, die etwa im glei-

chen Alter sind und von meinen Nachbarn beschäftigt werden, nicht behelligt werden ... Sie müssen den falschen Eindruck gewonnen haben, daß sie immer noch bei ihrem Stamm lebt. Sie ist vollkommen glücklich und zufrieden. Ich denke, Sie werden einsehen, daß sie nicht gegen den Wunsch ihrer eigenen Eltern gezwungen werden will, mein Haus zu verlassen ... Sie und meine Kinder hängen sehr aneinander, und ich möchte sie nicht trennen.[19]

Wegen der Proteste und Beschwerden des Siedlers unternahmen die Behörden erst im August desselben Jahres einen erneuten Vorstoß, um die kleine Dora nach Yabarrah zu verlegen. Der Schutzbeauftragte der Aborigines erwog mittlerweile gerichtliche Schritte gegen Wallace und stützte sich dabei auf einen weiteren detaillierten Bericht, der ihm von Constable Kenny zugegangen war.

Der Constable meldet, daß ihm besagter Mischling seit vier Jahren bekannt ist, und daß das Mädchen bis vor kurzem im Lager der Schwarzen gelebt hat. Ihre Mutter gehört dem Stamm der Binjouwara[20] an. Vor etwa fünfzehn Monaten äußerte ein junger Schwarzer aus einem benachbarten Stamm den Wunsch, sich mit ihr zu verbinden. Das lehnten die Eltern ab. Da jedoch der Stamm, dem der Schwarze angehört, stärker ist als ihr eigener, bekamen die beiden Eltern Angst, daß man ihnen ihr Mädchen mit Gewalt wegnehmen könnte. Die Folge war, daß man sie zu ihrem Schutz in Mr. Gortons Obhut gab, wo sie vorübergehend blieb, bis die Angelegenheit bereinigt war und sie wieder zu ihrem Stamm zurückkehren konnte, der zu dieser Zeit am McIvor River lagerte, nicht weit von Mr. Wallaces Anwesen entfernt, wo der Constable sie das nächste Mal sah. Mr. Wallace erklärte ihm, dem Constable, die Eltern hätten den Mischling in seine Obhut gegeben, und beantragte auf dem üblichen Weg eine Genehmigung. Die Schwarzen hingegen erzählten dem Constable, Mr. Wallace habe den Eltern einen Sack Mehl für den Mischling bezahlt. Zu der Zeit befand sich der Constable auf dem Weg zur Starcke-Goldmine. Bei seiner Rückkehr suchte er Mrs. Wallace auf, und [sie] erklärte, der Mischling Dora sei weggelaufen [sic], und bat den Constable, sie zurückzubringen und die Schwarzen davor zu warnen, sie bei sich zu behalten. Dies lehnte der Constable ab und erklärte Mrs. Wallace, es habe keinen Sinn, den Mischling zu zwingen, bei ihr zu bleiben, wenn dieser nicht willens sei. Diese Unterhaltung fand Ende Februar 1902 statt. Etwas später erfuhr der Constable, daß Mr. Wallace den Mischling zurückgeholt hatte. Kurz darauf berichtete ihm ein anderer Europäer, daß sie erneut weggelaufen sei, was mehrmals passierte, doch jedesmal holte Mr. Wallace sie zurück. Am 23. Juni 1902 suchte der Constable Mr. Wallace auf und las ihm ein Schreiben vor, das der Constable von seinem Polizeikommissar erhalten hatte und in dem Mr. Wallace mitgeteilt wurde, daß der Minister die Verlegung des Mischlings in die Missionsstation Yarrabah angeordnet habe. Wallace weigerte sich, sie herauszugeben, und erklärte dem Constable, daß man sie mit Gewalt holen müsse, daß seine Befugnisse nicht ausreichten und daß er die Sache in jedem Fall ausfechten wolle, um festzustellen, ob man ihm den Mischling wegnehmen könne oder nicht. Kurz darauf beantragte Mr. Wallace erneut die Genehmigung, Dora zu beschäftigen, was von der Polizei beanstandet und vom Schutzbeauftragten abgelehnt wurde. Über Mr. Wallaces Umgang mit den Schwarzen ist nur eine Beschwerde der Schwarzen vom Mai 1899 bekannt, als sie dem Constable meldeten, Mr. Wallace habe sie mit der Viehpeitsche traktiert und gedroht, sie zu erschießen, wenn sie sich nicht von seinem Vieh fernhielten, das zu der Zeit teilweise unbeaufsichtigt im Schutzgebiet der Aborigines graste.[21] Der Constable riet den jungen Burschen, Dr. Roth zu informieren. Was Mr. Wallace angeht, so ist er seit langer Zeit in diesem Bezirk ansässig und hat bisher nichts mit der Polizei zu tun gehabt, obgleich sein Verhalten nicht immer über jeden Verdacht erhaben ist. Die Kleine wäre im Heim von Yarrabah weit besser aufgehoben, wo sie der unmittelbaren Nähe ihres Stammes und des Einflusses, den dieser und die Eltern trotz aller Sorge und Wachsamkeit von Mr. Wallace ausüben, entzogen wäre, zumal sie durch ihr wiederholtes Weglaufen gezeigt hat, daß sie in keinster Weise damit einverstanden ist, für Mr. Wallace arbeiten zu müssen.[22]

Roth merkt zu Kennys Bericht an, er sei »auf dem Weg nach Cape Bedford Doras Vater Matyi, ›dem Regenmacher‹, begegnet, der mir ebenfalls sagte, daß Wallace ihm das Mädchen für einen Sack Mehl, etwas Zucker und Tabak abgekauft hat, und daß er selbst gesehen hat, daß sie angekettet war«.[23]

Im September 1902 gab das Innenministerium erneut Anweisung, Dora von Glenrock nach Yarrabah zu bringen. Wallace wiederholte seinen Protest, daß man ihn zu Unrecht herausgepickt habe, denn »es gibt noch andere Mischlinge hier«.[24]

Im Oktober 1902 meldete Constable Kenny, daß Dora erneut von Glenrock weggelaufen war. Daraufhin hatten ihre Angehörigen sie nach Cape Bedford gebracht und Reverend Schwarz gebeten, sie zu behalten.[25] Es gab einiges Hin und Her, in dessen Verlauf Wallace dem Constable vorwarf, Matyi mit Deportation gedroht zu haben, falls er sich weigere, seine Stieftochter

Dora den Behörden zu übergeben.[26] In einem weiteren Bericht ging Kenny auf Wallaces Beschuldigungen ein.

> Als der Constable Matyi, den Vater des Mischlings Dora, vor deren [Verbringung ...] in die Missionsstation durch die Schwarzen zum letzten Mal sah, befand sich der Constable in Begleitung von Dr. Roth und Reverend Schwarz. Bei dieser Gelegenheit erklärte Matyi den beiden Herren, sein Kind sei von Mr. Wallace schlecht behandelt worden. Diese Behauptung hat Dora selbst weitestgehend bestätigt, als der Constable sie kürzlich in der Missionsschule von Cape Bedford dazu befragte. Die Schwarzen haben den Mischling Dora ohne Einschüchterung oder sonstige Einflußnahme von seiten des Constable in die Missionsstation gebracht und Reverend Schwarz ersucht, das Kind aufzunehmen und dortzubehalten. Diesem Wunsch, so erklärte Reverend Schwarz den Schwarzen, könne er nicht nachkommen. Doch die Schwarzen verließen die Station, ohne das Kind mitzunehmen. Reverend Schwarz informierte daraufhin den Constable. Der Constable kabelte daraufhin an Dr. Roth und erbat dessen Rat. Dieser Herr billigte es schließlich, daß Dora in Cape Bedford verblieb.[27]

Obwohl sich Wallace später beschwerte, daß Dora »in der Missionsstation in Cape Bedford Hausarbeit verrichten muß, sofern es stimmt, was die Schwarzen mir erzählen«,[28] durfte das Mädchen dort bleiben. Einige Jahre später heiratete sie einen der jungen Mischlingsmänner, die aus der aufgegebenen Marie-Yamba-Mission gekommen waren, einen Mann aus der Region Bowen. Doras Kinder wiederum wählten durchweg Ehepartner, die kein Aborigine-Blut hatten. Und ihre Tochter Maudie heiratete kurz vor dem Zweiten Weltkrieg Roger Hart.

Um 1910 sah sich die Mission von Cape Bedford aufgrund ihrer schwierigen finanziellen Lage gezwungen, mehrere neue Schübe von Verlegungen zu akzeptieren, von denen auch viele Mischlingskinder betroffen waren, um auch weiterhin Fördergelder von der Regierung zu erhalten. An Ostern 1916 wurde eine Gruppe von »verlegten« Kindern in Cape Bedford getauft, was Dr. Theile, den damaligen Präsidenten der Lutherischen Kirche von Australien veranlaßte, sich Gedanken über die »sogenannten ›verwahrlosten Kinder‹« zu machen, die aus ganz Queensland nach Cape Bedford gekommen waren.

> Die meisten sprachen gut Englisch, als sie kamen, wodurch der Unterricht leichter für sie wurde. Einige jedoch kamen auch direkt aus Aborigine-Lagern und sprachen kein Wort Englisch, nur ihre eigenen Dialekte. Für sie waren die ersten Wochen in der Station schwierig; so gab es drei Mädchen von der Westküste,[29] die nicht ein Wort Englisch konnten. Sie waren alles andere als sauber und hatten entzündete Augen. Deshalb hängten sie sich schmutzige Taschentücher über den Kopf, um so kleidsam wie nur möglich auszusehen. Doch sie merkten schnell, daß sie unter Freunden waren, und schlossen sich schließlich den Spielen der anderen Kinder an. Unwillkürlich mußte man an den 137. Psalm denken. Es dauerte nicht lange, bis Heimat und Heimweh vergessen waren und sie genauso fröhlich und übermütig waren wie die anderen Kinder. Am meisten überraschte mich die Geschwindigkeit, mit der sie Englisch lernten. Sie waren keine reinrassigen Aborigines: eine hatte einen Japaner als Vater, die beiden anderen Südsee-Insulaner. Elf der siebzehn [bei dieser Gelegenheit getauften] Mädchen waren Mischlinge. Doch jetzt haben alle ihr wahres Zuhause entdeckt. Ungeachtet ihrer Abstammung haben sie ihren Erlöser gefunden.[30]

Viele Kinder, die zu Beginn des Jahrhunderts nach Cape Bedford geschickt wurden, kamen aus entlegenen Gegenden von Queensland, angefangen bei der Nordspitze der Halbinsel Cape York bis hin zu Stonehenge weit im Süden.[31] In Cape Bedford erwartete sie eine Gemeinde, die sich hauptsächlich aus Überlebenden von Aborigine-Gruppierungen aus Cooktown, Cape Bedford und den Lagern am McIvor River zusammensetzte. Etwa von 1910 an wurden immer häufiger auch Kinder aus dem Hinterland von Cooktown in die Missionen und Siedlungen geschickt, anfangs ausschließlich Mischlinge, nach und nach dann alle Kinder, die im Busch entdeckt wurden.

Die Kinder aus der Gruppe von Roger Hart weiter im Norden blieben nicht verschont. Vier Mädchen, deren leibliche Väter keine Aborigines waren, wurden 1916 von Cape Melville nach Yarrabah verlegt, und ihr Bruder, der verstorbene Bob Flinders, kam 1918 von Cape Melville nach Laura und ein Jahr später ebenfalls nach Cape Bedford.[32] Roger Hart kann sich schwach an einen Besuch im Jahr 1919 mit seiner Mutter in der Laura-Station erinnern, wo er mit ansah, wie Bob im Zug nach Cooktown transportiert wurde.

Von Barrow Point nach Cape Bedford

Roger Hart blieb die Entführung durch einheimische Polizisten erspart. Es waren seine eigenen Verwanden, die ihn schließlich der Obhut der Missionare übergaben. (Vgl. Farbtafel 4)

Rogers Mutter wurde auf englisch Alice genannt. Ihr Aborigine-Name war, den Alten in Cape Bedford zufolge, *Tharrwiilnda.* Ihr angestammtes Gebiet war Muunhthi, ein Stück Land an der Quelle des Jack River. Ihr Leben war typisch für das vieler junger Frauen in dieser Zeit: Sie zog von Ort zu Ort und wurde im Lauf der Zeit von mehreren Männern, Aborigines wie Nichtaborigines, verschleppt.

Rogers Mutter war noch eine junge, unverheiratete Frau, als sie in Begleitung ihrer Brüder,[33] die für Maurice Hart auf der Wakooka-Farm arbeiteten, in das Gebiet Wakooka kam. Eine große Gruppe von Aborigines aus der Gegend hatte damals unweit der Farm ihr Lager aufgeschlagen. Es herrschte reges Kommen und Gehen, die Menschen strömten aus allen Himmelsrichtungen in die Lager an der Küste und die nahegelegenen Siedlungen und zogen dann weiter. »Young-fellow-galaaygu«, wie Roger es ausdrückte, »junge Leute waren eben so« – damals.

Als Roger um 1916 geboren wurde, war seine Mutter mit Charlie Lefthander verheiratet, einem Mann, der zu der Gambi-ilmugu-warra- Sprachgruppe von Barrow Point gehörte. Die Familie zog zwischen dem Basislager des Vaters an der Ninian Bay und anderen Lagern in der Region hin und her. Von diesem Aborigine-Vater übernahm Roger seine Gruppenzugehörigkeit zu den Barrow Point People.

Als Junge hatte Roger auch sporadisch Kontakt zu den Verwandten seiner Mutter. Zum Beispiel erinnert er sich an eine lange Kanufahrt mit dem Vater seiner Mutter und einem anderen alten Mann namens German Harry oder Wujilwujil,[34] der den Jungen bis nach Flinders Island und dann hinunter nach Lakefield mitnahm, wo German Harry eine zweite Frau hatte.

Als Roger noch ein Kind war, wurde seine Mutter von Old Man Wathi, Billy Salt, aus einem Wuuri-warra genannten Clan entführt. Einige Leute aus Barrow Point, unter ihnen seine Mutter, waren nach Laura gezogen, »um sich ein bißchen was zu rauchen zu besorgen«. Roger, damals knapp sechs, war in *lipwulin* zurückgeblieben, ebenso sein Vater, »der sich vermutlich um mich kümmerte«. Seine Mutter hatte vorgehabt, Verwandte in Laura zu besuchen. Sie kam nie zurück. Später erfuhr Roger, daß Billy Salt sie von dort entführt und nach Innisfail im Süden und dann wieder zurück nach Mossman verschleppt hatte.

»Ich sah sie noch einmal und dann nie wieder«

Nachdem Rogers Mutter Barrow Point verlassen hatte, empfand sein Aborigine-Vater die Anwesenheit eines kleinen, mutterlosen, hellhäutigen Kindes im Lager immer mehr als Problem.[35] Die Einheimischen-Polizei verfügte über Blanko-Vollmachten, Lager zu durchsuchen, in denen Kinder mit teilweise europäischer Abstammung vermutet wurden, und sie mit Gewalt von ihren Familien zu trennen. Es war bekannt, daß mehrere hellhäutige Kinder in Cape Melville aufgegriffen und in Missionsstationen weiter im Süden gebracht worden waren. Einige Barrow Point People planten bereits einen Besuch in der weiter unten an der Küste, unmittelbar nördlich von Cooktown, gelegenen lutherischen Mission Cape Bedford, um Regierungsgüter in

Empfang zu nehmen. Schließlich wurde beschlossen, den kleinen Jungen mitzunehmen und dort zu lassen. Das war um 1923.

Rogers Schilderung von dieser Wanderung nach Süden ist ein Durcheinander von Bildern und Eindrücken mit vielen Lücken und chronologischen Verzerrungen. Eine dramatische, herzzerreißende Geschichte, die in der Gemeinde von Cape Bedford bis heute die Runde macht. Eine große Gruppe, der auch Rogers Aborigine-Vater und mehrere Spielkameraden von Roger angehörten, machte sich auf den Weg nach Süden.

»Wir kamen von Westen die Küste herab. Wir gingen nicht in einem durch. Wir schlugen unser Lager auf und blieben eine Weile, zwei, drei Nächte vielleicht, und dann ging es weiter. Dann wieder zwei Nächte irgendwo und weiter. Manchmal sprangen wir in unsere Einbäume, wenn das Gelände schwierig wurde. Aber wenn der Strand gut war, gingen wir zu Fuß.«

Roger hatte keine Ahnung, weshalb seine Leute ihn wegbrachten. Noch heute denkt er mit zwiespältigen Gefühlen an

Aufbruch nach Süden

ihre möglichen Beweggründe. »Wahrscheinlich wollten sie mich loswerden«, sagt er und denkt dabei an die Einheimischen-Polizei, die die Lager durchkämmte, wenn sie wußte, daß Kinder mit europäischem Blut dort lebten.

»Ich wußte nicht, daß sie mich nach Cape Bedford brachten. Ich hörte den alten Burschen [seinen Aborigine-Vater] sagen: ›Nhanu walaarrbi wuthinhu nagaar‹ – ich bringe dich dem Bart im Osten.[36] Aber ich verstand einfach nicht, was er damit meinte.«

Diese Wanderung führte Roger Hart weiter von zu Hause fort, als er je gewesen war. Sie erreichten Cape Bowen, wo er einmal in einer Höhle übernachtet hatte, aber statt umzukehren, setzten sie ihren Weg entlang der Küste weiter fort.

»Wir blieben in Cape Bowen und schlugen dort für ein paar Tage unser Lager auf. Eines Morgens brachen wir dann auf und gingen weiter nach Osten ... Wir verließen die Küste und marschierten ins Landesinnere – wie viele Tage und Nächte, weiß ich nicht –, bis wir an den Jeannie River kamen, nicht weit von der Lagune entfernt, wo *Wurrey* mit seinem Netz die vielen Fische gefangen hatte. Wir fuhren in unseren Kanus flußabwärts und gingen dann wieder an der Küste weiter.

Da sagten sie mir dann, daß sie mich bei dem weißen Mann, dem walarr (Bart) lassen würden. So nannten sie den Missionar in Cape Bedford, aber das verstand ich damals noch nicht. Die anderen Kinder zogen mich damit auf, und später auch die Erwachsenen. Sie lachten mich ständig aus. Ich dachte wirklich, es sei nur ein Witz. Aber ich weinte nicht, das kam erst viel später, als sie mich tatsächlich in der Mission zurückließen.«

Die Gruppe aus Barrow Point kam durch mehrere große Aborigine-Lager, zuerst in Starcke, dann am McIvor River, wo sich feste Gruppen von Aborigines in der Nähe weißer Siedlungen niedergelassen hatten. Roger lernte ein paar Kinder kennen, die er später in der Mission wiedertreffen sollte.

»Wir verbrachten einige Zeit im Lager in Glenrock, am Mc-

Ivor. Eine große Gruppe von Barrow Point People hielt sich dort auf, aber auch viele Fremde. Ich spielte mit den anderen Kindern. Ich erinnere mich an Tom Charlie[37] und einige andere. Aber ich war älter als sie. Sie waren ein bißchen jünger.«

Im selben Lager gab es mehrere alte Männer aus Gemeinschaften um Cooktown, die den Kontakt zu dem deutschen Missionar, Reverend Schwarz, vermittelten. Auf Guugu Yimithirr nannten sie ihn Muuni (schwarz). Sie drängten die Leute von Barrow Point, Roger bei diesem Mann zu lassen, der wegen seines weißen Vollbartes überall bekannt war.

Am Ende ging Roger mit seinem Vater und einem dort ansässigen Alten, Old Man Gun.gunbi, nach Cape Bedford.

»Als ich Mr. Muuni sah, hatte ich Angst vor seinem Bart.« Roger weigerte sich, in die Schlafbaracke zu gehen, wie ihm der Missionar aufgetragen hatte.

»Ich weigerte mich einfach.«

Nach nur zwei Tagen in der Station begleitete Roger die Erwachsenen wieder zurück ins Lager. Die Barrow Point People blieben mehrere Monate in den gemischten, ständig wechselnden Gemeinschaften von Aborigines, die sich abwechselnd im Umkreis weißer Siedlungen niederließen und dann wieder ihr eher gewohntes Leben in den Buschzonen am McIvor River führten.

»Wir hielten uns lange auf einem Besitz auf, der sich Flagstaff nannte, am Nordufer des McIvor River. Ich ging gern hinüber ans Südufer, nach Buga Thabaga. Dort wohnte Dabunhthin.[38] Ich besuchte oft das Lager dort.«

Doch der Missionar Schwarz hatte den kleinen hellhäutigen Jungen nicht vergessen. Wenig später beorderte er Roger zurück nach Cape Bedford, wo er am Schulunterricht teilnehmen sollte.

»Nach einiger Zeit kam wieder eine Nachricht.›Wohin ist der kleine Junge verschwunden?‹ fragte Schwarz.

Roger wird von seinem Vater gefesselt

›Ach, der ist im Westen, in Glenrock.‹

›Dann holt ihn zurück.‹

Das war Old Man Arthur, Willie Mt. Webbs Vater.[39] Er kam mit der Botschaft von Schwarz zum McIvor.

›He, der kleine Junge wird im Osten vermißt. Es ist besser, wenn ihr ihn wieder hinbringt.‹«

Also kehrten Rogers Vater und einige seiner Stammesgenossen zur Missionsstation in Cape Bedford zurück und übergaben Mr. Muuni den Jungen. Der Missionar versuchte ihn abermals zu überreden, in die Schlafbaracke zu gehen, in der sich andere Kinder teils europäischer Abstammung befanden.

»Schwarz sagte: ›Also gut, bringt ihn in die Schlafbaracke.‹ Leo Rosendale und Bob Flinders[40] kamen, um mich abzuholen, aber ich wollte nicht mitgehen. Ich hatte Angst, denn sie konnten meine Sprache nicht. Und ich konnte kein Englisch.«

Schwarz schickte den völlig verschreckten kleinen Jungen mit seinem Vater in das in einem Holzbau untergebrachte Krankenhaus am Rand der Missionssiedlung, wo es eine große Sisalpflanzung gab. Diesmal sorgte der Vater dafür, daß Roger ihm nicht wieder zurück ins Lager folgte.

»Wir gingen zur Südseite des alten Krankenhauses. Mein alter Mann sagte: ›Komm her!‹ Dann ging er nach Westen und brach ein paar Sisalschößlinge ab. Also ich hatte keine Ahnung, was er vorhatte. Er ging mit den Schößlingen nach Osten und setzte sich auf die Veranda. Dann fing er an, die Fasern in lange Streifen zu reißen. Ich saß einfach da. Ich wußte nicht, was da vor sich ging. Er machte ein Seil.

Auf einmal packte er mich. Er fesselte meine Beine, und er fesselte meine Arme. Dann hob er mich auf, schleppte mich hinein ins alte Krankenhaus und sperrte die Tür zu.«

Als Roger fest in dem Holzhaus eingeschlossen war, verließen sein Aborigine-Vater und die anderen Barrow Point People Cape Bedford. Der kleine Junge, dessen eigene Leute ihn mehrere hundert Kilometer von zu Hause entfernt in einer lutherischen Mission zurückgelassen hatten – ohne nahe Verwandte und ohne einen Menschen, der seine Sprache sprach –, sollte seinen Geburtsort und die Stelle, an der sich das Lager seiner Kindheit befunden hatte, erst nach über sechzig Jahren wiedersehen.

Abendrot

Verschleppung von Menschen aus ihren Homelands, Kinder von Eltern unterschiedlicher Rasse, gewaltsame Auseinandersetzungen zwischen den eigentlichen Besitzern des Landes, den Aborigines, und europäischen oder asiatischen Eindringlingen – all das weist auf die chaotischen und zerrütteten Lebensumstände der Aborigines in Roger Harts Kindheit hin. Damals waren die Europäer einhellig der Meinung, daß die ursprüngliche Bevölkerung zum Untergang verurteilt ist. Diese Ansicht war schon Jahrzehnte früher zum Ausdruck gekommen, als Johannes Flierl, der bayerische Missionar, der 1886 die Cape-Bedford-Mission gegründet hatte, in seinem Jahresbericht 1898 über den Fortschritt der winzigen Gemeinde schrieb:

> Im Rahmen unserer Arbeit in Elim und Hope Valley nahmen wir uns der wenigen Menschen an, die die letzten Vertreter jener aussterbenden Stämme darstellen … Im Grunde kann die Mission für sie nicht mehr tun, als ihnen eine Art christliches Begräbnis zu gewähren, so etwas wie ein verheißungsvolles Abendrot, dem freilich auf dieser Welt keine rosige Morgendämmerung mehr folgen wird … Die Missionsarbeit ist schwer und keine sehr dankbare Aufgabe, aber es genügt zu wissen, daß wir zumindest versucht haben, ihnen den Weg in den Untergang mit dem Licht von Gottes Froher Botschaft zu erhellen.[41]

Fast drei Jahrzehnte später, ein paar Jahre, nachdem Roger Hart seine Kindheit in Barrow Point für eine lutherische Erziehung in Cape Bedford hatte aufgeben müssen, war die darwinistische Zuversicht der ersten Jahre des Kontakts zwischen Aborigines und einer europäischen Bevölkerung, die von ihrer angeborenen Überlegenheit überzeugt war, einer klareren, wenn auch immer noch fatalistischen Sicht der Lebensumstände gewichen, denen die Aborigines ausgeliefert waren. Der Missionsleiter Theile beschrieb die Lager im Umkreis der Mission 1926 folgendermaßen:

> Als vor 40 Jahren die Arbeit mit den Einheimischen des Bezirks Cooktown aufgenommen wurde, lebte im Umfeld der Mission eine große Population reinrassiger Aborigines. Heute ist die Situation völlig anders. Reverend Schwarz sagt, wo es heute 10 Einheimische gibt, waren es früher 100. D.h. anstelle der 200, die heute im Einflußbereich der Mission sind, waren es damals 2000, und diese 200 setzen sich aus rund zwei Dritteln reinrassigen Aborigines und einem Drittel Mischlingen zusammen. Die Aborigines als Volk, als Nation, sind im Aussterben ... Es gibt nach wie vor ein paar kleine Lager mit Schwarzen ... doch ihre alten Sitten und Gebräuche sind verschwunden, und die überlieferte Religion ist ebenso untergegangen wie die moralische Kraft, die möglicherweise in ihr enthalten war. Sie sammeln sich um die Farmen und Kleinstädte oder leben in Lagern, erbarmungswürdige Geschöpfe ... Die weiße Rasse hat ihnen übel mitgespielt. Als sie sich des Landes bemächtigte, auf das die Aborigines ein angestammtes Recht haben, beraubten sie diese ihrer Selbstachtung, ihrer Männlichkeit und ihrer moralischen Kraft.
>
> Sie haben keine festen Wohngegenden; als Nomaden

streifen sie im Busch umher oder leben als Teilnomaden in der Nähe einer Ortschaft oder Farm; mal arbeiten sie, und mal jagen sie. Die Farmbesitzer und Bewohner der Ortschaften schätzen diese Lager in ihrer Nähe, weil sie auf diese Weise billige Arbeitskräfte bekommen – und die große Zahl halbweißer Kinder sind ein Beweis dafür, wozu diese armen Menschen sonst noch mißbraucht werden. Der König der McIvor-Schwarzen hatte zwei Frauen, aber kein eigenes Kind. Seine Frauen dagegen hatten drei Mischlingssöhne, die jetzt der Fürsorge der Hope-Valley-Mission unterstehen. Der König, seine Frauen, sein Stamm – alle sind tot. King Jacko[42] beschloß vor ein paar Jahren, sich im Missionsgebiet niederzulassen, und brachte vierzig bis sechzig Leute mit, darunter sechs Mischlingskinder. In der Mission leben die Sprößlinge europäischer, japanischer, malaiischer Väter![43]

Die Cape-Bedford-Mission wurde zur letzten Zuflucht für viele Aborigine-Gruppen. Die Sprache von Cooktown, Guugu Yimithirr, war wohl oder übel die Lingua franca der Gemeinschaft – sie wurde sowohl von den ursprünglichen Besitzern als auch von den Aborigines aus anderen Gegenden und dem Missionar gesprochen.[44] Guugu Yimithirr nahm weitgehend den Platz anderer Aborigine-Sprachen ein, die weiter entfernt gesprochen wurden, wie etwa Roger Harts Muttersprache, die Barrow-Point-Sprache. Zwar lebten kleine Gruppen von Aborigines bis zum Zweiten Weltkrieg auch weiterhin in unabhängigen Lagern auf dem Territorium der Mission oder in der Umgebung, aber nur die lutherische Enklave in Cape Bedford ermöglichte es den meisten Aborigines im Hinterland von Cooktown, ihr gewohntes gesellschaftliches Leben weiterzuführen.

Der Regenwald-Python von Cape Melville

Diese Geschichte handelt von *Thuurrgha*, dem Regenwald-Python. Die Guugu-Yimithirr-Leute nennen ihn Mungurru. Seine Geschichte beginnt in Manyamarr. Dort hatte der Regenwald-Python sein Lager, auf dem Kamm eines Gebirgszuges gleich oberhalb von Cape Bowen.[45] Da gibt es einen Berg, der in der Nachmittagssonne rot leuchtet. Als Junge habe ich dort mal in einer Höhle übernachtet, auf einem Berg, der *wundal uyiirr* heißt – und auf dem es von Ratten wimmelte. In der Nähe befand sich das Lager des Regenwald-Pythons.

Tagsüber lag der Regenwald-Python einfach nur herum.

Mungurru auf dem Weg nach Norden

Nachts kroch er vom Berg herunter und jagte nach etwas Eßbarem. Wenn er morgens wach wurde, kletterte er den Berg wieder hinauf und streckte sich in der Sonne aus.

Irgendwann kam Gujal, der Keilschwanzadler. Er begann, den Python zu ärgern, indem er auf ihn einhackte. Die Haut des armen Python wurde ganz wund von der vielen Hackerei. Sein ganzer Körper tat ihm weh.

Schließlich beschloß der Regenwald-Python, woanders hinzugehen. Er schlängelte sich den Berg hinunter. Er kroch unter der Erde entlang, um seinem Peiniger zu entkommen. So bewegte er sich unterirdisch nach Norden. Immer weiter nach Norden, weiter und weiter.

Schließlich streckte er den Kopf aus der Erde und sah sich um. Es gibt da einen kleinen schwarzen Berg, der steht ganz allein nördlich von Wakooka, am Mack River. Da streckte er den Kopf heraus.

Ja, und dann zog er den Kopf wieder zurück und eilte weiter. Ein bißchen weiter nördlich streckte er erneut den Kopf heraus. Inzwischen ging es ihm sehr schlecht. Als er bei Cape Melville aus der Erde kam, konnte er nicht mehr weiter. Sein Kopf zeigte nach Norden zum Meer hin, und sein Körper streckte sich hinter ihm in die Länge. Mittlerweile war er todmüde und krank. So starb er, mit dem Kopf im Wasser, da oben im Norden.

Schwärme von kleinen Vögeln kamen herbei. Da lag der Regenwald-Python, ausgestreckt und tot. Die Vögel begannen, sein Fleisch zu essen. Sie pickten und pickten an seinem Körper, bis nur noch die Knochen übrig waren. (Vgl. Farbtafel 6)

Diese Knochen wurden nach und nach zu Stein. Die Sonne verbrannte sie und machte sie hart. Da sind sie bis heute geblieben. Die Leute sagen, das ist guurrbi, der heilige Ort des Regenwald-Pythons. Er gehört den Leuten aus Barrow Point, Cape Melville und Bathhurst Head. Die letzte Ruhestätte des Python wurde zur Initiationsstätte für all diese Gruppen.[46]

Teil 3

Diaspora

Die Barrow Point People besuchen den Süden

In den 20er Jahren wanderten die Barrow Point People zweimal in die Gegend von Cooktown und verbrachten mehrere Wochen am McIvor River und im Schutzgebiet von Cape Bedford. Die erste Reise um 1923 diente dazu, Roger Hart in die Cape-Bedford-Mission zu bringen. Rogers Leute wollten außerdem Verwandte besuchen, die dort im Süden lebten. Ohne daß die Barrow Point People es wußten, heckten die Regierung und der Missionar von Cape Bedford hinter den Kulissen bereits allerlei aus, was die Barrow Point People schon bald erneut in den Süden führen sollte.

Das Problem der Volksgruppen im Norden

Der Missionar Schwarz versuchte bereits seit mehreren Jahren, die Regierung zu überreden, der Mission Cape Bedford mehr Land nördlich ihrer ursprünglichen Grenzen zuzuteilen. Seine Sorge galt dem wirtschaftlichen Überleben der Mission, die zunehmend Mühe hatte, genügend Einkünfte zu erzielen und Nahrung zu beschaffen, um ihre kleine, aber wachsende Gemeinde zu ernähren. Zudem führte Schwarz gegenüber der Regierung ins Feld, daß eine Vergrößerung der Mission die Eingliederung von Restgruppen im Norden und Westen erleichtern würde.

Bereits 1919 hatte er für den Fall, daß die Regierung sich weigern sollte, den Fischerbooten der Mission mehr Fanggebiete in der Gegend von Murdoch Point zuzuweisen, mit seinem Rücktritt gedroht.[1] Letztendlich war er geblieben, obwohl die Regierung seinen Forderungen nicht nachkam. 1923 – im selben Jahr also, in dem Roger Hart von seinen Verwandten in Barrow Point in die Mission gebracht wurde –, bekräftigte Schwarz erneut seinen Wunsch, das Missionsgebiet zu vergrößern. In einem Brief an den obersten Schutzbeauftragten der Aborigines vom 17. Dezember 1923 beantragte er

> Fischrechte entlang des Küstenstreifens bis hinauf nach Murdoch Point, um an der Mündung des Starcke River eine Station aufzubauen und dort ein Stück Land zu bewirtschaften. Die Absicht ... [war], Aborigines aus dem Norden dafür zu gewinnen, sich unter der Schirmherrschaft der Mission dort anzusiedeln.[2]

Die Mission hatte bereits eine kleine Outstation eingerichtet, eine Farm bei Wayarego am McIvor River. Mehr Landwirtschaft und größere Fischgründe in Starcke würden ihr bessere Möglichkeiten geben, sehr viel mehr Aborigines als Arbeitskräfte einzusetzen, um Nahrungsmittel anzubauen und der gesamten Gemeinde ein Einkommen zu verschaffen. Neues Land würde auch den nötigen eigenen Raum für die Gruppen aus dem Norden bieten, die Schwarz in den Einflußbereich der Mission zu bringen hoffte.[3]

Um diese Zeit hatten sich bereits mehrere Leute aus Barrow Point in der Nähe von Cape Bedford angesiedelt. Abgesehen vom alten Wathi (Billy Salt oder *Alman.ge:r*) aus Barrow Point, der mit Roger Harts Mutter durchgebrannt und nach Cooktown gekommen war, arbeitete auch Jackie Red Point, Instones ehemaliger Bootsführer, regelmäßig in dieser Gegend. Außerdem hielten sich Wanhthawanhtha (alias Tommy Cook), Barney Warner und ein gewisser Jujurr[4] in Bridge Creek innerhalb des Missions-Schutzgebietes oder, je nach Jahreszeit, in anderen Lagern am McIvor oder am Endeavour auf. Alle drei waren in Roger Harts Kindheit junge Männer in Barrow Point gewesen.

Ein Schreck

Von den Bewohnern der Mission wurde erwartet, daß sie möglichst keinen Kontakt zur Außenwelt hatten, weder zu Aborigines noch zu Europäern. Manchmal nutzten die jungen Männer in Cape Bedford die entlegenen Outstations der Mission, um heimlich das Missionsgebiet zu verlassen. So auch die beiden Jungen, Peter Gibson und Hans Cobus, die eines Tages aufbrachen, um ihre Angehörigen am McIvor River zu besuchen. Ihr Ziel war die Station in Elderslie, wo sie, wie sie hofften, Tabak bekommen würden.

Statt dessen bekamen sie einen gehörigen Schreck, als unterwegs plötzlich einer vor ihnen stand:

»He, wo wollt ihr denn hin?«

Es war der alte Jackie Red Point. Er hatte unter einem großen Mangobaum gesessen und sich im hohen Gras versteckt, bis er die beiden erkannte. Als sie näherkamen, sprach er sie an. Sie hatten ihn nicht bemerkt und sahen ihn erst, als er vor ihnen stand. Nun fürchteten sie, daß er sie anschwärzen würde, weil sie das Missionsgebiet verlassen hatten. Der alte Jackie befand sich auf dem Rückweg von Barrow Point. Er ließ sich in der Umgebung der Mission nieder, verriet dem Missionar jedoch kein Sterbenswörtchen von der Begegnung mit den beiden Jungen.

Ein anderer Mann aus Barrow Point, der in Camp Bedford lebte, war der ehemalige Spurensucher und Gefängniswärter Billy Galbay, auch Long Billy McGreen genannt, der unweit von Bridge Creek und in Ngandalin am Nordufer des McIvor eigene Lager gehabt hatte. Später schlug er ein kleines Lager an einem Ort namens Elim auf Missionsgebiet auf, und seine Frau Lizzy holte eine Verwandte nach, Roger Harts Mutter. Billy McGreen hieß auch Billy Wardsman, da er auf der Station für Geschlechtskranke im Gefängnis von Cooktown als Wärter gearbeitet hatte.[5] Als der Oberste Schutzbeauftragte Reverend Schwarz vorschlug, den ehemaligen Angehörigen der Einheimischen-Polizei nach Barrow Point zu schicken, um mit seiner Hilfe seine Leute nach Cape Bedford zu locken, war das der Anfang vom Ende für Roger Harts Leute.[6]

Mitte der 20er Jahre begann das Büro des Obersten Schutzbeauftragten der Aborigines gegen Europäer im Hinterland von Cooktown zu ermitteln, die beschuldigt wurden, ihre Stellung als Verteiler von Regierungsgütern an die Aborigines zu mißbrauchen. Einer davon war der Telegrafenarbeiter der Musgrave-Station, »mit Sicherheit der übelste Bursche in einem unguten Haufen, der [die hiesigen Aborigines] nicht nur schikaniert, sondern auch seine wollüstigen Triebe an ihnen ausläßt, wo immer sich Gelegenheit bietet«.[7]

Eine andere Beschwerde richtete sich gegen Allan Instone, den Pächter von Barrow Point. Der Schutzbeauftragte von Laura hatte geschrieben:

> Es gibt einen jungen Aborigine in Palm Island … der mir berichtete, Mr. Instone habe ihm befohlen, für ein paar Shilling pro Woche für einen Mann namens Wallace zu arbeiten, mit denen er, wie der Junge erklärte, für gewöhnlich Tabak von Mr. Instone kaufte.[8]

Es galt zu klären, ob Instone, dessen Siedlung eine Art inoffizielles Versorgungsdepot für Barrow Point war, Regierungsgüter, vor allem Decken und Tabak, die für die Aborigines bestimmt waren, gegen unbezahlte Arbeit eintauschte. Zudem bestand der

Verdacht, daß Instone seine Nachbarn illegal mit Aborigine-Arbeitskräften versorgte.

> Daß es in Barrow Point üblich war, Schutzbeauftragte wie Instone zu ernennen … wirkt sich ungünstig auf die Aborigines aus und erschwert die Aufgabe der regionalen Schutzbeauftragten erheblich. Wie Sie wissen, verfügen die Einheimischen, nicht anders als wir, über ein gewisses Maß an Dankbarkeit und betrachten jeden, der ihnen etwas schenkt, insbesondere Tabak oder Decken, als großen Boss. Dieser wiederum weist die Einheimischen an, für seine Nachbarn zu arbeiten, denen er einen Gefallen tun will, und bezahlt sie für ihre Dienste mit dem Tabak etc., der für die notleidenden Aborigines bestimmt ist.[9]

Der Oberste Schutzbeauftragte Bleakley suchte Rat bei Sergeant Guilfoyle, dem Schutzbeauftragten von Cooktown, und erklärte die Sachlage folgendermaßen:

> Mr. Allen Instone ist nicht als Schutzbeauftragter angestellt, war jedoch nach Absprache mit einem Ihrer Vorgänger für die Verteilung von Decken und ähnlichen Gütern verantwortlich – mit dem Argument, daß das Deponieren großer Mengen von Decken, Baumwolle, Tabak etc. für die einheimischen Lagerbewohner am Strand nur zu Verschwendung führen würde.[10]

Zugleich wollte der Oberste Schutzbeauftragte verhindern, daß die traditionell lebenden Aborigines allzu engen Kontakt zu besiedelten Gebieten bekamen.

> Zwar sehe ich ein, daß Leute, die inoffiziell Hilfsgüter verteilen, das in sie gesetzte Vertrauen leicht mißbrau-

> chen können, doch wäre es nicht klug, die Einheimischen zu ermuntern, sich in den Städten herumzutreiben. Wenn das Depot auf Mr. Instones Farm an der Ninian Bay Ihrer Meinung nach keine befriedigende Lösung ist, könnten die Barrow Point People dann nicht zur Outstation der Cape Bedford [Mission] am McIvor River kommen, um sich ihre Decken etc. abzuholen?[11]

Bleakley regte zudem an, auf Palm Island Erkundigungen über Instones angebliche Missetaten einzuziehen, und forderte den dortigen Polizeichef auf, den Mann, der Instone beschuldigte, über ungesetzliche Anstellungsmodalitäten sowie über Instones sonstiges Tun und Treiben zu befragen.[12]

Daraufhin schickte Sergeant Guilfoyle den folgenden, etwas kryptischen Bericht über das Ergebnis seiner Nachforschungen.

> Besagter Instone besitzt eine Motorbarkasse und wohnt in Barrow Point. Soweit ich gehört habe, züchtet er dort in kleinem Umfang Vieh, ohne jedoch davon seinen Lebensunterhalt zu bestreiten. Wahrscheinlich hat er Vermögen oder andere Einnahmequellen, wie einige seiner Fahrten mit der Barkasse zwischen Cooktown, Cairns und Thursday Island argwöhnen lassen. Wenn Leute, die nicht der Polizei angehören, Missionsleiter oder Aufseher von Aborigine-Siedlungen zu Schutzbeauftragten ernannt und mit Decken, Tabak, Tomahawks etc. beliefert werden, die für die Verteilung an die Aborigines bestimmt sind, verleitet das letztere dazu, sich in der Umgebung solcher Personen niederzulassen, und gezwungen, ohne Lohn zu arbeiten, denn einige Leute in abgelegenen Landesteilen stellen so gut wie nie Aborigines ein und bedienen sich häufig [der Aborigines], um das Unterholz auf den Telegraphentrassen zu entfernen oder

> den in der Regenzeit angeschwemmten Unrat wegzuschaffen, und Leute, die Aborigines einstellen, beschweren sich über andere, die es nicht tun.[13]

Sobald der Oberste Schutzbeauftragte Bleakley diesen Bericht erhalten hatte, schlug er Reverend Schwarz vor, künftige »Hilfsgüter für die Eingeborenen«, die für die Aborigines aus Barrow Point bestimmt waren, durch die Mission zu schleusen und in der Outstation von Cape Bedford am McIvor River verteilen zu lassen.[14] Er teilte Schwarz vertraulich mit, daß Instone seiner Meinung nach nichts Gutes im Schilde führe.

> Man geht davon aus, daß diese Männer die Hilfsgüter als Tauschmittel für die Arbeitskraft der Einheimischen zu ihrem eigenen Vorteil nutzen und sich als Verteiler unrechtmäßige Befugnisse anmaßen, indem sie die Einheimischen mißbrauchen, um Freunden gefällig zu sein … offenbar besteht ein gewisser Verdacht, wozu Mr. Instone seine Barkasse benutzt, vermutlich Opiumschmuggel.[15]

Außerdem bat er Schwarz, ihm Vorschläge für eine strengere Überwachung der Barrow Point People und ihrer Nachbarn im Norden zu machen, und zählte die Gefahren auf – Opium, Prostitution und Geschlechtskrankheiten –, denen sie in ihrem Homeland ausgesetzt waren.

Als Instone informiert wurde, daß die jährlichen Zuteilungen an Decken und Nahrungsmitteln ab sofort nicht mehr an ihn geliefert, sondern durch die Cape-Bedford-Mission verteilt werden sollten,[16] rechtfertigte er in einem Brief an den Obersten Schutzbeauftragten die Art seines Umgangs mit den »rund 70« Aborigines aus Cape Melville und Barrow Point, an die er Regierungsgüter verteilt hatte. Er habe sich auch »um diejenigen gekümmert, die krank waren, und sie auf eigene Kosten medizinisch versorgen lassen ... Ich darf darauf hinweisen, daß ich mich als Ehrenmann streng an die Regeln für die Verteilung gehalten und die Burschen kein einziges Mal zu irgendeiner Gegenleistung aufgefordert habe.«[17]

Zugleich stellte Instone klar, daß er die Aborigines loswerden wollte, falls man ihm die Möglichkeit nehmen sollte, die Hilfsgüter der Regierung auf seinem Besitz an sie zu verteilen.

> McIvor liegt etwa 100 Meilen von Cape Melville entfernt, so daß die Aborigines aus dieser Gegend für ihre Decken usw. rund 200 Meilen laufen müßten. Die meisten alten Leute, [für] die die Decken vermutlich vorwiegend gedacht sind, sind kaum zu einer solchen Wanderung fähig. Ich habe mich sehr für diese Stämme eingesetzt und getan, was ich konnte, um ihnen zu helfen. Mit Ihrem Einverständnis werde ich es auch weiterhin tun. Doch wenn McIvor oder die Cape-Bedford-Mission künftig die Zentralstelle für die Verteilung sein sollen, würde ich vorschlagen, daß die Aborigines aus Cape Melville und Barrow Point dorthin verlegt und in einem dieser Orte angesiedelt werden, wo sie möglicherweise in kurzer Zeit für sich selbst sorgen könnten.[18]

Reverend Schwarz und der Oberste Schutzbeauftragte hatten bereits damit begonnen, einen Plan für die Verlegung der Barrow Point und Cape Melville People aus ihrem unbeaufsichtigten Leben im Busch in die Mission auszutüfteln. Als Antwort auf Bleakleys frühere Anfrage, wie eine solche Verlegung durchgeführt werden könnte, erläuterte Schwarz, wie er sich das Leben der Barrow Point People nach deren Umsiedlung vorstellte.[19]

Zuerst erklärte er, daß es nicht schwierig sein dürfte, sie an der Küste entlang zur Mission wandern zu lassen.

> Soweit ich sehe, handelt es sich bei den fragliche Aborigines ausschließlich um »Salzwasserschwarze«, die Kanus haben und auch damit umgehen können. Vorausgesetzt, sie *wollen* kommen, was könnte sie davon abhalten, in gemächlichen Abschnitten die Küste entlangzupaddeln, an der sie zweifellos viele Male auf und ab gefahren sind?[20]

Ebenso zuversichtlich war er, sie nach Cape Bedford locken zu können, da bereits gute Beziehungen zwischen den Barrow Point People und anderen Bewohnern der Mission bestanden. Wenn die Barrow Point People kamen, würden sie in Cape Bedford vielen Freunden und Verwandten wiederbegegnen.

> Viele von ihnen haben uns hin und wieder besucht, sind eine Weile geblieben und dann wieder zurückgekehrt. So haben wir beispielsweise zwei Mischlinge hier in der Schule, einen aus Cape Melville[21] und einen aus Barrow Point[22], die erst kürzlich von ihren Brüdern besucht wurden.[23] Dann gibt es eine Familie aus Barrow Point[24] in Bridge Creek (King Jacko ist bei allen wohlbekannt, weil er mehrere Jahre auf einer Farm dort oben gelebt hat[25]); ein anderes Paar[26] lebte bis vor kurzem am McIvor … Long Billy – der Wärter in Cooktowns altem Gefängnis, das Sie im letzten Brief erwähnten – bat mich vor einiger Zeit um die Erlaubnis, sich in Elim niederzulassen, und ist seitdem vollauf mit dem Bau eines stattlichen Hauses beschäftigt, was beweist, daß er es nicht eilig hat, in nächster Zeit nach Barrow Point zurückzukehren. Aus all dem ersehen Sie, daß die Barrow Point People nicht gerade Fremde in Cape Bedford sind. Long Billy war schon hier, bevor er in Elim gearbeitet hat. Einer seiner Söhne,[27] die Sie in Cooktown gesehen haben, kam sogar in Elim

> zur Welt. Im Augenblick lebt noch eine Frau bei der Familie – eine Verwandte seiner Frau,[28] glaube ich. Diese Frau[29] kam ebenfalls aus Cape Bedford; der oben erwähnte Mischling ist ihr Sohn, und mittlerweile hat sie noch einen zweiten kleinen Mischlingsjungen[30] ... Sollten die Leute da oben sich also entschließen herzukommen, würden sie eine ganze Reihe Freunde und Verwandte vorfinden.[31]

Schwarz machte dem Obersten Schutzbeauftragten sehr deutlich, was für eine unzumutbare finanzielle Belastung es für die Mission bedeuten würde, diese Menschen aufzufordern, sich in Cape Bedford niederzulassen, ohne ihnen die Möglichkeit zu bieten, ihren Lebensunterhalt selbst zu bestreiten. Er betonte, die »größte Schwierigkeit« bereite die Frage, »welche Vorkehrungen [für ihr Überleben] man treffen könne«, falls sie diese »Migration« auf sich nehmen sollten.

> Was die Versorgung der Einheimischen mit ihren gewohnten Nahrungsmitteln angeht, habe ich keine Zweifel, daß sie da, wo sie sich jetzt aufhalten, weit besser dran sind, denn vom Standpunkt eines Aborigine aus handelt es sich bei diesem Schutzgebiet, zumindest zu neunzig Prozent, um das schlechteste Jagdrevier, das man sich vorstellen kann, und unter dem landwirtschaftlichen Aspekt ist es nicht viel besser.[32]

Stets darauf bedacht, die prekäre finanzielle Lage der Siedlung in Cape Bedford zu verbessern, bereitete Schwarz auf diese Weise den Boden, um anschließend die Regierung zu bitten, die Mission mit einem Fischkutter auszustatten. Auf diesem sollten die Barrow Point People und die Cape Melville People, die bereits viel Erfahrung auf japanischen Booten gesammelt hatten, zur

Arbeit herangezogen werden. Dieser Plan stand im Einklang mit seinem Wunsch, die Menschen auf Dauer aus ihren gewohnten Lebensräumen herauszuholen, wo sie, wie er befürchtete, wohl oder übel weiterhin ausgebeutet würden und Gefahr liefen, sich immer wieder mit Geschlechtskrankheiten anzustecken. Er wiederholte auch seine Forderung nach einer Vergrößerung des Missionsgebietes nach Norden hin, wo er seine neuen Schützlinge ansiedeln wollte.

> Es scheint mir wenig sinnvoll, sie in Cooktown [von Geschlechtskrankheiten] zu heilen und sie dann zu ihren alten Lebensgewohnheiten zurückkehren zu lassen. Sich um diese Menschen kümmern zu können war und ist einer der Gründe, weshalb ich in Point Lookout oder Cape Flattery gerne eine Outstation errichten würde.[33]

Schwarz informierte den Leiter der Mission, Dr. Theile, über seine Verhandlungen mit dem Obersten Schutzbeauftragten. Solange keine finanziellen Belastungen auf die Missionsverwaltung zukämen, hieß es in seinem Schreiben,

> ... unterstütze ich dieses Einwanderungs-Vorhaben, denn diese Menschen sind »unsere Nachbarn und brauchen unsere Hilfe«. Sie und die Leute von Bridge Creek (insgesamt etwa 150 Seelen) könnten die Verwaltung der Überseemission möglicherweise dazu veranlassen, einen tüchtigen jungen Missionar nach Wayarego zu entsenden, wo man sie alle zusammenfassen könnte.[34]

Die Missionsleitung witterte eine Chance, mehr Unterstützung von Seiten der Regierung und mehr Einfluß auf eine größere Aborigine-Population zu erhalten. Andererseits befürchtete sie, die Verantwortung für eine erheblich größere Anzahl von Aborigines tragen zu müssen, ohne über entsprechende Mittel und Arbeitskräfte zu verfügen. Daher gingen die Missionare zunächst vorsichtig vor und beantragten das neue Fischerboot, ohne sich ausdrücklich zu verpflichten, die Leute aus Barrow Point und Cape Melville aufzunehmen. Sie machten einen europäischen Kapitän ausfindig, der das Fischereiwesen für die Mission in die Hand nehmen konnte. Theile schrieb an den Obersten Schutzbeauftragten und bat um einen Vorschuß für den Fischkutter.

> Sobald wir den Fischfang zu einem festen Bestandteil unserer Mission gemacht haben, bin ich zuversichtlich, daß sich die Eingeborenen von Cape Melville und Barrow Point dazu bewegen lassen, ins Schutzgebiet zu kommen. Ihre Hilfe bei der Fischverarbeitung wäre von nicht unbeträchtlichem Wert, da sie Küstenbewohner sind und viel Erfahrung mit dem Fischfang haben.[35]

Die Vorschläge der Mission fanden zunächst die Zustimmung des Obersten Schutzbeauftragten Bleakley, der meinte, die Regierung wäre vielleicht bei der Anschaffung eines Fischerboots behilflich, wie sie das bereits bei Gruppierungen von Thursday Island gewesen war. Und er hatte noch einen Vorschlag für Schwarz:

> Es könnte auch angeordnet werden, daß man den Männern, die auf den Booten fremder Fischereiflotten anheuern, den größten Teil ihres Arbeitslohns auf das Konto ihres Stammes beim Büro des Schutzbeauftragten zahlt, so daß sie nur auf Ihre Anweisung an das Geld herankommen, statt … daß sie es für wertlose Artikel ausgeben und es mitnehmen, wenn sie in ihre Lager zurückgeschickt werden.[36]

Die Missionare willigten erst ein, Cape Bedford in ein Hilfsgüterdepot für die Nordküste umzuwandeln, nachdem ihnen wegen der vermutlich steigenden Kosten zusätzliche Mittel zugesagt worden waren. Nach einem Besuch in Cape Bedford im Juli 1926 berichtete Theile der Missionsverwaltung, daß die Unterstützung der Regierung auf siebenhundert Pfund pro Jahr erhöht würde. Darin enthalten war auch

> ein zusätzlicher Betrag, der dazu dienen sollte, die Aborigines entlang der Küste im Norden und diejenigen, die nach Cape Bedford kommen, um Lebensmittel und Kleidung abzuholen, mit Nahrung zu versorgen. Allen Eingeborenen werden einmal im Jahr neue Decken bewilligt, und da unsere Jungen und Mädchen gut darauf achten und nicht jedes Jahr neue brauchen, erhalten sie statt dessen andere Sachen.[37]

Als nächstes schickte Schwarz Barney Warner, Jackie Red Point und Long Billy McGreen nach Barrow Point zurück. Sie sollten versuchen, ihre Leute zu überreden, nach Cape Bedford zu kommen und sich fest auf dem neuen Areal des Schutzgebietes anzusiedeln. Es gelang ihnen jedoch nicht, ihre Stammesgenossen zu überzeugen, daß es besser war, in der Mission zu leben, als sich in Barrow Point von Siedlern und Fischern ausbeuten zu lassen. Deshalb richteten sie King Nicholas nur aus, er solle seine Leute nach Cape Bedford hinunterführen, damit sie ihre Jahresration an Hilfsgütern in Empfang nehmen. Auf ausdrückliche Anweisung des Missionars stöberte Barney Roger Harts Halbbruder Jimmy auf – wahrscheinlich in Guraaban, wo Rogers Mutter inzwischen mit dem kleinen Mischlingsjungen lebte –, um ihn in die Missionsschule zu bringen.[38]

Die zweite Wanderung nach Süden

Anfang 1926 kehrten die Barrow Point People als Gruppe nach Cape Bedford zurück,[39] offiziell um entsprechend den neuen Verteilungsvereinbarungen Decken und andere Güter in Empfang zu nehmen. Außerdem wollten sie die Knochen ihres Stammesgenossen Nelson abholen, der gestorben und vorübergehend an der Mündung des McIvor beigesetzt worden war. Unversehens sahen sich Rogers Leute jedoch Kräften ausgesetzt, die sich als zu stark für sie erweisen sollten. (Vgl. Farbtafel 5)

Reverend Schwarz überreichte dem obersten Schutzbeauftragten folgende Liste der gesamten Restbevölkerung von Barrow Point.

> Am 5.2.26 kamen nach C[ape]B[edford], um Hilfsgüter in Empfang zu nehmen:
> King Nicholas, Rosie (seine Frau), Leah, ihre Tochter (blieb in Mr. Instones Obhut in Barrow Point zurück)
> Charlie (ehemaliger Polizist),[40] Florrie (seine Frau), ein kleiner Junge (ihr Kind)
> Jumbo,[41] Linda (seine Frau)
> Der alte Charlie (seine Frau hält sich zur Zeit bei Wardsmans Familie in North Shore auf, 1 Mischlingskind)[42]
> Dick Hall, Minnie (seine Frau)
> Billy,[43] Nellie (Barrow Point People, die sich zur Zeit in Wallaces McIvor-Station aufhalten)

Alte Leute, die angeblich noch in Barrow Point sind, jedoch nicht vorhaben(?) herzukommen:
Nicholas,[44] Johnny,[45] Billy, Tommy, Harry, Tommy, Maggie, Lantern,[46] Kitty, Lena, Bridged

In Barrow Point zurückgebliebene Schiffsjungen, die auf Fischkutter warten: Albert,[47] Toby,[48] Tommy, George, Billy, Barney
Diese Liste enthält keine fest bei Mr. Instone angestellten Aborigines; ansonsten scheint es sich um eine vollständige Liste aller Barrow Point People zu handeln.[49]

Schwarz' Bemerkungen über die Barrow Point People, die bei dieser Gelegenheit nach Cape Bedford kamen, sollen in voller Länge zitiert werden:

King Nicholas traf vor einiger Zeit mit einigen seiner Untertanen hier ein, um die für Barrow Point bestimmten Hilfsgüter abzuholen. Abgesehen von Billy Wardsman, den 2 Frauen und 4 Kindern, die er bei sich hat, waren es insgesamt nur 13; 7 junge Burschen, die erst kürzlich von einem japanischen Boot abgesetzt worden waren, kamen nicht mit, weil sie, wie mir ihr König mitteilte, darauf hofften, bald wieder anheuern zu können.
Außerdem gibt es 6 oder 7 alte Leute in der Umgebung von Barrow Point, die bei Mr. Instone fest angestellten nicht mitgerechnet. Von denen, die hier waren, behaupten einige, für Mr. Instone zu arbeiten, allerdings nicht fest, sondern nur mit Sondergenehmigung. Sie wirkten jedoch zufrieden mit diesem Arrangement und versicherten mir, daß sie immer reichlich Tabak und auch Kleidung erhielten. Letzteres stimmt zweifellos, und vermutlich wird es in Barrow Point noch eine Zeitlang ge-

nug Tabak geben, wenn die Jahresration ebenso hoch ausfällt wie im vergangenen Jahr.
Die Einheimischen aus Cape Melville sind noch nicht gekommen. King Nicholas und der ehemalige Polizist Charlie, einer von Instones Viehtreibern, erklärten, daß sie im Augenblick zuviel Angst hätten zu kommen. Sie haben aus Versehen oder vorsätzlich einen Teil von Mr. Instones Land angezündet, und nun drohen ihnen allerlei Strafen. Das Schlimmste ist, daß man sie nach Cape Bedford schicken will, um diese Strafen zu vollstrecken. King Nicholas jedoch hat versprochen, mit einigen seiner Männer herzukommen, sobald Mr. Instone sie durch sein Gebiet ziehen läßt.
Ich habe versucht, den Menschen, die wegen der Hilfsgüter herkamen, klarzumachen, daß es nicht Ihrer Vorstellung entspricht, wenn hin und wieder eine Abordnung herkommt, um neue Vorräte zu holen, sondern daß diejenigen, die Hilfsgüter brauchen, sich in der Umgebung von Cape Bedford niederlassen sollten, um ihre Güter regelmäßig zu erhalten, während diejenigen, die fest oder mit Sondergenehmigung bei einem der kleinen Siedler an der Küste arbeiten, Kleidung und Tabak von ihren Arbeitgebern erhalten sollen. Sie schienen das ganz gut zu verstehen.
Es war recht amüsant zu beobachten, daß sie genau wußten, was sie sagen durften und was nicht. Sie schienen es für selbstverständlich zu halten, daß ich ihnen bestimmte Fragen stellen würde. Als ich das nicht tat, kamen aus eigenem Antrieb Antworten oder Mitteilungen, so daß sie bei ihrer Rückkehr behaupten können, das gesagt zu haben, was sie sagen sollten.
In einem früheren Schreiben habe ich erwähnt, daß ich im Hinblick auf die Wanderungen der Aborigines von

Mr. Instone oder seinen Nachbarn keinerlei Unterstützung in ihrem Gebiet erwarte. Inzwischen bin ich mir dessen völlig sicher. Doch eines Tages wird der Vorrat an Tabak etc. in Barrow Point zur Neige gehen, und wenn die Aborigines wissen, daß diese Dinge in Cape Bedford für sie bereit liegen, werden sie kommen. Ich halte nichts davon, sie auf andere Art und Weise dazu zu zwingen.[50]

Bei dieser Wanderung nach Cape Bedford schlugen die Barrow Point People zusammen mit ihren Angehörigen, die bereits in der Umgebung der Mission lebten, ein festes Lager in den Sanddünen westlich der Hauptmissionsstation auf, unweit der bereits bestehenden »heidnischen« Lager auf Missionsterritorium, in denen Aborigines als Gegenleistung für Arbeit leben durften. Dort blieben sie etwa bis Weihnachten desselben Jahres; dann verschwanden sie ganz plötzlich.

Yaalugurrs Tod

Eine große Gruppe von Barrow Point People war nach Cape Bedford hinuntergezogen, um beim Missionar ein paar Decken und andere Hilfsgüter in Empfang zu nehmen. Sie schlugen ihr Lager in den Sanddünen westlich der Missionsstation auf und nicht im Süden des Kaps, weil es dort bereits ein anderes großes Lager gab. Es gehörte den Bridge Creek People,[51] die meist innerhalb des Missionsgebiets lebten. Diese beiden Gruppen wollten sich nicht miteinander vermischen und hielten daher Abstand voneinander.

Die alte Yaalugurr war Witwe. Ihr Mann, Barney,[52] war vor einiger Zeit gestorben. Er stammte aus Yuuru bei Cape Flattery, so daß er und der alte Charlie Digarra mit den Barrow Point

People verwandt waren – sie waren meine »Onkel«. Barneys Frau war durch ihre Heirat mit allen Leuten weiter aus dem Westen, aus Barrow Point und Cape Melville verwandt. Sie war ins Lager der Barrow Point People gekommen, um dort eine Weile zu bleiben.

Eines Tages sagte sie: »Ich glaube, ich gehe mal William besuchen.«[53] William lebte in dem anderen Lager bei den Bridge-Creek-Leuten.

»Nein«, sagten die anderen. »Geh nicht, bleib lieber hier. Wir haben jede Menge zu essen. Bleib bei uns.«

»Nein, nein, ich gehe.«

»Wie du willst. Dann geh.«

Es war später Nachmittag, aber sie konnten sie nicht daran hindern. Also brach sie auf und ging in das andere Lager.

Dann ist irgendwas passiert. Die Leute, die sie besuchen wollte, machten Tee, und wahrscheinlich haben sie etwas hineingetan. Inzwischen war es Nacht. Sie gaben es ihr. Möglicherweise war es der alte Bullfrog – vielleicht hatte sie ihn beschimpft oder so.

Sie starb noch in derselben Nacht. Das war um die Weihnachtszeit. Weiß der Teufel, warum sie das getan haben. Vielleicht wollten sie ihr etwas heimzahlen, das Jahre zuvor passiert war.

Die Leute im Westen, die aus Barrow Point, fingen an zu weinen, als sie davon hörten. »Die alte Frau, die gestern weggegangen ist, jetzt ist sie tot!« Alle trauerten um sie.

Dann sagten sie: »*Wa*! Wer weiß, womöglich schieben sie es uns in die Schuhe! Am besten machen wir uns aus dem Staub.« Sie beschlossen, lieber wegzugehen. Außerdem bekamen sie allmählich Angst vor der anderen Gruppe. Sie machten die Leute von Bridge Creek für den Tod der alten Frau verantwortlich und waren zu mißtrauisch, um dazubleiben, so weit entfernt von ihrem eigenen Gebiet.

»Ama *uwu yindu, adanhu.* Diese Leute haben eine andere Sprache. Es ist besser, wenn wir gehen.«

Sie zogen nach Osten zur Mission und baten den Missionar um ihre Decken und Kleider. Dann verließen sie Cape Bedford und kamen nie wieder.

Schwarz versuchte, King Nicholas dazu zu bringen, mit seinen Leuten auf dem Boden der Mission zu bleiben und nicht in ihr eigenes Gebiet zurückzukehren, wo sie in seinen Augen nur schlechten Einflüssen vom Land und vom Meer ausgesetzt waren. Die Barrow Point People willigten zum Schein ein, zogen aber in Richtung Norden, zum McIvor River, der sich noch auf dem Territorium der Mission befand. Als sie den McIvor erreichten, sammelten sie Nelsons Knochen ein, die nach seinem Tod vorübergehend an der Flußmündung begraben worden waren.

Nelsons Tod

Nelson war der Bruder von Wathi, dem Old Man Billy Salt, der mit meiner Mutter durchgebrannt war. Nelson lebte noch immer in Barrow Point, aber er wurde krank. Da rief Mr. Instone Barney Warner und befahl ihm, den kranken Mann ins Hospital zu bringen. Barney ging mit ihm und seiner Frau nach Cooktown im Osten und ließ ihn bei den Ärzten.

Tja, vermutlich sprach er kein Englisch, der alte Nelson. Er blieb nur kurz im Krankenhaus. Seine Frau kümmerte sich dort um ihn. Doch er beschloß auszubüchsen. Und so verließ er das Krankenhaus und ging nach Norden, bis er endlich wieder zum McIvor kam.

Als er Cooktown verließ, war er nicht geheilt. Er war immer noch krank. Er kampierte ein paar Tage an der Mündung des Flusses. Dann starb er.

Inzwischen war Barney Warner schon wieder zurück in Barrow Point. Er hatte Nelson nur nach Cooktown gebracht und war dann mit dem Boot wieder nach Hause zurückgekehrt. Nach einer Weile kam die Nachricht, daß der Mann gestorben war.

Etwa sechs Monate später beschlossen sie, wieder aufzubrechen, um bei dem Missionar in Cape Bedford neue Decken und andere Sachen zu holen. Nelsons Witwe stieß wieder zu ihnen, als sie an die Mündung des McIvor gelangten. Bevor sie nach Barrow Point zurückkehrten, gruben sie die Knochen des alten Mannes aus und nahmen sie mit nach Westen. Er stammte aus der Gegend von Wuuri, daher haben sie seine Knochen bestimmt in einer Höhle irgendwo auf ihrem Stammesgebiet zur Ruhe gebettet, vielleicht hoch oben auf einem Berg.

Point Lookout

Anfang 1927 waren die Behörden sehr beunruhigt über den Mißbrauch von Aborigine-Frauen in mehreren Fischereistützpunkten an der Nordküste. Sergeant Guilfoyle hatte eine neue Serie von Greueltaten aufgedeckt.

> Die Fischerboote unter japanischer Flagge, die sich auf *bêche-de-mer* und Kreiselschnecken spezialisiert haben, machen nach wie vor den Bloomfield River und auch Cape Melville und Barrow Point unsicher. Mir wurde berichtet, daß die Kapitäne ihre Mannschaften auffordern, nahegelegene Lager im Landesinneren aufzusuchen und die dortigen Könige oder Anführer zu zwingen, den Japanern Frauen zur Verfügung zu stellen … Angeblich bezahlt [eine bestimmte Fischereigesellschaft] einen Aufseher … der auf Flinders Island, in der Nähe von Port Stewart, lebt. Dort werden die Frauen aller Aborigines, die ihren Mannschaften angehören, auf der Insel gefangengehalten. Mir ist nicht bekannt, ob diese Gesellschaft Flinders Island gepachtet oder sonstwie unter Kontrolle hat, aber ich bin der Meinung, daß die dort festgehaltenen weiblichen Aborigines hin und wieder von einem Verantwortlichen aufgesucht werden müssen, der von keiner *bêche-de-mer*- und keiner Perlenmuschel-Gesellschaft abhängig ist.[54]

Sergeant Guilfoyle kaufte daraufhin ein kleines Segelboot. Der ehemalige Polizist Billy McGreen sollte in Begleitung von Jackie Red Point das Boot für polizeiliche Aufträge nutzen, die mit seinen Befürchtungen zu tun hatten. Er schilderte den Fall eines jungen Mädchens, dem er Long Billy zu Hilfe geschickt hatte.

> Letzten Januar wurde mir gemeldet ... daß ein Aborigine namens Jackson ein junges Aborigine-Mädchen geraubt hatte. Er hatte sie ihrem Vater weggenommen, dem alten Harry Cootes, und nach Noble Island gebracht, wo er sie an die japanischen Bootsmannschaften verkaufen wollte. Daraufhin vereinbarte ich mit Long Billy, dem ehemaligen einheimischen Wärter im alten Gefängnis hier, daß er mit Jacks Segelboot, Jack[55] und noch einem Jungen namens George nach Noble und Flinders Island fahren würde. Er sollte den jungen Jackson verhaften und auch die kleine *gin* wieder nach Cooktown bringen, damit ich sie mit Billys Hilfe auf dem Landweg zu ihren Eltern zurückschicken konnte.[56]

Das Mädchen kehrte letztendlich nach Barrow Point zurück. Instone berichtet über einen Besuch von Billy McGreen im Februar 1927.

> Long Billy kam heute, um mich im Fall des Aborigine-Kindes Gladys aufzusuchen. Ein Junge namens Jackson hatte sie ihrer Familie am McIvor entführt. Er brachte sie nach Barrow Point zurück und händigte sie ihrem Onkel aus, einem jungen Mann namens Tommy, der hier für Mr. R. Gordon arbeitet.[57] Tommy wird im Lauf der nächsten paar Wochen zum McIvor reisen und sie ihren Eltern zurückbringen ... Im Augenblick lebt sie in meinem Haus und ist hier gut aufgehoben.[58]

1927 hatte der Missionar Schwarz ein eigenes Fischerboot gekauft und in Elim einen Verarbeitungsbetrieb für *bêche-de-mer* aufgebaut, der von einem jamaikanischen Experten geleitet wurde. Darüber hinaus hatte er eine Reihe von Männern, darunter mehrere Barrow Point People, dazu gebracht, auf einer neuen Outstation, die sich Wawu Ngalan nannte und bei Point Lookout, nahe der nördlichen Grenze des Missionsgebietes lag, mit der Jagd auf Dugongs zu beginnen.

Trotz seiner Skepsis verließ sich der Missionar darauf, daß King Nicholas versuchen würde, die Barrow Point People in dem neuen Lager zu halten. Mehrmals schickte er »Long« Billy in Begleitung seines Handlangers Jackie Red Point los, um die Küstenlager in Cape Bowen, Barrow Point, Cape Melville und auf Flinders Island zu durchkämmen. Sie sollten alle Aborigines, die sie fanden, dazu überreden, mit ihnen nach Point Lookout zurückzukehren. Doch es war nicht einfach, die Leute von Barrow Point und Cape Melville dazu zu bringen, das Lagerleben oder die Arbeit auf den Booten aufzugeben und statt dessen für die Mission Dugongs zu jagen.

> Billy (Wardsman) und Jackie Redpoint, die in den Norden entsandt wurden, um die an der Küste verstreuten und den Launen der Japaner oder anderer Leute ausgelieferten Menschen aufzulesen, setzten auch nach Flinders Island über und versuchten, die Abos dort zu überreden, sie in das in Point Lookout errichtete Lager zu begleiten.[59]

Einen Monat später wußte Schwarz mehr über die Menschen auf Flinders Island.

> Anscheinend handelt es sich vorwiegend um Frauen, und offenbar hat jemand mit mehr Einfluß als Billy dafür ge-

sorgt, daß er dort gescheitert ist. Billy sagt, die Frauen hätten ihm gesagt, sie wollten alle kommen, wenn ihre Männer zu Weihnachten ausbezahlt würden.[60]

Trotzdem konnte Schwarz im Mai 1927 vermelden, daß nun mehr als vierzig Menschen in Point Lookout lebten und sich von der Dugong-Jagd gut ernähren konnten. Er hoffte auf noch mehr, vor allem auf kräftige, arbeitsfähige Männer.[61]

Am Ende des Monats war Schwarz noch optimistischer, was seine neue Kolonie von Dugong-Fischern aus Barrow Point betraf:

> Billy, King Nicholas und King Charlie aus Cape Melville scheinen jetzt am selben Strang zu ziehen. Billy und Nicholas waren kürzlich hier ... Sie haben mir erklärt, daß sich alle Einheimischen aus Barrow Point und Starcke in ihrem Lager in Point Lookout befinden, und Billy berichtete, er habe einen Jungen mit Namen Dick Hall über den McIvor geschickt, um die wenigen Leute aus Starcke oder Barrow Point zu holen, die noch dort lagerten. Seiner Einschätzung nach würden sie in Point Lookout eintreffen, noch bevor er selbst wieder zurück sei.[62]

Sergeant Guilfoyle hielt es für einfacher, die Reste der Aborigine-Lager in der Mission zusammenzuführen, wenn Long Billy eine Art offiziellen Status erhalten würde, da es zwischen den amtierenden Königen und ihm offensichtlich zu Streitigkeiten kam.

> Ich habe ... Billy auch davon unterrichtet, daß King Nicholas und King Harry sich offenbar nicht so verhalten, wie man es von Königen erwarten darf, sondern ihre Stämme auffordern, an der Küste zu bleiben und den Ja-

panern und den Mannschaften anderer Schiffe Aborigine-Frauen anzubieten. Ich habe ihm Anweisung gegeben, den Aborigines klarzumachen, daß er zum König aller Stämme entlang der Küste ernannt wurde, daß er ihrer aller Anführer ist und daß er sie in seinem Boot mit nach Cooktown bringen soll, sofern sie nicht ins Landesinnere gehen, daß King Nicholas und King Harry weggeschickt würden, wenn sie Billys Anweisungen nicht befolgen, und den Aborigines zu sagen, daß die Polizei von Cooktown und Laura ausrücken würde, falls Billy zurückkommt und meldet, daß sich die Aborigines immer noch an der Küste aufhalten … Ich habe versprochen, an den Obersten Schutzbeauftragten zu schreiben, wenn Billy und Jack aufbrechen, und zu beantragen, daß Billy zum König eines Stammes ernannt wird, entweder von Cape Melville oder von Barrow Point. Vorausgesetzt, er, Billy, konnte Einfluß auf die Stämme nehmen und sie dazu bewegen, das zu tun, was er ihnen gesagt hat. Ich möchte nun mit allem Respekt vorschlagen, Billy zum König über einen der Stämme an der Küste zu ernennen; er wäre eine große Hilfe, weil er uns zum einen informiert, wie sich die Aborigines verhalten, und zum anderen Geschlechtskrankheiten melden und mit seinem Kumpel Jack infizierte Personen mit dem Boot zur medizinischen Versorgung nach Cooktown bringen könnte.[63]

Der Oberste Schutzbeauftragte Bleakley ernannte Long Billy daraufhin zum »Einheimischen-Polizisten der Point-Lookout-Station« und übertrug ihm »die Befugnis, die Einheimischen in den Küstenlagern in der Umgebung zu überwachen«.[64]

Zudem schmiedete man jetzt Pläne für eine Razzia in den Lagern von Noble Island und Flinders Island, um die Fischer zu erwischen, die dort gegen die Einstellungsgesetze verstießen. Diese verboten unter anderem, Aborigine-Frauen für unmoralische Zwecke zu »beherbergen«. Guilfoyle glaubte, daß »Long« Billys neuer Status von Nutzen sein würde und daß

> die Polizei Flinders Island einen Besuch abstatten und alle Aborigine-Frauen, die dort festgehalten werden, aufs Festland zurückholen sollte. Diese Leute würden Billy dann immer gehorchen, wenn er sie von ihren eigentlichen Lagern entfernt findet und zur Rückkehr auffordert.[65]

Reverend Schwarz in Cape Bedford war skeptischer, was die Wirksamkeit dieser Regierungsmaßnahme anging.

> Die Ernennung von Billy zum »Einheimischen-Polizisten« für Point Lookout und Umgebung wird nur dann Früchte tragen, wenn den derzeitigen Königen der Gegend ihre Befugnisse genommen werden und sie ihre Schildchen, die äußeren Zeichen für diese Befugnisse, abgeben müssen; ansonsten wird Billy bei diesen Leuten nichts erreichen können.[66]

Die Flucht aus Wawu Ngalan

Trotz all dieser Schachzüge von offizieller Seite schlug der Plan, die Barrow Point People umzusiedeln, plötzlich fehl. Eines Nachts im August 1927 flüchtete fast die ganze Abstammungsgruppe von Barrow Point mit King Nicholas in ihren Einbäumen und kehrte in ihr Homeland zurück. Die frisch von der Regierung gestellten Decken dienten ihnen als Segel.

1927 lagerten die Leute in Wawu Ngalan. Sie waren schon eine ganze Weile dort. Doch dann hatten sie irgendwann die Nase voll. Ich weiß nicht, was passiert ist, aber sie haben es sich anders überlegt.

»Ich glaube, wir sollten lieber von hier verschwinden.«

Toby und Banjo Gordon lebten damals bei ihnen. Toby war noch ein Kind. Der alte Long Billy McGreen hatte gesagt, er wolle die beiden Jungs abholen und in die Schule in Cape Bedford bringen. Doch das gefiel ihren Verwandten ganz und gar nicht. Sie trafen eine Entscheidung.

»Am besten gehen wir zurück in den Westen [nach Barrow Point].«

Ihre Eltern – na ja, es war nicht so, daß sie die Nase voll hatten von Point Lookout. Aber es gab Scherereien wegen der Kinder. Ich glaube, King Nicholas' Tochter Leah war auch dabei. Vielleicht sogar Nicholas Wallace und noch ein paar andere.

Sie brachen nicht am hellichten Tag auf, sondern warteten, bis die Sonne im Westen unterging. In jener Nacht war Neumond. Sie wollten nicht gesehen werden, sonst hätte der Missionar ihnen vielleicht sein Boot, die Spray, hinterhergeschickt. Sie lag normalerweise dort vor Anker.

Also zogen sie geräuschlos ihre Deckensegel auf, abends so gegen zehn, als die Mannschaft schlief. Dann segelten sie los, erst nach Norden und dann weiter nach Westen, zurück zu ihrem Homeland. Angeblich waren sie schon bei Tagesanbruch am Starcke River. Dort schlugen sie ein Lager auf, aber nur für einen Tag, und dann fuhren sie weiter, vielleicht bis Cape Bowen. Dort machten sie wieder ein oder zwei Tage Rast, und dann ging es weiter, bis sie schließlich Instones alte Anlegestelle in Barrow Point erreichten. Ich weiß nicht, ob Instone damals, im Jahr 1927, noch da war.

Das ist die Geschichte, wie Toby Gordon sie mir selbst erzählt hat. Sobald sie zu Hause waren, nahmen die Männer die Arbeit wieder auf. Einige gingen als Viehhüter zu Hart, das waren diejenigen, die reiten konnten. Das Lager befand sich wieder in der Nähe von Barrow Point. Später nahmen die Viehhüter von Starcke Toby und seinen Bruder Banjo mit, und die beiden arbeiteten dann auch.

Schwarz' Bericht über diese Ereignisse war bezeichnenderweise knapp.

> Vor zwei oder drei Tagen kam Billy, der neue Polizist, um seine Uniformen abzuholen, die Ihr Büro ihm zur Verfügung gestellt hat. Er berichtete, daß King Nicholas die meisten Leute, die Billy in Point Lookout gesammelt hatte, wieder nach Barrow Point gebracht hatte. Dort wurden sie laut Billy von der Polizei in Laura empfangen, mit Decken, Tomahawks etc. ausgestattet und aufgefordert dazubleiben. Natürlich ist das Billys Version. Ob sie der Wahrheit entspricht, kann ich nicht beurteilen. Die Barrow Point People hatten jedoch ihren Vorrat an Dek-

> ken erst vor kurzem hier in Cape Bedford bekommen.
> Das weiß ich mit Bestimmtheit.[67]

Roger Hart glaubt, daß die nomadisierenden Aborigines von Barrow Point nach der relativen Freiheit, die sie von der Küste im Norden her gewohnt waren, Schwierigkeiten hatten, die steuernde Hand von Missionar Schwarz zu akzeptieren. Außerdem fühlten sie sich so weit von ihrem eigenen Gebiet entfernt nicht wohl und befürchteten, die Fremden in ihrer Nähe könnten ihnen gefährlich werden.

Die Rache des Missionars

Schwarz' anfängliche Begeisterung für den Plan, die Überbleibsel der Aborigine-Gruppen aus dem Norden in das Schutzgebiet von Cape Bedford zu bringen, verkehrte sich jetzt in Verachtung für die Könige dieser Volksgruppen, in Empörung bei dem Gedanken, daß sie auch weiterhin zu einer von Unmoral geprägten Randexistenz als Opfer skrupelloser Siedler und Fischer verurteilt waren, und in Enttäuschung darüber, daß er nun von der Regierung weder zusätzliche Mittel noch das Fischerboot bekommen würde, um seine neue Gemeinde zu ernähren. Im Januar 1927 hatte Schwarz seinen Jahresbericht für 1926 an den Obersten Schutzbeauftragten Bleakley geschickt. Darin erwähnte er, daß die Barrow Point People zwar kamen, um »ihre Hilfsgüter und Tabak« zu holen, sich aber nicht dazu bewegen ließen, unter seiner Aufsicht zu bleiben. Für King Nicholas fand er nur bittere Worte:

> King Nicholas hat seine eigene Art, sich durchzuschlagen, indem er Schiffsmannschaften mit Frauen versorgt. Das ist bequemer, als sich irgendwo niederzulassen und zu arbeiten. Ich habe dem Schutzbeauftragten in Cooktown angedeutet, daß es von Vorteil wäre, ihm sein Schildchen wegzunehmen [und] ihn an einen Ort zu brin[gen], wo er selbst für seinen Lebensunterhalt aufkommen muß.[68]

Von King Harry aus Cape Melville hatte er keine viel bessere Meinung.

> King Harry scheint mir vom selben Schlag zu sein wie King Nicholas, und ich glaube wirklich, daß sie nur deshalb die hohe Stellung erringen konnten, die sie innehaben, weil sie sich zu willigen Werkzeugen skrupelloser Männer haben machen lassen, welche Aborigines beschäftigen, Männer wie Frauen. Wenn diese beiden Könige ihrer Macht enthoben, verlegt und durch zwei geeignetere Männer ersetzt würden, ließen sich [ihre Leute] möglicherweise überreden, herzukommen und sich auf unserem Schutzgebiet anzusiedeln. Andernfalls, fürchte ich, wird es nie dazu kommen, es sei denn, unter Androhung von Gewalt, was ich nicht empfehlen möchte … Sie mit Lebensmitteln und Tabak zu versorgen, ist eine Sache, doch wäre es weit besser, sie aus ihrer jetzigen Umgebung, wo sie jeglicher Kontrolle und Aufsicht entzogen sind, zu verlegen.[69]

Nun, da Schwarz sich von den beiden Männern persönlich verraten fühlte, ließ er seinem Ärger freien Lauf.

> Ich kenne Nicholas und Charlie,[70] die Könige von Barrow Point und Melville, und wenn Sie sich meine Korrespondenz diese Leute betreffend noch einmal ansehen, werden Sie feststellen, daß ich bereits mehrmals darauf hingewiesen habe, daß mit diesen Stämmen nichts anzufangen ist, solange diese beiden Schurken Macht über sie haben … Die beiden Könige werden ihre Geschäfte mit den Japanern und anderen an der Küste entlangfahrenden Seeleuten nie aufgeben, und Billys Einfluß, selbst als »Polizist«, wird nicht ausreichen, um den schlechten Ein-

> fluß der beiden Könige wettzumachen, die auf die Unterstützung der kleinen Siedler und der Vertreter der Bootsbesitzer an der gesamten Küste bauen können.[71]

Schwarz' Mißfallen konnte drastische und dauerhafte Konsequenzen für die Aborigines haben. Fünfzehn Jahre zuvor hatte sich der Missionar schon einmal über King Johnny, Ngamu Binga, vom McIvor River beschwert. Dieser wurde anschließend von Cape Bedford nach Cooktown gebracht und von Sergeant Bodman, dem damaligen Schutzbeauftragten von Cooktown, nach Cherbourg verfrachtet.[72]

Auch diesmal führte seine Beschwerde gegen Nicholas und Harry zu prompten Reaktionen. Der Oberste Schutzbeauftragte Bleakley hatte Guilfoyle bereits vorgeschlagen, die Könige von Barrow Point und Cape Melville zu verlegen.[73] Als er jetzt hörte, daß der Schutzbeauftragte von Laura, D. W. Connell, Nicholas nach seiner Flucht aus der Mission geholfen hatte, wies er ihn scharf zurecht.

> Seit einiger Zeit versucht der Leiter der Cape-Bedford-Mission in Zusammenarbeit mit dem Schutzbeauftragten von Cooktown, die Einheimischen in den Küstenlagern bei Cape Melville und Barrow Point dazu zu bringen, sich im Schutzgebiet der Mission anzusiedeln. Eine beträchtliche Anzahl von Aborigines hat sich in einem Lager bei Point Lookout auf Missionsgebiet niedergelassen, wo sie von einem Aborigine namens Billy, dem ehemaligen Wärter auf der Station für Geschlechtskranke im alten Gefängnis von Cooktown, überwacht wurden, der kürzlich zu diesem Zweck zum Polizisten ernannt wurde. Die Bewohner des Lagers haben seit ein oder zwei Jahren ihre Jahresrationen an Decken und Kleidung über die Mission erhalten, ein Versuch, sie dahin zu locken, wo wir sie

> haben wollten. Bis dahin erhielten sie diese Güter durch den Schutzbeauftragten von Cooktown. Jetzt meldete Billy der Missionsleitung, daß der alte King Nicholas seine Leute wieder nach Barrow Point zurückgebracht habe, wo die Polizei von Laura sie willkommen geheißen, mit Decken, Tomahawks etc. ausgestattet und aufgefordert habe dazubleiben. Diese Menschen hatten erst kurz zuvor ihre Hilfsgüter in Cape Bedford bekommen, was dem alten King Nicholas und Charlie sehr wohl bekannt war. Ich würde sehr gerne erfahren, ob dies der Wahrheit entspricht und, wenn ja, welches die Gründe für dieses Vorgehen sind, das der Arbeit der Mission und meiner Abteilung in den letzten drei bis vier Jahren schweren Schaden zugefügt hat, ebenso dem Versuch, diese Stämme aus ihrer Umgebung herauszuholen, wo sie seit Jahren von japanischen Perlfischern und anderen Leuten mißbraucht und ausgebeutet werden. Die üblen Folgen zeigen sich mehr als deutlich an der Zahl derer, die wegen Geschlechtskrankheiten nach Cooktown gebracht und im dortigen Gefängniskrankenhaus behandelt werden müssen. Ich wäre Ihnen sehr verbunden für einen umgehenden Bericht.[74]

Um sich zu rechtfertigen, schilderte McConnell, was er selbst von dem Plan hielt, die Gruppen von Barrow Point und Cape Melville nach Süden in die Cape-Bedford-Mission umzusiedeln, der bei den regionalen Siedlern keine große Begeisterung hervorgerufen hatte.

> Die erste Mitteilung über die Verlegung der Aborigines aus Cape Melville und Barrow Point nach Point Lookout erhielt ich vor etwa sechs Monaten, als R. Gordon, der derzeitige Besitzer von Abbey Peak Barrow Point, mich

anläßlich eines Besuchs in Laura fragte, aus welchem Grund die Schwarzen aus ihren heimischen Gebieten, Barrow Point und Cape Melville, nach Point Lookout verlegt würden. Ich erklärte Mr. Gordon, mir sei nicht bekannt, daß Aborigines aus Barrow Point oder Cape Melville verlegt würden. Daraufhin teilte er mir mit, daß vor ein paar Monaten ein Aborigine namens Long Billy aus Cooktown nach Cape Melville und Barrow Point gekommen ist und einen Großteil der dortigen Aborigines gezwungen hat, mit ihm nach Point Lookout zu kommen. King Nicholas und eine kleine Gruppe von Aborigines aus Barrow Point weigerten sich, Billy zu folgen, und blieben in Barrow Point. Eine weitere Gruppe von Aborigines blieb in Cape Melville. Später stellte mir ein Mann namens Mr. Instone, der frühere Besitzer von Abbey Peak Barrow Point, ähnliche Fragen wie Gordon und erklärte, es sei eine Schande, diese Aborigines aus ihren heimischen Gebieten und von ihren Jagdgründen zu vertreiben und sie dann nicht einmal in die Mission zu bringen und dort mit Nahrung zu versorgen, sondern sie in Point Lookout praktisch verhungern zu lassen.[75]

McConnell wehrte sich gegen die Unterstellung, den Umsiedlungsplan bewußt behindert zu haben, über den er laut eigener Aussage nicht einmal unterrichtet worden war.

Was Billy der Missionsleitung berichtete, nämlich daß King Nicholas von Barrow Point die Aborigines nach Barrow Point zurückgebracht habe, wo sie von der Polizei in Laura willkommen geheißen, mit Decken, Tomahawks etc. ausgestattet und zum Bleiben aufgefordert worden seien, ist blanker Unsinn. Am Abend des 18.7.27 kam ich nach Barrow Point, um einen Verlegungsbefehl

> für eine Aborigine-Frau namens Dolly und ihre beiden Kinder auszuführen. Dort traf ich mit King Nicholas zusammen, einem Aborigine mittleren Alters, der mir ziemlich intelligent erschien. Als ich Nicholas befragte, erklärte er mir, daß es in Barrow Point nur ein kleines Aborigine-Lager gebe und daß Long Billy eine Gruppe von Aborigines aus Cape Melville und Barrow Point nach Point Lookout gebracht habe, wo sie derzeit ihr Lager hätten. Nicholas teilte mir mit, daß die derzeit in Barrow Point lebenden Aborigines weder Kleidung noch Tabak etc. erhalten hätten. Ich forderte Nicholas auf, am nächsten Morgen alle Aborigines in mein Lager zu bringen, wo ich sie dann mit Decken, Tabak etc. versorgte … King Nicholas berichtete, eine kleine Aborigine-Gruppe befürchte, Long Billy könne kommen und sie gegen ihren Willen nach Point Lookout bringen. Ich erklärte Nicholas, mir sei nichts davon bekannt, daß Aborigines nach Point Lookout gehen müßten, und daß er, wenn er wolle, bleiben und in der Umgebung von Barrow Point jagen könne.[76]

Schwarz' Empfehlungen bezüglich King Nicholas erforderten sofortiges Handeln. Ausgerechnet dem Polizisten aus Laura fiel die Aufgabe zu, den Befehl zur »Verlegung« auszuführen. Die Geschichte ist uns durch den Augenzeugenbericht des alten Yagay überliefert, der die Ereignisse schilderte, die später von Roger Hart rekonstruiert wurden.

Als die Barrow Point People mit ihren Segeln aus Decken von Point Lookout geflohen waren, ging jemand nach Osten, nach Cape Bedford, und berichtete dem Missionar Schwarz davon.

»Alle Yiithuu-Leute sind wieder verschwunden«, sagte er.

»Die beiden Könige haben mich belogen«, sagte Schwarz.

Dann drehte er sich um und schickte eine Nachricht an die Polizei in der Stadt. »Sie sollten diese Könige ergreifen und dafür sorgen, daß sie verlegt werden«, sagte er.

Das war Schwarz' Idee – sie wegzuschicken.

Die Polizei erhielt eine Beschwerde von Schwarz und schickte eine Nachricht nach Westen, an Instone.

»Fordern Sie King Nicholas auf, nach Laura zu kommen. Erzählen Sie ihm, er soll seine Vorräte abholen, Decken, Tommyhawks etc.« Da log er also selbst.

Vom Lager in Barrow Point aus erreichte man die Polizeistation von Laura, indem man immer nach Süden ging. Ich glaube, Instone wußte, was los war, doch der Polizist hatte ihm gesagt, er solle King Nicholas nicht mißtrauisch machen.

Also sagte er bloß: »Tja, King Nicholas. Ich glaube, du solltest mal nach Laura gehen und euer Zeug abholen. Geh nach Süden und hol eure Kleider, Decken, Hosen, eure Angelschnüre und eure Äxte.«

King Nicholas glaubte, was man ihm sagte.

Er ging zurück ins Lager und sagte zu Yagay: »Die Polizei hat mich nach Laura bestellt. Ich soll kommen und die Hilfsgüter abholen, Decken und Kleider. Komm doch mit und leiste mir Gesellschaft.«

Und so brachen sie am nächsten Tag auf. Sie gingen Richtung Wakooka-Station, auf der alten Straße nach Süden. King Nicholas und seine Frau Rosie mit ihrer Tochter Leah und Yagay mit seiner Frau Obibini – das war meine Großmutter.[77] Sie gingen mitten durch Jones's Gap, östlich von Wakooka, und von da weiter nach Süden.

Doch dann fingen die schlechten Vorzeichen an. Erst wurde Nicholas' Frau Rosie krank. Ihre Brust schwoll an und wurde wund. Es war eine Entzündung, eine Art Geschwulst. Sie hatte ihre kleine Tochter Leah bei sich. Es blieb ihnen nichts anderes übrig, als ein paar Tage Rast zu machen, bis es ihr wieder besser ging.

»Gaw, kehren wir lieber um«, sagte Yagay. »Das sieht nicht gut aus.«

»Nein«, antwortete King Nicholas. »Wir gehen weiter.«

Sie behandelten Rosies Brust mit heißem Wasser. Dann brachen sie wieder auf. Immer weiter gingen sie Richtung Süden. Dann trat der alte King Nicholas auf eine giftige Schlange. Sie biß ihn in den Fuß. (Vgl. Farbtafel 7)

Yagay schnitt die Wunde auf und saugte das Gift heraus. Er wußte, wie man Schlangenbisse behandelt. Dann schlugen sie ein Lager auf und machten wieder Rast.

Mittlerweile hatte Yagay große Angst. »Kehren wir lieber um«, sagte er wieder. Irgend etwas versuchte, sie aufzuhalten.

Doch Nicholas hörte nicht auf ihn. »Nein, wir warten nur, bis mein Fuß besser ist, dann gehen wir weiter.«

King Nicholas ruhte sich aus, und nach ein paar Tagen hatte er sich von dem Schlangenbiß erholt. Sie setzten ihren Weg fort. Weiter ging es nach Süden und noch weiter nach Süden.

Da trat King Nicholas wieder auf eine giftige Schlange! Diesmal erwischte sie den anderen Fuß.

Wieder schnitt der alte Yagay die Wunde auf und versorgte sie. Doch seine Angst wurde immer größer. »Gaw! Das ist ein schlechtes Vorzeichen. Wir *müssen* umkehren.«

»Nein«, antwortete King Nicholas. »Wir können nicht umkehren. Wir müssen weiter und den Polizisten aufsuchen.«

Yagay hatte böse Vorahnungen: Diese Wanderung verlief ungut und würde ein schlimmes Ende nehmen. Vielleicht hatte der Polizist vor, sie einzusperren. Er sah sehr schwarz. Irgendwas stimmte nicht.

»Kehren wir um! Kommt schon.«

»Nein, wir gehen weiter.« King Nicholas wollte nicht auf Yagay hören.

Die halbe Strecke lag bereits hinter ihnen. Also machten sie noch mal ein paar Tage Pause und brachen dann wieder auf. Ich glaube, sie kamen durch Battle Camp.

Dann hielten sie sich nach Westen und kamen an der alten Laura-Station vorbei. Schließlich erreichten sie Laura selbst. Sie schlugen ihr Lager auf und machten sich am nächsten Tag auf die Suche nach dem Polizisten.

»Hallo, Nicholas, da bist du ja endlich«, sagte der Polizist. »Na schön, dann komm mal mit.«

Dann wandte er sich an Yagay.

»Schon gut, Douglas«, sagte er zu ihm. »Du kannst hierbleiben und ein wenig Holz für mich hacken.«

Er nahm Nicholas mit auf die Polizeistation und sperrte ihn in eine Zelle.

Yagay ging hinters Haus und hackte einen großen Stapel Holz für den Polizisten. Er hackte und hackte. Er wartete. Dann fing er wieder an, sich Sorgen zu machen.

Jemand brachte ihm was zu essen. Er aß, brachte den Teller zurück und wartete weiter. Er hatte bereits alles Holz gehackt, das da war. Aber er wollte den Polizisten nicht nach Nicholas fragen.

Schließlich beschloß er, es doch zu tun. Er ging zum Haus.

»Wo ist er?« fragte er. »Wo ist Nicholas?«

»Tja, Douglas«, sagte der Polizist. »Am besten gehst du wieder nach Hause. Und nimm seine Missus und das Baby mit.« Er befahl ihm, zu verschwinden und King Nicholas' Frau und Kind nach Barrow Point zurückzubringen.

»Aber wo ist Nicholas?«

»Er kommt nach Palm Island«, sagte der Polizist. »Es ist besser, wenn du jetzt nach Hause gehst. Ich schicke ihn fort.«

Sonst hätte Yagay einfach immer weiter ausgeharrt.

Nicholas war also eingesperrt. Rosie und Yagay weinten um ihn.

Der Polizist hätte Rosie mit ihm nach Palm Island schicken können, doch er sorgte dafür, daß Yagay sie nach Barrow Point zurückbrachte. Später, als sie die gesamte Gruppe von Barrow Point nach Lockhart umsiedelten, war sie dabei. In Lockhart ging sie zu ihren eigenen Leuten zurück. Es war ohnehin ihr Land. Sie starb in Lockhart.

Der alte King Nicholas hatte auf Palm Island dann keine Kinder mehr. Er lebte allein bis zu seinem Tod.

King Harrys Tod erforderte kein Eingreifen seitens der Behörden. Nach der Flucht von Point Lookout schaffte er es nicht mehr, in sein angestammtes Gebiet zurückzukehren. Er wurde krank und starb entweder im Lager von *Iipwulin* oder am *Uwuru* westlich von Instones Farm. Es ist nicht überliefert, ob ihn eine normale Krankheit oder ein langsam wirkender Zauber aus Cape Bedford daran hinderte, seine Heimat ein letztes Mal zu sehen. Später kamen die Angehörigen nach Barrow Point, um seine Knochen zu holen. Angeblich wurden sie auf Flinders Island beigesetzt.

Exil

Nach ihrer Rückkehr nach Barrow Point blieb Yagay und dem Rest von King Nicholas' Leuten nicht viel Zeit, um seine Verlegung zu betrauern. Jetzt, da die beiden Könige aus dem Weg geräumt waren, schlug die Regierung eine härtere Gangart zur Lösung des »Problems« der Barrow Point People ein.

Zunächst planten die Schutzbeauftragten, angestachelt durch Schwarz' Unmut über die »Untätigkeit« der Regierung, mit Unterstützung des Missionars weitere Inspektionsrazzien entlang der Küste im Norden.[78] Doch in den Jahren 1927 und 1928 fanden sie immer neue Vorwände, um diese Expeditionen abzublasen. Entweder war das Wetter zu schlecht, oder es standen keine Mittel für die notwendige Ausrüstung zur Verfügung, oder der Schutzbeauftragte Guilfoyle befürchtete, die anvisierten Fischerboote würden sich einfach aus dem Staub machen, wenn sie die Polizei kommen sahen.[79]

Der Missionar Schwarz seinerseits hatte inzwischen den Gedanken aufgegeben, den Großteil der Barrow Point People offiziell unter seine Fittiche zu bringen. Um 1928 hatte er die »heidnischen« Gruppierungen auf dem Missionsgebiet in eine Outstation am McIvor River verlegt, wo eine kleine Gruppe von Leuten aus dem Norden, angeführt von Long Billy McGreen, in einem Lager lebte.[80] Schwarz beschreibt nicht ohne Ironie die fehlgeschlagenen Versuche, den Rest der Gruppen aus dem Norden in die Mission zu bringen.

> Wir haben keine weiteren Versuche unternommen, den Rest der Barrow Point People und der Leute aus Cape Melville und Flinders Island dazu zu bewegen, sich in unserem Schutzgebiet anzusiedeln, denn mittlerweile scheint es uns völlig klar, daß sie bleiben sollen, wo sie sind, weil es für die Eigner und die Besatzung japanischer Fischerboote und die drei oder vier Viehfarmen an der Küste so am bequemsten ist.[81]

Seine Prognose für die Barrow Point People fällt düster aus.

> Die Hoffnung, je etwas für sie tun zu können, scheint sich zerschlagen zu haben. Man überläßt sie einfach den Japanern und anderen Leuten, die sie nach Belieben ausnutzen.[82]

Roger Hart glaubt, daß Schwarz' Verstimmung über die gescheiterte Eingliederung der Leute aus Barrow Point und Cape Melville ihn dazu bewegte, weitere Aktionen vorzuschlagen. »Er war ein ziemlich rachsüchtiger Mensch. Er wurde böse auf sie und schrieb ans Ministerium, und das war's.«

Mr. Bleakley hatte *Iipwulin* an der Ninian Bay irgendwann Anfang der 20er Jahre besucht. Bleakley war auf der alten *Melbidir* mit einer Crew von Inselbewohnern nach Norden gekommen. Dieses Schiff war bei den Aborigines von North Queensland damals wohlbekannt. Die Leute hatten es bereits entdeckt und identifiziert, als es noch weit weg war. »Boss, Boss«, riefen sie, als das Schiff vor der Küste von Instones Gebiet Anker warf. Bleakley ging an Land und verteilte Decken und Tonpfeifen. Roger Hart, damals noch ein kleiner Junge, hatte beobachtet, wie er östlich von Instones Gebiet ein Stück Land absteckte, und geglaubt, es würde eine Missionsstation werden.

1928 sorgte das Büro des Schutzbeauftragten dafür, daß alle

Aborigine-Seeleute »an der Ostküste zwischen Lockhart River und Cape Bedford in Zukunft nur noch über die beiden Missionen« rekrutiert werden durften,[83] und Bleakley stattete Barrow Point erneut einen Besuch ab. Diesmal hatte er einen ganz anderen Grund: Er kam, um die überlebenden Barrow Point People ins Exil zu schicken.

Roger hörte die Geschichte von Wathi, dem Mann, der vor Jahren seine Mutter aus Barrow Point entführt hatte. Wieder legte das Regierungsboot *Melbidir* in Barrow Point an. Die Truppen trieben alle zusammen, die sie in den Lagern von *Iipwulin* finden konnten – Männer, Frauen und Kinder. Dann wurden sie alle auf das Schiff verfrachtet. Als das Lager geräumt war, setzten sie die *humpies* in Brand. Die *Melbidir* fuhr die Küste hinauf und machte unterwegs immer wieder Halt, um andere Lager auf dem Weg nach Flinders Island auszuheben. Schließlich setzte das Schiff alle Vertriebenen an der alten Waterhole-Mission am Lockhart River aus.[84] (Vgl. Farbtafel 9)

Flucht aus Lockhart

Die Barrow Point People befanden sich in der Waterhole-Mission in einer seltsamen und gefährlichen Lage. Die ungewohnten Umstände ihres Exils behagten ihnen gar nicht, und überdies fürchteten sie, von ihren Nachbarn verhext zu werden. Roger Hart erzählte, »die Leute aus Barrow Point und die Lockhart-Leute [seien] alles andere als Freunde« gewesen. Schon als sie weit voneinander entfernt gelebt hatten, waren die Beziehungen zwischen ihnen feindselig gewesen. Jetzt, da die Barrow-Point-Leute mitten unter ihnen waren, hatten die Zauberer von Lockhart viel zu tun. Die Leute starben. Unter den ersten war Toby Gordons Mutter.

Schließlich beschlossen ein paar Männer zu fliehen. »Allzu

lang durften sie nicht warten, sonst wären sie alle umgekommen.« Albert Rootsey, Diiguul, Yagay und Johnson flüchteten zusammen mit ihren Familien zu Fuß wieder in ihr eigenes Gebiet. Banjo Gordon, der auf eigene Faust nach Lockhart gekommen war, um seine Mutter zu suchen, schloß sich ihnen an. Später begann Toby Gordon, der eine Frau aus Lockhart geheiratet hatte, die Eifersucht seiner neuen Verwandten zu fürchten. Da er obendrein Heimweh hatte, kehrte er mit seiner Frau nach Laura im Süden zurück.

Abschied der weißen Siedler

Zweieinhalb Jahre, nachdem Instone im September 1926 einen Bericht über seine heikle wirtschaftliche Situation eingereicht hatte, verkaufte er Abbey Peak an die Herren Jimmy Stewart und Bob Gordon, die seit 1915 die Starcke-Station bewirtschafteten und zu den erfolgreichsten Viehzüchtern der Gegend gehörten.[85] Auch Maurice Hart dachte daran zu verkaufen. 1932 übertrug er den Pachtvertrag für Wakooka auf seinen früheren Konkurrenten Stewart, der im Laufe der nächsten sechs Jahre zusammen mit den Thompson-Brüdern alle Ländereien in Howick, Wakooka und Barrow Point, aber auch Starcke im Süden und diverse Areale am McIvor River, zu einem riesigen Besitz vereinte.[86] Danach war das Gebiet von Barrow Point nur noch eine Parzelle in einem Landwirtschaftsimperium, das nach und nach das gesamte Gebiet zwischen dem Starcke River und Cape Melville im Norden verschlang, traditionelles Aborigine-Land. Hier lebten Dutzende von Clan-Gruppen, die mindestens sechs verschiedene Sprachen sprachen. Der Viehbestand in diesem Gebiet ließ sich nur mit Hilfe autonomer Viehhüter verwalten,[87] die in der Regel aus den im ganzen Territorium verstreuten Aborigine-Gruppen rekrutiert wurden – manchmal mit Gewalt.

Viehtreiber in den Lagern

Sutton (1993) berichtet, daß Toby Gordon 1929 mit seiner Familie in Waliil lebte, »unmittelbar südlich von Barrow Point«, als »er zur Arbeit bei Bob Gordon und Billy Rootsey auf der Starcke-Station« gezwungen wurde. Toby erzählte Roger, sein älterer Bruder Banjo und er hätte dort zu arbeiten angefangen, als Toby etwa neun Jahre alt war.

Beide Jungen hatten auf Maurice Harts Farm Reiten und Viehtreiben gelernt, nachdem Roger Hart nach Cape Bedford gebracht worden war. Sie waren mit ihrer Gruppe in ihr angestammtes Gebiet zurückgekehrt, nachdem sie aus dem Fischereibetrieb der Mission in Point Lookout geflüchtet waren.

Die Erwachsenen pflegten ihre Kinder zu verstecken, wenn Viehhüter von den Stationen in der Nähe eines Aborigine-Camps auftauchten. Sie lebten stets in der Angst, diese könnten die älteren Jungen zum Arbeiten mitnehmen, und waren davon überzeugt, daß Reiten ein höchst gefährlicher Job war. Als einmal ein Viehhüter von Starcke, ein Weißer namens Billy Wallace, in einem Lager am Strand südlich von Barrow Point vorbeikam, drängten die Leute Toby und seinen Bruder, sich zu verstecken. Doch die beiden sagten: »Warum sollen wir uns verstecken? Wir reiten gern!« Als sie sich sehen ließen, wurden sie ohne viel Federlesens auf ein Packpferd gesetzt und zu Roy O'Shea gebracht, dem Aufseher von Starcke, und der ließ sie dann arbeiten.

Die beiden Jungen kamen in die zu Starcke gehörende Manbara- Station, wo sie ihr neues Leben als halbwüchsige Viehhüter begannen. Auf diese Weise verpaßten sie den Besuch der *Melbidir* und die anschließende Zerstörung des Barrow-Point-Lagers an der Ninian Bay. Als sie hörten, daß ihre Leute von Barrow Point weggebracht worden waren, begann Toby, sich Sorgen um seine Mutter zu machen. Er lief weg und ging zu Fuß nach Cape Melville, wo er ein Schiff bestieg und sich auf die Suche nach seinen Barrow-Point-Angehörigen in Lockhart begab. Er sah seine Mutter noch lebend wieder, suchte sich Arbeit[88] und heiratete später in Lockhart.

Eine ähnliche Geschichte von Kindern, die gezwungen wurden, als Viehhüter zu arbeiten, läßt sich fast zehn Jahre später aus Polizeiberichten über Verlegungen rekonstruieren. Roger Hart, Tulo Gordon und ich besuchten 1984 den mittlerweile verstorbenen Bendie Jack in Melbourne. Bendie war nach dem Zweiten Weltkrieg als erfolgreicher Boxer in den Süden gezogen. Er erzählte uns, daß er als kleiner Junge als Viehhüter auf Starcke gearbeitet hatte. Seine Eltern, die Guugu Yimithirr sprachen,[89] führten noch ein Nomadenleben, als der Junge von Viehhütern aufgegriffen und auf die Farm verschleppt wurde. Bendie wurde schließlich von der Polizei »gerettet« und in die Cape-Bedford-Mission gebracht, wo seine drei älteren Brüder bereits die Schule besuchten.[90]

Roger Hart in der Cape-Bedford-Mission

Um 1923 wurde Roger Hart an Armen und Beinen gefesselt im Krankenhausgebäude von Cape Bedford zurückgelassen. Tulo Gordon war noch ganz klein; er lebte noch nicht im Heim der Mission, sondern bei seinen Eltern, die sich um die Ziegenherde der Mission kümmerten. Im Krankenhaus begegnete Tulo dem kleinen Jungen aus Barrow Point zum ersten Mal: Er war eingesperrt, man hörte ihn »schreien, weinen und gegen die Wände treten«. Roger hätte Tulo um ein Haar sein neugieriges Auge ausgestochen, als er einen Stock durch die Ritzen seines provisorischen Gefängnisses bohrte.

Nachdem er eine Weile bei Tulo gewohnt hatte, wurde Roger schließlich in die Schlafbaracke gesteckt und begann mit der Schule. Es war eine einsame und verwirrende Zeit für ihn. Es gab niemanden, mit dem er in seiner Sprache reden konnte, und er hatte keine Ahnung vom Tagesablauf in der Mission.

»Sie brachten mich nach Norden in die Schlafbaracke. Da gab es eine Katze. Die Jungen redeten mit mir, aber ich verstand sie nicht. Also sagte ich mir, daß es keinen Zweck hatte, mit ihnen zu spielen. Ich holte mir das Kätzchen und spielte mit ihm. Das Kätzchen war mein Freund.«

Die anderen Jungen riefen ihn mit dem einzigen Wort, das sie von seiner Sprache aufgeschnappt hatten.

»Sie konnten meine Sprache nicht, aber ein paar riefen mir immer nach: ›*Arrwala! Arrwala!*‹ Das heißt: ›Komm her!‹ Sie nannten mich auch so: *Arrwala*. Das war das einzige Wort, das sie kannten.

Wir gingen immer nach Westen, um uns unser *damper* abzuholen. Mrs. Schwarz verteilte das Essen. Jeder bekam ein einziges Stück *damper.* Sie schnitt ein d*amper* in acht Stücke. Na schön, ich bekam meinen Anteil und ging weg, um zu essen. Da kamen ein paar von den anderen Jungen hinterher. Und als sie *Arrwala*! riefen, ging ich zurück – ich dachte nämlich, sie würden mir noch ein Stück geben.«

Nach und nach paßte sich Roger an das Leben in der Mission an, obgleich er mit seinem Stammesgenossen und neuen Schulkameraden Bob Flinders häufig Fluchtpläne schmiedete.

Ich zog immer mit Bob herum, und wir wurden wirklich gute Freunde. Er war ein bißchen älter als ich. Wir gingen immer zusammen fischen, und er konnte noch ein paar Brocken von meiner Sprache.

Mit der Zeit gewöhnte ich mich an das Leben in der Mission. Manchmal kam ich ins Grübeln. Dann sagte ich: »Komm, wir hauen ab, thawuunh (mein Freund), nur du und ich.«

»Wohin denn?«

»Zurück nach Hause. Hier haben alle Leute Hunger. Komm, wir laufen weg und schlagen uns den Bauch mit Dugongs voll.«

»Nein«, sagte er dann jedesmal. »Bleiben wir lieber hier.«

Jeden Abend lag ich ihm damit in den Ohren. Ich wollte weg. Doch er sagte: »Nein, bleib hier.« Irgendwann gab ich es auf, ihn zu fragen.

Doch ein paar Monate später fing er davon an. »Was meinst du, sollten wir nicht abhauen?«

»Wie sollen wir das machen?«

»Das sehen wir dann schon. Erst mal hauen wir ab.«

»Nein, nein. Jetzt hab ich mich dran gewöhnt. Ich glaube, wir bleiben lieber hier.« Mittlerweile war ich derjenige, der nicht mehr wegwollte.

»Komm schon«, sagte er. »Was ist mit dem Dugong, den wir essen wollten?«

»Ach, bleiben wir lieber hier.«

Doch wenn Banjo und Toby bei mir in der Mission gewesen wären, hätten wir nicht so lange gefackelt. Wir wären gleich weggelaufen und damit basta!

Ein paar Jahre später, als Mitglieder der Barrow-Point-Gruppe nach Cape Bedford zurückkehrten, um die von der Regierung gestellten Hilfsgüter in Empfang zu nehmen, versuchte Roger nicht mehr, ihnen zu folgen, als sie wieder aufbrachen.

»Ich bin ihnen nicht zu nahe gekommen, weil ich Angst hatte. Ich kannte sie, aber ich wollte keinen engen Kontakt mehr. Auch meine Mutter war damals dabei. Aber diese Barrow Point People – damals habe ich sie zum letzten Mal gesehen und dann nie wieder.«

Obwohl Roger Hart wußte, daß seine Mutter sich im Missionsgebiet aufhielt, hatte er zuviel Respekt vor dem Missionar Schwarz, um sie zu besuchen. Damals war er erst acht oder neun Jahre alt.

Irgendwer erzählte mir, daß meine Mutter in Elim war. Ich überlegte noch, ob ich sie besuchen sollte, aber die andern Jungs sagten: »Geh lieber nicht! Schwarz wird toben!« Wir hatten alle Angst vor ihm.

Eines Abends kamen wir von der Arbeit nach Hause. Zwei Frauen standen da und warteten auf den Missionar. Eine davon war Lizzie McGreen, Yuuniji, die Mutter des jungen Billy McGreen. Die andere war meine Mutter. Wir konnten sie südlich von uns reden hören; sie warteten auf den Missionar.

»Komm her!« rief sie. Ich war mit einem Haufen junger Burschen unterwegs.

»Geh bloß nicht! Schwarz wird dir eine ordentliche Tracht Prügel verpassen«, warnten sie mich.

»Wieso?«

»Wenn er Wind davon kriegt, kannst du was erleben. Geh lieber nicht.«

Ich ging ein Stück hinter den anderen her. Ich wollte rüberlaufen und meine Mutter begrüßen. Sie rief mich immer noch. Aber die anderen sagten: »Tu's nicht!« Also blieb ich bei ihnen. So kam es, daß ich sie nicht mal begrüßte.

Später wurden alle alten Leute von Elim rüber nach Alligator Creek verlegt[91] Auch Billy McGreen ging mit. Meine Entscheidung stand fest. »Ich gehe auch mit.« Eines Samstagmorgens schlich ich mich in aller Frühe davon und besuchte meine Mutter in Alligator Creek.

Damals hatte Rogers Mutter gerade ein Kind zur Welt gebracht, Jimmy Hart. Die beiden Brüder trafen mehrere Jahre später zusammen, als Schwarz den kleinen Jungen abholen und in die Mission bringen ließ. Daraufhin ging Rogers Mutter nach Cooktown, wo sie eine Zeitlang als Waschfrau für einen anglikanischen Geistlichen arbeitete, bevor sie in ihr angestammtes Gebiet im Norden zurückkehrte.

Bis Roger Hart die Schule in Cape Bedford beendete, hatten die anderen ihm noch einen Spitznamen verpaßt.

Mörder

Alle Schulklassen gingen am Wochenende gemeinsam fischen. Manchmal gingen wir runter zum Strand und manchmal rauf zum Kai. Eines Tages kletterten wir auf die Hügel im Norden von Cape Bedford, wo wir über die Klippen direkt zum Wasser runterkraxeln konnten.

Ich ging vorneweg, und hinter mir kamen ein paar andere Jungs. Plötzlich rutschte ich aus und trat einen großen Felsbrocken los. Er polterte hinter mir die Klippen hinunter und traf Jellico[92] knapp über dem Ohr am Kopf. Er stürzte. Das Blut quoll aus der Wunde. Wir mußten ihn zurücktragen.

Da tauften sie mich »Mörder«, aber damals wußte ich noch gar nicht, was das Wort bedeutet.

Während der nächsten paar Jahre kam nur hin und wieder jemand von Barrow Point in Cape Bedford vorbei – Männer wie Barney Warner, Long Billy McGreen und Jackie Red Point. Roger hatte das traditionelle Leben in seinem Homeland längst hinter sich gelassen. Er gehörte einem auserwählten Häufchen von Mischlingskindern in der Cape-Bedford-Gemeinde an, die der Missionar bevorzugt behandelte. Nach Beendigung der Schule arbeitete Roger Hart auf verschiedenen Missionsbooten und zog später in die neue Outstation der Mission in Spring Hill.

Am 2. Juni 1940 heiratete Roger Hart seine Freundin Maudie (geborene Bowen, die Tochter des Kapitäns George Bowen aus Cape Bedford). Die Trauung in Spring Hill wurde von Missionar Schwarz vollzogen. Roger weiß noch, daß er ein grünes Hemd und eine Khakihose trug. Damals war bereits Krieg.

Wenig später erfuhr er von Norman Arrimi, einem berüchtigten Aborigine-Gauner, der ständig auf der Flucht vor der Obrigkeit war, daß seine Mutter nach Flaggy am Endeavour River gekommen war und ihm ausrichten ließ, sie wolle ihn sehen. Zuvor hatte sie bei Lakefield im Norden gelebt und dort noch ein Kind bekommen.[93] Doch Roger schaffte es nicht, sie aufzusuchen, und dann wurde die Cape-Bedford-Gemeinde im Krieg nach Woorabinda umgesiedelt. Er sah sie nie wieder. Sie starb, drei Jahre bevor Roger und der Rest der Cape-Bedford-Gemeinde in die Gegend von Cooktown zurückkehrten.

Kriegszeiten

Die Barrow Point People, die von Lockhart geflohen und in ihr eigenes Gebiet zurückgekehrt waren, waren die letzten Vertreter der Gambiilmugu-warra-Gruppe. Einige ihrer Landsleute waren in Lockhart geblieben, ein paar andere – unter ihnen Long Billy Wardsman und Barney Warner – in Cape Bedford, als der Rest aus Point Lookout geflüchtet war.

Nach der Rückkehr nach Barrow Point fanden sie ihr Land entvölkert – allerdings nicht ganz. Ein Mann war der Verschleppung entgangen. Das war Ngamu Wuthurru, der legendäre bärtige Zauberer. Während die anderen in Lockhart im Exil waren, hatte er buchstäblich mutterseelenallein in Barrow Point überlebt.

Wiedersehen mit Old Man Night

Mein alter ngathi, Ngamu Wuthurru, hatte es geschafft, sich aus dem Staub zu machen, als die übrigen Barrow Point People aufgegriffen und nach Lockhart gebracht worden waren. Er hat Barrow Point nie verlassen, sondern lebte dort ganz allein, wer weiß, wie lange. (Vgl. Farbtafel 10)

Als die anderen von Lockhart flüchteten, kamen sie wieder nach Barrow Point zurück und machten sich auf die Suche nach ihm. Sie suchten überall. Manchmal fanden sie Spuren eines alten Lagerfeuers, nur die Asche. Doch er war schon wieder weg. Also suchten sie weiter. Dann stießen sie auf eine neue Feuerstelle, weniger alt als die erste. Sie kamen ihm immer näher.

Eines Tages fanden sie wieder so ein Lager. »Ah, das Feuer stammt von gestern. Und hier sind seine Fußstapfen.« Sie folgten den Spuren im Sand. Schließlich entdeckten sie ihn. Es war Nachmittag. »Da ist er, da drüben liegt er.«

Er sah sie kommen. Er muß gewußt haben, daß sie ihm folgten. Er wartete, bis sie näherkamen.

»Ah, ihr seid es. Ihr seid also wieder da.«

»Ja, wir sind wieder da. Das Land im Westen ist nichts wert. Zu viele Zauberer, die unsere Landsleute umbringen. Wir hatten Angst, deshalb sind wir weggelaufen.«

So fanden sie ihn wieder.

Anfang der 30er Jahre sprachen die Behörden nicht länger von »Stämmen« in Barrow Point oder Cape Melville. Der offizielle Jahresbericht von 1932, den der Missionar an den Schutzbeauftragten der Aborigines schickte, zeugt von seinem Wunsch, die von der Außenwelt abgeschnittenen Menschen aus einem großen Gebiet in die Outstation der Mission zu bringen.

> Es werden Anstrengungen unternommen, um die letzten versprengten Lagerbewohner, die sich in einer mißlichen und desolaten Lage befinden, aus Stewart River, Cape Melville und Barrow Point herauszuholen und nach McIvor zu bringen.[94]

Aus diesen Anstrengungen scheint nicht viel geworden zu sein, und die »vereinzelten Lagerbewohner« wanderten nach wie vor zwischen den Lagern an der Küste, europäischen Ansiedlungen im Landesinneren und den Minen hin und her, um irgendwie ihren Lebensunterhalt zu bestreiten.

Die wenigen Kontakte, die Roger und andere Missionsbewoh-

9 Brennende Lager in Barrow Point

10 Ngamu Wuthurru allein

11 Buschfeuer in Iipwulin

12 Fog besucht seine Töchter

ner mit ihren Leuten hatten, lassen annehmen, daß die Überlebenden von Barrow Point als Gruppe zusammenhielten, obwohl sie bestimmt viel und weit umherzogen und sich gelegentlich mit Angehörigen anderer Gruppen trafen, die im Busch geblieben waren.

Ein Jagdausflug

1937 gehörte Roger Hart der Mannschaft des Missionsbootes *Pearl Queen* an, die in den Gewässern nördlich von Cape Bedford fischte, nach Kreiselschnecken tauchte und Dugongs jagte. Das Fett der Seekühe wurde in einem eigenen Missionsbetrieb zu Öl verarbeitet.

Sie waren von Cape Bedford aus nordwärts gefahren und schlugen ihr Nachtlager in Cape Flattery auf. Am nächsten Morgen steuerten sie die reichen Dugong-Gründe an der Mündung des Starcke River an. Ein paar junge Männer von der Crew fuhren in einem Beiboot den Fluß hinauf.

Plötzlich bemerkten sie ein paar Frauen, die schnell im Busch verschwanden. Sie fuhren noch etwas weiter und machten das Boot an einem Baum fest. Dann setzten sie sich hin und warteten.

Es dauerte nicht lange, bis südlich von ihnen der alte Wathi, Billy Salt, auftauchte. Er hatte sich im Busch versteckt und sie belauscht. Sie sprachen Guugu Yimithirr.

»Gaw! Wer ist denn das?« rief Old Wathi.

»Wir sind's«, antworteten sie.

Der alte Mann kam näher. »Ihr seid es also!« Er kannte sie, seit sie kleine Jungs in der Mission gewesen waren.

Er machte kehrt, verschwand im Busch und rief die anderen. »Warum seid ihr weggerannt? Diese Leute sind unsere Brüder.«

Die Frauen kamen zurück. Sie hatten befürchtet, die Neuankömmlinge seien Männer von Thursday Island.

Dann kamen die Brüder Albert und Diiguul in ihrem Kanu. Sie hatten zwei Schildkröten dabei, die sie mit Speeren erlegt hatten. Sie zogen das Boot an Land, da wo die Mannschaft vom Missionsboot saß, und fingen an, die Schildkröten zu zerlegen.

Schließlich kamen sie überein, sich an der Flußmündung zu treffen, wo das Missionsboot angelegt hatte. Dort lagerten auch die anderen Mannschaftsmitglieder, und die Barrow Point People kamen den Fluß herab, um sie zu begrüßen. Sogar der alte Yagay kam in seinem Kanu und gesellte sich zu ihnen. So verbrachten sie ein paar Tage zusammen im Lager und teilten das Schildkrötenfleisch miteinander.

Am Ende fuhren die Barrow Point People wieder den Fluß hinauf. Sie wollten zum Lager bei der Manbara-Mine, wo einige aus ihrer Gruppe – der alte Johnson und seine Frau Mary Ann – zurückgeblieben waren, während die anderen auf die Jagd gingen. Das Lager befand sich in der Nähe des heutigen New Hill. Ihre Speere ließen sie für künftige Jagdausflüge zurück und versteckten sie in den Mangroven.

Die Jungen aus der Mission warteten, bis sie weg waren. Dann suchten sie nach den Speeren. Sie stahlen alles, was sie finden konnten, und fuhren wieder zurück nach Cape Bedford.

Etwa fünfzehn Jahre später, als Roger Hart nach dem Krieg den alten Yagay wiedertraf, fragte dieser: »Wer hat eigentlich damals die Speere gestohlen?«

»Ich sagte ihm, wer es gewesen war. Ich selbst hatte nicht mitgemacht – sie hatten mir schon jede Menge gute wurrbuy-Speere geschenkt, aus Grasbaumholz und mit Spitzen aus dem Kernholz der schwarzen Palme. Man konnte diese Speere zum Jagen von Wallabys benutzen, aber auch für Menschen. Die Barrow Point People hatten außerdem gute, mit Widerhaken versehene Kampfspeere. Und sie machten ausgezeichnete *wommeras,* zwei verschiedene Arten. Der alte Ngamu Wuthurru aus Thagaalmunga-warra benutzte eine dünne kleine Speerschleuder. Die *wommeras* von Barrow Point waren breit und flach, glattgehobelt und federleicht.«

Die wenigen Barrow Point People, die den Missionen und den Straflagern entgangen waren, lebten weiterhin in sehr kleinen Gruppen und versuchten sich Ende der 30er Jahre auf oder nahe ihrem Homeland irgendwie über Wasser zu halten. Es gab damals nur noch wenige Erwachsene, und die Kinder mußten buchstäblich alle entweder auf Farmen arbeiten oder in den Missionen zur Schule gehen. Die Bootsmannschaften aus Cape Bedford hatten weiterhin sporadisch Kontakt zu einzelnen Verwandten aus Barrow Point. Gelegentlich kam einer aus dem Norden durch die Lager in Bridge Creek, McIvor oder Spring Hill, wo ungetaufte Aborigines innerhalb des Schutzgebietes von Cape Bedford siedeln durften.

Im Mai 1942 wurde der deutsche Missionar von Cape Bedford von den Militärbehörden verhaftet und, als Angehöriger einer feindlichen Staatsmacht, in ein Internierungslager gesteckt. Fast die gesamte Aborigine-Bevölkerung der Mission wurde in den Süden verlegt, die meisten in die Woorabinda-Siedlung, von Rockhampton aus ein Stück landeinwärts, ein paar ältere Leute aber auch nach Palm Island. Zwar lautete der offizielle Vorwand für ihre Evakuierung, daß man eine Invasion der Japaner im Norden befürchte, doch wurden ausschließlich Aborigines aus der Gemeinde von Cape Bedford verschleppt. Die Aborigines in der Umgebung von Cooktown, die außerhalb des Einflußbereichs des bayerischen Missionars lebten, mußten während des Krieges selbst zusehen, wie sie überlebten.

Die wenigen Cape Bedford People, die das kalte Klima und die ungewohnten Krankheiten in Woorabinda überlebten, warteten im Süden das Ende des Krieges ab. Als Roger Hart Anfang der 50er Jahre nach Cooktown zurückkehrte, sah er die letzten seiner Landsleute, die überlebt hatten, wieder und erfuhr, wie sie die Kriegsjahre überstanden hatten.

Der alte Wathi hatte seit etwa 1936 im Lager von Bridge Creek im Schutzgebiet der Mission gelebt. Als die Soldaten die Leute für den Transport nach Süden zusammentrieben, kamen sie zuerst in die Hauptniederlassung für christliche Familien in Spring Hill. Doch die nicht zur Mission gehörigen Erwachsenen, die in abgelegenen Buschlagern auf dem Territorium der Mission lebten – aber auch ein paar, die gerade auf der Jagd waren, als die Soldaten kamen[95] –, wurden von der Militärpolizei nicht entdeckt; die meisten von ihnen überlebten den Krieg im Norden. Kurz vor und während des Krieges war Flaggy eines der wichtigsten Aborigine-Lager in der Umgebung von Cooktown. Es lag ein Stück stromaufwärts am linken Arm des Endeavour River. Hier fanden Wathi und mehrere andere Gefährten aus Barrow Point Zuflucht.

Dieselbe kleine Gruppe, die von Lockhart nach Barrow Point zurückgekehrt war – Albert, Diiguul, der alte Yagay – lebte isoliert in Guraaban, Brown's Peak. Sie hatte in dieser Gegend ein mehr oder weniger festes Lager, das sie nur zur Jagdzeit verließ.

Als der Krieg begann, sahen die Barrow Point People die ersten Kriegsflugzeuge am Himmel. Sie waren auf dem Weg nach Neuguinea. Die ungewöhnlichen Vorgänge jagten ihnen Angst ein. Viel erschreckender aber war, daß ihre eigene Anzahl immer geringer wurde. Diiguul war bereits in Guraaban gestorben. Später erzählte Yagay Roger Hart: »Alle bama starben. Wenn der letzte starb, wer sollte ihn beerdigen? Deshalb haben wir das Land bama-mul [ohne Besitzer] verlassen.« Schließlich zogen auch sie nach Flaggy, um sich anderen Verwandten anzuschließen. Nach dem Krieg wurden alle, die so verstreut in entlegenen Lagern lebten, in einem neuen Schutzgebiet für Aborigines zusammengeführt. Als die Leute aus Cape Bedford in die Gegend von Cooktown zurückkehrten, fanden sie dort ihre Angehörigen, die überlebt hatten. Hier sah Roger Hart Yagay wieder und entdeckte die Geschichten seines Volkes neu.

»Er saß Stunden und Stunden da und erzählte mir Geschichten. Ich interessierte mich brennend dafür. Er sprach meine Sprache, aber ich hatte einiges davon vergessen. Er redete immer weiter, und mit der Zeit kam alles wieder. Banjo kannte diese Geschichten auch, aber manchmal brachte er sie durcheinander. Der alte Yagay dagegen wußte alles.«

Nach und nach starben die letzten Überlebenden aus den ursprünglichen Barrow-Point-Lagern. Einige lebten wie Johnson und Yagay völlig mittellos im Schutzgebiet von Cooktown. Albert starb auf Boiling Springs, einem Anwesen in der Nähe des heutigen Hopevale, wo er während des Krieges einige Zeit gelebt hatte. Jackie Red Point starb kurz vor Ausbruch des Krieges in Cooktown und hinterließ keine Nachkommen. Old Billy McGreen, ein langjähriger Bewohner von Cape Bedford, war bereits 1937 gestorben. Angeblich war er nach seiner langen Tätigkeit als Fährtensucher für die Polizei einem Zauber zum Opfer gefallen. Ngamu Wuthurru starb während des Krieges in Barrow Point und wurde auf seinem Stammesgebiet in *Thagaalmungu* bestattet.

Rogers Aborigine-Vater war einige Zeit zuvor in Bathhurst Head[96] gestorben. Damit gehörte er zu den letzten Menschen, die in dieser Gegend starben, ehe die übriggebliebenen Barrow Point People nach Flaggy im Süden flüchteten. Barney Warner, der in die Cape-Bedford-Gemeinde eingetreten war und sich während des Krieges in Woorabinda lutherisch hatte taufen lassen, starb in der wieder aufgebauten Hopevale-Mission.

Auch Roger Harts Spielkameraden leben nicht mehr. Banjo starb in Hopevale, wo er auch begraben wurde. King Nicholas' Tochter Leah starb nach langer Krankheit in Cooktown im Krankenhaus von Cairns.[97] Charlie Monaghan, der das neue Hopevale nach dem Krieg besucht hatte, starb in den 50er Jahren auf Palm Island. Toby Gordon starb um 1979 in Mossman.

Roger Hart hat alles darangesetzt, sich über seine Landsleute und ihre in ganz Queensland verstreuten Nachkommen auf dem laufenden zu halten. Einige lebten in Lockhart, wo sie starben oder ihr Homeland vergaßen, andere, wie King Nicholas, wurden in Strafkolonien im Süden verbannt. »Es muß dort Kinder gegeben haben, aber sie wissen nicht, woher sie stammen.« Viele Leute aus Rogers alter Heimat wurden nach Süden verschleppt und sind dort spurlos verschwunden. Im Krieg lernte er in Cherbourg einen Mann namens Arthur Sundown kennen, der behauptete, sein Vater stamme aus Barrow Point, habe jedoch die Sprache verlernt. Andere, die als Kinder in Schutzgebieten und Missionen ein neues Leben kennengelernt hatten, »interessierten sich nicht« für ihre Barrow-Point-Wurzeln oder hatten sie gegen eine neue Identität eingetauscht.

»Ich glaube, der einzige bama, der noch da ist, bin ich.«

Teil 4

Rückkehr nach Barrow Point

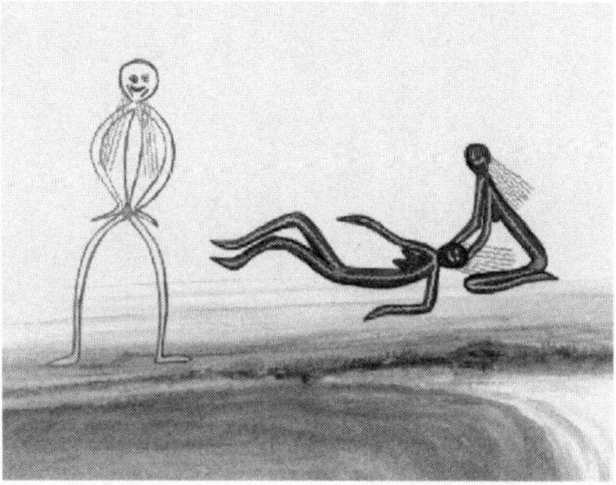

Iipwulin

Allmählich waren wir wie besessen von der Idee, nach Barrow Point zurückzukehren. All unsere Gedanken und Träume, in denen wir uns mit der Sprache von Barrow Point beschäftigten, kreisten um Rogers Homeland, guwa (im Westen), auf das er seit seiner Kindheit keinen Fuß mehr gesetzt hatte. Buschfrüchte, Austern in Hülle und Fülle, Dugongs in den Sümpfen und wildwachsende Yamswurzeln – all das rief Rogers Erinnerungen an den Hunger in seiner Kindheit wieder wach.

Ende der 70er Jahre wurden alte Wege durch den Busch wieder freigeräumt. Wagen mit Allradantrieb, vollgepackt mit Angelgerät, bahnten sich den Weg von Cairns im Norden nach Cooktown und darüber hinaus. Eine Reise nach Barrow Point schien endlich möglich. Im Frühjahr 1980 nahmen Roger, Tulo Gordon und ich zusammen mit einigen alten Männern aus Hopevale an einer motorisierten Expedition nach Cape Melville teil. Dabei mußten die beiden Wagen einen zugewachsenen Pfad freifahren, der seit zwanzig Jahren nicht mehr benutzt worden war und durch verlassene Viehfarmen am Starcke River bis zum nördlichsten Zipfel von Cape Melville führte. Wir überquerten den Jeannie River, bahnten uns einen Weg nach Cape Bowen, überwanden Jones's Gap und fuhren hinunter zur Wakooka-Station. Dort aßen wir köstlichen Wildschweinbraten, fuhren dann weiter über Sanddünen und durch Salzpfannen – auf denen frische Hufspuren von Wildpferden zu erkennen waren –, bis wir an die Küste bei Cape Melville gelangten, wo sich die Knochen des riesigen Regenwald-Python in einen gewaltigen Berg schwarzer Felsbrocken verwandelt hatten. Unser Führer war damals Pastor George Rosendale, ein lutherischer Geistlicher und ein Enkel jener Frau aus Bloomfield River, die zu Beginn des Jahrhunderts mit ihrem Mischlingskind zur Cape-Bedford-Gemeinde geschickt worden war. In den 50ern war Pastor George einer der besten Viehtreiber von Hopevale gewesen. In Starcke hatte er mit dem Bulldozer viele alte Wege freigeräumt, denen wir nun folgten. Als nach mehreren Wochen im Busch Zucker, Tabak und Sprit zur Neige gingen, kehrten wir nach Hopevale zurück, ohne überhaupt zu versuchen, bis nach Barrow Point vorzudringen.

Seitdem hatten Roger, Tulo und ich Pläne geschmiedet, Rogers Geburtsort eines Tages doch noch zu erreichen. Wir erkundigten uns bei erfahrenen Viehtreibern, die vor dreißig Jahren in der Gegend gearbeitet hatten, wie man am besten nach Barrow Point kam. Der alte Viehpfad, an den sich einige erinnerten, war mittlerweile bestimmt überwuchert und von Wasserläufen durchbrochen. Mehrere Leute erboten sich, uns in einem zweiten Wagen zu begleiten, doch am Ende machten alle wieder einen Rückzieher, entweder weil ihre Autos defekt waren oder weil sie anderes vorhatten. Also beschlossen wir, allein aufzubrechen, zwei Sechzigjährige und ein Greenhorn von Yankee. Zunächst wollten wir wieder zur verlassenen Wakooka-Station fahren und von da aus einem alten Pfad hinunter zum Rocky Waterhole am Wakooka Creek folgen. Von dort aus wollten wir uns durch einen beeindruckenden Mangrovensumpf, in dem die Viehtreiber angeblich einmal ein Massengrab mit vielen Schädeln entdeckt hatten, der auf ein Massaker hindeutete, bis zur Küste durchschlagen.

Wenn wir das erst einmal geschafft hatten, überlegten wir, wäre es ein leichtes, die paar Meilen bis Barrow Point zu Fuß am Strand entlang zurückzulegen. Sechzig Jahre zuvor war Roger Hart denselben Weg gegangen, als seine Verwandten ihn nach

Instones Haus von Uwuru aus gesehen

Cape Bedford in den Süden brachten. Er war nie wieder zurückgekehrt.

Nach mehreren Wochen Planung brachen Roger Hart, Tulo Gordon und ich am 29. September 1982 von Hopevale Richtung guwa – (Nord)westen – auf. Wir hatten uns vom Australian Institute of Aboriginal Studies einen klapprigen Toyota geliehen und mit Proviant beladen: vorgeschnittenes Brot vom deutschen Bäcker in Cooktown, Butter und Büchsenfleisch, Mehl, Zucker, Tee, Backpulver, Tabak, Milchpulver, mehrere geborgte Benzinkanister, ein altes Gewehr Kaliber .22 und eine Handvoll Patronen, unsere *swags*, in die wir eine Tasse, einen Löffel und einen Blechteller eingewickelt hatten, ein paar große, zu billycans umfunktionierte Milchdosen, Angelschnüre und -haken, eine Packung gefrorener Garnelenköder, die im Nu aufgetaut waren,

Streichhölzer und ein kleiner Kassettenrecorder samt einem Vorrat an Kassetten und Batterien. In meinem Rucksack steckte eine topographische Karte von Cape Melville und Barrow Point. Den langen Fischspeer mit den vier scharfen Widerhaken, den wir Tulos Enkeln abgeschwatzt hatten, befestigten wir auf dem Gepäckträger des Wagens. Roger warf auch noch eine *wommera* auf den Rücksitz.

Wir verließen die Mission über die Schotterstraße Richtung Norden, überquerten den McIvor River, dann den Morgan River, der neben der Outstation der Mission am Mount Webb verlief, und fuhren dann weiter durch den riesigen Starcke-Besitz. Der Frühling hatte gerade begonnen, und die Straße war noch nicht ganz trocken. Trotzdem wirbelten wir riesige Staubwolken auf, als wir an 12-Mile vorbeikamen. Wir hatten uns vorgenommen, unser Nachtlager am Starcke River aufzuschlagen, einige Meilen von der Mündung entfernt, wo der Fluß hinter ein paar Lagunen, die Bluewater genannt werden, eine scharfe Biegung macht. Dort hatten wir auch das letzte Mal kampiert. Kurz vor Sonnenuntergang kamen wir, in Staub eingehüllt, dort an und erinnerten uns an die dicke, einen halben Meter lange Meeräsche, die wir vor zwei Jahren mit dem Speer aus dem Fluß geholt hatten.

Rasch schlugen wir unser Lager auf, machten Feuer, um Wasser zu kochen, rollten unsere *swags* aus und liefen hinunter zum wirbelnden Wasser des Starcke River. Dort setzten wir uns weit genug vom Ufer entfernt hin, um nicht von einem Krokodil überrascht zu werden, und warfen die gekauften Köder aus, um unser erstes Abendessen zu fangen.

Roger erinnerte sich, wie er als Kind das erste Mal an die Mündung des Starcke River kam. Er und seine Familie hatten die Hälfte der langen Strecke von Barrow Point nach Cape Bedford schon hinter sich.

»Alle bama kampierten hier im Osten, genau nördlich der

Flußmündung, an einem kleinen Strand. Dort versammelten sich Leute aus Barrow Point und auch aus Galthanmugu.[1] Wir machten da ein paar Tage Rast auf dem Weg von Westen.«

»War es hier, wo die Kinder angefangen haben, dich wegen dem›Bart‹ aufzuziehen?« fragte ich.

»Nein, das war weiter im Osten.«

»Bei Mangaar[2] also?« meinte Tulo.

»Nein, noch weiter östlich. Wir spielten mit Speeren, die aus abgebrochenen Halmen von jigan-Gras gemacht waren. Wir bewarfen uns gegenseitig damit. Na ja, im Übereifer habe ich wohl einen von den anderen etwas zu hart getroffen. Er drehte sich um und sagte hämisch: ›Armer Kerl! Sie bringen dich zu dem weißen Mann im Süden.‹«

»Ich hatte keine Ahnung, was er meinte. Ich hielt es für einen Scherz. Aber als sie mich dann weiter östlich nach Bedford brachten, wurde es mir klar, und ich weinte und weinte.«

»Wie viele Leute aus Barrow Point waren damals dabei?«

»So um die dreißig, glaube ich, vielleicht sogar mehr. Viele waren nicht mitgekommen. King Nicholas war mit seiner Familie in Barrow Point geblieben. Toby Flinders war auch nicht dabei. Aber viele Kinder und junge Männer und Frauen. Toby Gordon und ich haben unterwegs miteinander gespielt.«

»Warst du der einzige Mischling?«

»Ja. Außer mir gab es keinen. Mich ließen sie bei den Missionaren, die anderen Kinder nahmen sie alle wieder mit. Als Toby Gordon und sein Bruder die Kinder in der Mission sahen, wollten sie bleiben. Sie fragten, warum nur die Kinder dableiben dürfen, die so eine Hautfarbe haben? Sie wollten auch dableiben.«

»Sind die beiden jemals in die Mission gekommen?«

»Nein, thawuunh,[3] erst als sie nach dem Krieg aus Woorabinda zurückkehrten. Da sind sie dann gekommen. Banjo ist in der Mission gestorben. Sein Bruder Toby blieb noch eine Weile, aber er hatte eine Frau aus Lockhart geheiratet, und als sie zurückwollte, ging er mit. Er ist nie wieder in die Mission zurückgekehrt.«

»Und sie waren deine Spielkameraden in Barrow Point?«

»Ja, wir haben immer zusammen gespielt. Banjo war etwas älter, dann kam ich und dann Toby. Und Nicholas Wallace und Hector Wallace auch noch, die waren damals noch klein.[4] Und noch ein paar andere. Wer weiß, was aus ihnen geworden ist? Sogar der alte Harrigan[5] trieb sich im Lager herum – das hat mir Toby Gordon erzählt. Das war aber, als ich schon weg war.«

Später, als wir unser Brot, frischen, gebratenen Fisch und süßen Milchtee verdrückten, erzählte Roger von den Erwachsenen seiner Kinderzeit in Barrow Point.

»Old Man Barney Warner, *Wulnggurrin*, pendelte ständig zwischen Barrow Point und Cooktown hin und her[6] Er war mein Onkel, *urrbithu athunbi*, und damals schon ein richtiger Mann. Als er bei Instone im Lager lebte, hatte er eine Frau, die Mutter von Tommy Christie, Magurru hieß sie. Dann ging er zur Arbeit auf die Schiffe. Und da kam mein ›Neffe‹, Old Man Christie, und stahl Barney die Frau, obwohl ihr Mann noch lebte.«

»Welche erwachsenen Männer gab es noch?«

»Also abgesehen von Barney gab es noch den alten Charlie Angry. Manchmal nannten sie ihn auch Charlie Hungry. Später ist er am Kai in Cairns ertrunken, als ihm jemand eine Flasche über den Kopf gezogen hat. Er hatte Nambaji geheiratet, nachdem ihr erster Mann Mundy gestorben war. Dann ertrank er, und Old Man Jackie Red Point heiratete sie. Ich kannte Old Charlie noch aus Barrow Point. Später traf ich ihn wieder. Banjo Gordon und er arbeiteten auf einem Schiff, das *Noosa* hieß. Sie versorgten die Viehtreiber oben in Port Stewart mit Vorräten.

»Damals arbeitete ich selbst schon auf der *Ramona*, die der Mission gehörte. Wir lagen in Cooktown, als die *Noosa* einfuhr.

Jemand erzählte mir, daß auf dem Boot Leute aus Barrow Point sind.

Also ging ich nach Norden zum Kai. Ich stand an der Ostseite des Kais. Und da sah ich Charlie Hungry von Westen kommen. Ich konnte ihn genau erkennen.

›Hallo, Kumpel‹ sagte ich.

Er hat mich nicht wiedererkannt und ging weiter nach Osten. Ich sagte ihm nicht, wer ich war. Ich ging einfach nach Westen, um in das Boot hineinzuschauen.

Neben dem Herd lag Banjo. Er rief: ›Komm her! Komm her!‹Ich ging hin, und wir unterhielten uns. ›Hast du Charlie Hungry getroffen?‹ fragte er.

›Ja, ich hab ihn im Süden gesehen.‹

Dann erwähnte er meinen Namen: ›Wenn du Roger Hart siehst, sag ihm, daß du mich getroffen hast. Sag es auch Bob Flinders und allen meinen Leuten. Aber vor allem Roger Hart‹, sagte er.

Da stand ich vor ihm, Roger Hart, und sollte mir selbst was ausrichten!

›Weißt du, wer ich bin?‹ fragte ich ihn.

›Nein, ich kenne dich nicht.›

›Mann, ich bin Roger, ich bin *Urrwunhthin*!‹

›Du bist es wirklich?‹

Da haben wir uns umarmt.

Das war um 1938, und es war das erste Wiedersehen, seit wir uns am McIvor River verabschiedet hatten, bevor sie mich in die Schule brachten.

Genau wie Nicholas Wallace.[7] Mit ihm habe ich das letzte Mal am Jeannie River gespielt. Das sind wir von Baum zu Baum gesprungen. Als wir uns später in der Cape-Bedford-Mission wiedertrafen, habe ich ihn nicht erkannt. Er war mächtig gewachsen.«

Am nächsten Morgen brachen wir wieder auf. Seit unserer ersten Fahrt vor zwei Jahren hatten offensichtlich noch andere Fahrzeuge die Strecke genommen, wahrscheinlich Fischer aus Cairns. Diesmal mußten wir nicht mehr am Ufer des Jeannie River entlangfahren oder die Straße aufschütten, wo angeschwollene Flüsse sie weggespült hatten.

Gegen Mittag erreichten wir die verlassene Wakooka-Station. Wir folgten dem Wakooka Creek bis zur Küste und schlugen unser Lager am Rocky Waterhole auf, wo wir auf frische Spuren von einem Fischerlager stießen.

In der Morgendämmerung des 1. Oktober 1982 ließen wir unseren LandCruiser auf einer Sanddüne über einer großen, von Mangroven gesäumten Salzpfanne bei der Mündung des Wakooka Creek stehen. In Anbetracht des langen Marschs hatten wir Brot, Mehl, Tee, Zucker und Angelzeug in unsere *swags* gepackt. Tulo, der von uns dreien am besten schießen konnte, schulterte das Gewehr. Roger nahm den Speer. Ich schleppte ein paar Liter Trinkwasser, meinen Kassettenrecorder und Ersatzbatterien.

Nachdem wir stundenlang einen begehbaren Weg durch die Mangroven gesucht hatten, kamen wir schließlich an den Strand. Von da aus konnten wir den Berg erkennen, der sich dreizehn Kilometer weiter nördlich über Barrow Point erhob. Roger erinnerte sich nur an ein großes Flußbett, das wir auf dem Weg dorthin überqueren mußten. Wir brieten den Laubenwallnister, den Tulo in der Salzpfanne erwischt hatte, aßen und marschierten dann zügig weiter. Ein kräftiger Südwestwind blies uns aufs rechte Ohr. Wir wollten an der Mündung sein, bevor die Flut kam.

Der Marsch zog sich in die Länge, und der Wind machte jede Unterhaltung unmöglich. Roger watete mit dem Speer in der Hand durch die kleinen, windgepeitschten Wellen am Strand und suchte nach etwas Eßbarem. Ich weiß nicht, ob er dabei an früher dachte. Tulo war schlecht gelaunt, durstig und kurzatmig; trotzdem blieb er an einer Sanddüne im Norden von Saltwater Creek stehen und bückte sich nach einem Stück gambarr – Pech, das man zum Herstellen von Speeren benutzt und das auf ein altes bama-Lager in der Nähe hinwies. Er steckte es in die Brusttasche zu seinem Tabak.

Es war später Nachmittag, als wir das Ende des Strandes erreichten und den felsigen Hügel vor Barrow Point hinaufzuklettern begannen. Zumindest der Karte nach war es Barrow Point. Doch als wir den Gipfel erreichten und uns umsahen, während die Sonne über den Mangroven unterging, war Roger verwirrt und unsicher.

»Das ist nicht die richtige Stelle, thawuunh«, murmelte er, während ich die Karte studierte und Tulo hungrig und ungläubig vor sich hin brummte. »Hier war ich noch nie.«

Mittlerweile war unser magerer Wasservorrat zur Neige gegangen. Also gab es keinen Tee mehr. Wir waren von dem langen Marsch völlig erschöpft. Wo war das alte Lager, wo die Wasserquelle und der bulgun, der Windschutz, den man uns versprochen hatte, um unsere *swags* auszurollen?

Tulo und ich saßen mit langen Gesichtern da, während Roger den Horizont verzweifelt nach irgendeiner Landmarke absuchte, die ihm bekannt vorkam. Ob wir am Strand weitergehen sollten? Vielleicht kam ihm an der dunklen Silhouette der Mangroven im Westen, die nun mit den Schatten der Nacht verschmolz, doch etwas vertraut vor, denn plötzlich sagte er: »Hier entlang«.

Wir rappelten uns auf und trotteten in der einbrechenden Dunkelheit den felsigen Hang hinunter. Anscheinend waren wir auf einem alten Viehpfad gelandet, der an einem Mangrovensumpf entlang nach Westen zu einer grasbewachsenen Ebene führte. Wir marschierten im Dunkeln weiter. Roger ging mit wachsender Zuversicht barfuß durch Schlamm und Sand voraus. Wir stießen auf ein Flüßchen, schmal aber tief. Als wir es mühsam durchquert hatten, standen wir an einem einsamen Strand. Der Mond schien nur schwach.

»Ich glaube, hier ist es, thuway«,[8] sagte Roger zu Tulo.

Wir hätten ohnehin nicht weiter gekonnt. Mit ausgetrockneter Kehle, ohne einen Tropfen Wasser, rollten wir neben einem erbärmlichen Lagerfeuer unsere *swags* aus. Roger riet mir, den Durst einfach zu ignorieren. »Wenn du Hunger hast, thawuunh, dann iß. Wenn ich ein bißchen Durst habe, kaue ich nur ein Stück Brot.«

Er lächelte. »Keine Sorge, morgen werden wir da drüben im Westen Wasser finden. Der Fluß am Ende der Ninian Bay kommt von hoch oben und hat immer Wasser. Etwas weiter flußaufwärts ist es auch trinkbar. Nur unten am Strand, wo die Krokodile sind, ist es brackig.«

Das war nicht gerade ein Trost. »Ich habe Rückenschmerzen«, klagte Tulo. »Meine Beine sind müde. Morgen muß ich erstmal eine halbe Meile schwimmen!«

Nur Roger war fröhlich. »Mir geht es richtig gut. Mir tut nichts weh, ich bin nur müde«, erklärte er.

Ein Vogel flog über unsere Köpfe hinweg und stieß im Dunkeln einen Schrei aus. »›Mein Landsmann ist gekommen‹, sagt er.« Jetzt war Roger sicher, daß wir sein Homeland erreicht hatten.

Wir saßen vor dem flackernden Feuer und dachten ans Essen. Tulo murmelte, wir seien weitab von jeglicher Zivilisation. In Hopevale hatten wir darüber debattiert, daß man etwas unternehmen müßte, um die Landrechte der Aborigines in anderen Teilen des Landes zu sichern. Doch jetzt meinte Tulo, selbst wenn bama ein derart tief im Urwald gelegenes Gebiet zurückbekämen und auf dem Seeweg versorgt würden, würden sie wahrscheinlich nur wenige Tage hierbleiben und dann wieder zurückkehren. Man müßte ein richtiges Vorratslager anlegen. »Sogar der alte Muuni« – damit meinte er den Missionar in Cape

Bedford – »hat das meiste Fleisch als Vorrat eingepökelt, wenn er ein buligi (Rind) schlachtete«, sagte er.

»Sobald das Wasser zurückgeht«, erklärte Roger, »sieht man die Klippen im Meer. Die Mangroven hier im Westen sind nicht so wie die, durch dic wir vorhin gekommen sind. Hier gibt es nur wenige. Da drüben an der Spitze ist noch ein kleiner Strand. Keine Sorge.« Er zeigte nach Westen, wo ein rauher Felsen aus dem Meer ragte. »Morgen haben wir genug zu essen. Die Klippen da drüben sind voller Austern.«

Wir warfen unsere Angelschnüre aus, in der Hoffnung, etwas zu fangen. Wir hatten nur die alten Köder, die noch am Haken hingen. Während wir darauf warteten, daß Fische anbissen, wurden Rogers Erinnerungen deutlicher. Allmählich ging ihm auf, warum wir uns verlaufen hatten.

»Anscheinend sind das die letzten Schraubenpalmen hier. Früher gab es die hier in rauhen Mengen. Die anderen müssen abgestorben sein. Und da drüben, weiter östlich, gab es auch ein paar Kokospalmen.

Es macht gar nichts, daß wir nicht versucht haben, um die Spitze von Barrow Point herumzugehen. Ich dachte immer, die Leute meinen unser Lager, wenn sie von Barrow Point sprachen. In Wirklichkeit meinten sie das da drüben im Osten. Unser Lager war aber hier, an diesem Strand.«

»Gibt es denn in unserer Sprache keinen Namen für Barrow Point?« fragte Tulo.

»Ich glaube, es wurde *Wayamu*[9] genannt. Die kleine Insel da im Norden heißt Mulganhbigu. All das ist mein Land, von hier aus ins Landesinnere und nach Süden.« Inzwischen war er überzeugt, daß sich auf der anderen Seite des Hügels im Westen die alte Station befand, wo der weiße Siedler Instone gelebt hatte.

»Früher führte ein sehr guter Pfad dorthin. Das bama-Lager lag auf dieser Seite. Hier im Süden gab es einen großen Sumpf.« Roger versprach, daß wir morgen dort Trinkwasser finden würden.

»Auf Instones Gebiet wohnten nur wenige Leute«, fuhr er fort. »Die meisten lebten hier im großen Lager von *lipwulin.* Hier bin ich geboren.«

Roger erzählte uns von den alten Leuten im Lager und wie man sie nach Lockhart gebracht hatte. Plötzlich hielt er inne und lachte ein wenig verlegen. »Besser, ich nenne die Toten nicht beim Namen, sonst tauchen sie noch auf und packen uns am Kragen.«

»Sie würden uns nicht wiedererkennen«, entgegnete Tulo. »Außerdem bin ich auch ein australischer bama!«

Roger trat nach einer alten Bierflasche, die halb im Sand vergraben lag. Das Etikett war in der Sonne verblichen. Ein stummer Zeuge dessen, daß Fremde hier ihr Lager aufgeschlagen hatten – vielleicht Fischer von vorbeifahrenden Fangschiffen.

»Wie, meinst du, ist das hierher gekommen, thawuunh? Viehtreiber aus dem Süden? Ach, es macht mich traurig, das alles wiederzusehen.«

Vom Osten her wehte eine frische Brise und weckte weitere Kindheitserinnerungen. »Als ich klein war, thawuunh, blies derselbe Ostwind. Das ganze Lager war dort drüben, etwas weiter westlich.

Kennst du ›Kerosingras‹? Davon gab es hier eine Menge – vielleicht ist es noch da. Sie befahlen mir immer, das Gras abzubrennen.

›Geh nach Osten und zünde das Gras an, mach mal wieder richtig Ordnung.‹

Also ging ich los und zündete es an. Aber die Flammen schlugen im Ostwind hoch. Sie breiteten sich schnell aus und verbrannten sämtliche *humpies.* Unsere Hütten waren aus Teebaumrinde und brannten wie Zunder.

Ich kann mich noch genau daran erinnern. Es sieht noch genauso aus wie früher.« (Vgl. Farbtafel 11)

Doch nun mußte Rogers Schwärmerei für sein Homeland

warten, bis wir uns ausgeruht und Wasser zum Teekochen gefunden hatten. Wir bereiteten uns auf die Nacht vor. Um nicht von Roger ausgestochen zu werden, erzählte Tulo jetzt ebenfalls eine Geschichte und verknüpfte sie gleich mit einem praktischen Ratschlag.

»Schlaf nie ungeschützt am Strand, thawuunh. Da könnten Krokodile herumlaufen, weißt du.

Ich kann mich erinnern, wie wir einmal in Cape Flattery Schildkröten jagten. Wir hatten mit dem Speer eine große Schildkröte erlegt und ließen sie am Strand liegen, als wir uns schlafen legten.

Am nächsten Morgen entdeckten wir überall Spuren von einem Krokodil – soo groß.« Er breitete die Arme weit aus. »Ehrlich! Und wir haben seelenruhig geschlafen. Das Krokodil war bis zu uns gekommen, um sich die Schildkröte zu holen. Keiner hat es bemerkt. Es hat die Schildkröte einfach mitgenommen. Wäre sie nicht gewesen, hätte sich das Krokodil womöglich einen von uns geschnappt.«

Als ich am nächsten Morgen aufwachte, schlief Tulo noch. Roger war nirgends zu sehen. Spuren von einem Krokodil gab es nicht, dafür jede Menge frische Wildschweinspuren. Ich sah mich um. Das Meer war ruhig, die Wellen plätscherten am Ufer gegen die Felsen, die wie Platten aus gehärtetem Lehm wirkten. Der Strand erstreckte sich vier, fünf Kilometer weit nach Osten; von da waren wir in der Nacht zuvor gekommen. Mangroven verdunkelten das Ende des Strandes, und ein Stück nördlich von Barrow Point war eine kleine Insel zu sehen. Im Westen fiel der felsige Hügel bis zum Wasser ab, und ein paar vorgelagerte Felsbrocken türmten sich im Wasser auf. Der Hügel mußte an die hundert Meter hoch sein.

Im Süden gab es dichte Vegetation. Dort befand sich vermutlich der Sumpf, an den Roger sich erinnerte. Während ich mich umsah, tauchte er auf. Er hatte zwei volle Wasserflaschen in der Hand und grinste übers ganze Gesicht.

»Ist zwar ein bißchen brackig, aber man kann es trinken«, verkündete er. Da er nicht schlafen konnte, war er schon in aller Frühe aufgestanden, um die Umgebung zu erkunden. Zwar hatte er nicht die Trinkwasserquelle gefunden, an die er sich erinnerte, dafür aber den Sumpf. Nachdem er etwas getrunken und sich gewaschen hatte, kam er jetzt euphorisch zu uns zurück.

Wir standen auf, genossen ein königliches Frühstück aus altem Brot und frischem Tee und machten uns dann auf, um Rogers Homeland zu erforschen.

Beim Lausen

Während Fog mit dem Schädel des riesigen Dingo Unfug machte, blieben die beiden Magpie-Brüder zurück und machten sich über das restliche Fleisch her. Als sie alles aufgegessen hatten, dauerte es lange, bis sie wieder Hunger hatten. Irgendwann beschlossen sie, erneut auf die Jagd zu gehen, und brachen in Richtung Süden auf. (Vgl. Farbtafel 13)

Die beiden Magpie-Brüder waren tüchtige Jäger. Das lag vor allem daran, daß man sich früher nicht an die Beute heranpirschen mußte. Man brauchte sich den Tieren nur zu nähern und sie mit dem Speer zu töten.

Die beiden Brüder kamen nach Süden und sahen sich um. Der eine entdeckte eine große Herde. Es waren rote Känguruhs, eine ganze Menge, und Wallaruhs.

»Wo ist das minha?«

»Da drüben. Komm, wir schnappen uns welche.«

Sie gingen auf die Känguruhs zu, die nicht grasten, sondern einfach im Schatten lagen und sich ausruhten. Die Magpie-Brüder gingen schnurstracks auf sie zu. Aber als die Tiere sie sahen, sprangen sie auf und liefen davon.

Die Brüder hielten Ausschau nach einer anderen Herde, aber da war es dasselbe: Sobald sie näherkamen, liefen die Tiere weg.

Daraufhin sagte der jüngere Bruder: »Was ist bloß los mit dem minha? Als hätten sie Augen wie die Menschen. Als könnten sie uns kommen sehen.«

»Hast du nichts bemerkt?« entgegnete der ältere. »Wir haben Fog den Kopf des riesengroßen Dingo überlassen. Wahrscheinlich hat er damit einen Zauber gemacht. Und jetzt haben alle Tiere gute Augen.« (Vgl. Farbtafel 15)

Es hatte keinen Zweck. Die beiden Brüder gaben das Jagen auf und kehrten nach Norden zurück. Als sie an den Strand kamen, schlugen sie ihr Lager auf.

Doch was war mittlerweile aus Fog geworden? Sie fragten sich, wo er abgeblieben war. »Wahrscheinlich versteckt er sich irgendwo. Wer weiß, wo? Er hat soviel gelogen und soviel Ärger gemacht«, sagten sie. »Wahrscheinlich hat er Angst, daß ihm jemand einen Speer in den Leib bohrt.«

Sie hatten immer noch Hunger und beschlossen daher, ihr Jagdglück bei einer Schildkröte zu versuchen. Sie holten ihren Einbaum und machten sich zur Jagd bereit.

Nun hatten die Brüder auch zwei Schwestern, die gerade zu Besuch waren. Sie entschieden, die Schwestern im Lager am Strand zurückzulassen. »Ihr zwei bleibt hier«, sagten die Brüder, »und wir beide gehen auf Schildkrötenjagd.«

Dann paddelten sie in ihrem Einbaum davon.

Und wo, meint ihr, war der alte Fog, während sie auf dem Meer nach Beute suchten? Mit einem Mal tauchte er im Süden auf, ganz in der Nähe des Lagers, wo die beiden Mädchen warteten.

»Da kommt ja unser Großvater vom Süden«, rief eine der Schwestern.

»Ja, stimmt, das ist er tatsächlich«, rief die andere.

»Hallo, Großvater«, sagten sie, als er näherkam.

»Ja, da bin ich«, antwortete er. »Was macht ihr denn hier?«

Die beiden Mädchen waren dabei, sich gegenseitig zu lausen. »Wir suchen nach Läusen«, antworteten sie.

»Ach ja?« Der alte Fog sah sie an. »Ihr habt aber keine guten Augen«, sagte er.

(Ich muß jetzt ein paar schlimme Ausdrücke benutzen).

»Ihr habt keine guten Augen. Laßt lieber mich nach den Läu-

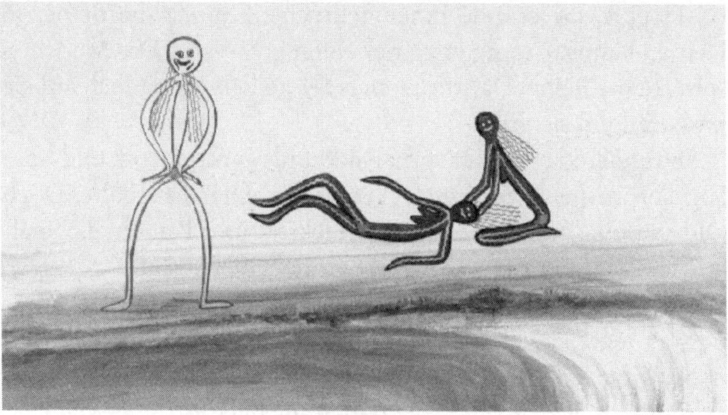

Beim Lausen

sen suchen. Meine Augen sehen wirklich alles«, sagte er. »Laßt es mich versuchen.«

Er setzte sich hin und begann, die beiden Mädchen zu lausen. Er begann ganz oben, am Kopf. Eine Laus nach der anderen zerquetschte er, di, di, di. Na schön.

»So, die hätten wir.«

Dann nahm er sich die Läuse unter den Achseln vor. Eine nach der anderen zerquetschte er, bis er sie alle erwischt hatte.

»Nur zu, nur zu«, sagten die beiden Schwestern. »Jetzt weiter unten!«

Also bückte sich der alte Fog und fing an, in ihrem Schamhaar nach Läusen zu suchen.

»Ja!« sagte die eine Schwester. »Bitte such auch in unserem Schamhaar nach Läusen.«

Old Fog zerquetschte eine Laus nach der anderen und drang dabei immer weiter nach unten vor.

(Diese Geschichte kann man seinen Enkeln erzählen, aber nicht jedem, versteht ihr?)

Er arbeitete sich immer weiter nach unten vor, immer weiter.

»Hoppla, da ist eine hineingekrochen! Spreiz die Beine, so weit du kannst«, sagte er zu der einen Schwester. Das Mädchen spreizte die Beine. Da stürzte sich der geile Bock einfach auf sie und drang in sie ein!

Die andere Schwester sprang auf und rannte davon. Old Man Fog lief ihr nach. Sie versteckte sich in einer Felsspalte. Doch Old Fog stieg auf den Felsen und steckte seinen Penis in die Spalte. Tiefer, immer tiefer, bis er sie von oben erwischte!

Tja, nachdem der alte Lustmolch mit beiden Schwestern fertig war, legte er sich aufs Ohr und machte ein Nickerchen.

Nach einer Weile kamen die beiden Magpie-Brüder von der Schildkrötenjagd zurück. Sie hatten reichlich Beute gemacht.

Old Fog schlief so friedlich wie ein Unschuldsengel – der alte Schlawiner!

»Da kommen unsere Brüder zurück«, rief die eine Schwester. »Komm, wir gehen hin und sehen uns die Schildkröte an.«

Sie gingen Richtung Osten. »Da habt ihr aber eine große erwischt«, staunten sie.

Und dann erzählten sie, was passiert war.

»Unser abscheulicher Großvater schläft jetzt, da drüben im Westen. Er hat uns mißbraucht. Er hat uns geschändet.«

»Was?«

»Ja.«

»Dann sagt lieber nichts mehr. Haltet den Mund. Wir werden sehen, was wir tun können«, sagten die Brüder.

Sie gingen zum Einbaum, holten alle Schildkröten und schleppten sie nach Westen zum Lager. Dann sagten sie: »Paßt auf. Geht jetzt und sammelt ein paar Steine für den Erdofen.« Sie erklärten, daß sie besonders harte Steine bräuchten.

Die Mädchen machten sich auf die Suche.

»Ist der hier gut genug?«

»Nein, nicht solche. Such andere, der da taugt nichts.«

Sie brachten einen neuen Stein. »Und was ist mit dem hier?«

»Auch nicht, sucht weiter.«

Sie wollten die harten, schwarzen Steine, die »springenden« Steine – groß, rund und glatt. Früher machten die Leute Tommyhawks aus solchen Steinen – vielleicht war es Granit.

»Solche müßt ihr suchen. Das sind die richtigen.«

Sie sammelten einen Haufen harter Steine und warfen sie auf die Feuerstelle, immer mehr, bis sie genug hatten. Dann stapelten sie noch mehr Holz obendrauf, damit die Steine sehr, sehr heiß wurden.

Jetzt konnten sie die Schildkröte zubereiten. Sie schlitzten ihr die Kehle auf und zogen die Gedärme heraus. Sie zogen und zogen und zogen – so kocht man bei uns Schildkröten. Sie nahmen alle Innereien heraus und wuschen sie solange, bis sie ganz sauber waren. Als alle Innereien sauber waren, stopften sie sie durch die Öffnung im Hals wieder in den Bauch der Schildkröte.

Mittlerweile waren die Steine heiß. Sie nahmen sie aus dem Feuer und steckten auch sie der Schildkröte in den Leib. Dann verschlossen sie die Öffnung am Hals, damit die heiße Luft und der Dampf nicht aus dem Inneren entweichen konnten.

Einen besonders harten Stein ließen sie im Feuer liegen. Den steckten sie nicht in den Magen der Schildkröte. Sie sorgten dafür, daß er sehr heiß blieb.

Dann legten sie die Schildkröte aufs Feuer. Sie bedeckten den Panzer mit Kohle, so daß das Fleisch von innen und von außen gleichmäßig garte. Es schmorte und schmorte, und auch der harte Stein schmorte. Sie schoben ihn auf die Seite.

Endlich war das Fleisch gar. Sie nahmen die Schildkröte aus dem Feuer und ließen sie abkühlen.

Der alte Schuft schlief immer noch.

Schließlich machten sie sich über die Schildkröte her. Die Steine und die Kohle warfen sie weg. Sie brachen den Panzer auf und leerten ihn aus. Sie nahmen das Brustfleisch heraus, das mittlerweile schön zart war. Nach und nach lösten sie immer mehr Fleisch heraus.

Am Ende suchten sie eine große Muschel, mit der man die Suppe aus dem Innern der Schildkröte löffeln konnte.

Als alles bereit war, weckten sie Old Fog.

»Komm, Großvater! Komm her und iß etwas Suppe!«

Fog kam vom Westen zu ihnen.

Sie hatten immer noch den einen heißen Stein.

Der ältere Magpie-Bruder sagte: »Komm her, ngathi!« Er hielt Fog die Augen zu und sagte. »Mach den Mund auf!«

Dann kippte er dem alten Bösewicht eine Muschel voll Suppe in den Mund.

»Hmm, was für eine leckere Suppe. Gebt mir mehr, mehr!«

Also gaben sie ihm mehr Suppe aus der Muschel. Wieder hielten sie ihm die Augen zu und kippten ihm die Suppe in den Schlund. So trank er eine Menge Suppe.

»Na los, noch ein bißchen, noch ein bißchen«, rief Fog.

Der ältere Magpie-Bruder ging ans Feuer, doch statt Suppe holte er diesmal den Stein. Wieder hielten sie Old Fog die Augen zu.

»Mach den Mund auf, so weit du kannst!«

Fog riß den Mund auf. Sie steckten ihm den heißen Stein hinein, und er verschluckte ihn!

Er war so heiß, daß Old Fog auf der Stelle platzte. Er explodierte! Fetzen seines Körpers flogen in alle Himmelsrichtungen, bis nichts mehr von ihm übrig war. Seine Knochen landeten im Süden. Nur ein Körperteil blieb intakt: sein Geschlecht. Es flog nach Norden. Es flog und flog … yii … bis es mitten auf einer Insel landete. Sie heißt Stanley Island, *Indayin* in der Sprache der Bewohner von Flinders Island.

Dort spukt nun der Geist von Old Fog herum. Und die Stelle, an der sein Geschlecht aufschlug, ist noch heute zu sehen.[10]

Am Strand von Barrow Point

Am frühen Morgen des 2. Oktober 1982, nachdem wir mit Rogers brackigem Sumpfwasser unseren Frühstückstee gekocht hatten, waren wir bereit, unsere Erkundungen fortzusetzen. Wir suchten Gewehr, Speer und Angelsachen zusammen und gingen über den Hügel, der unser Lager am Strand von der ehemaligen Siedlung trennte. Roger hoffte, auf dem alten Instone-Grundstück einige markante Stellen wiederzufinden, wobei er einerseits auf seine Erinnerung vertraute, andererseits auf das, was er von den Viehtreibern in Hopevale erfahren hatte.

Die Sonne brannte. Das Gras war hoch gewachsen und zerkratzte beim Gehen unsere Beine. Ein ideales Versteck für Schlangen. Roger war entsetzt. »Früher war hier alles so schön sauber«, erklärte er und spielte mit den Streichhölzern in seiner Tasche. Damals, so erzählte er, hätte man nicht zugelassen, daß das Unkraut alles überwucherte. Die Leute brannten den Busch regelmäßig ab und konnten dann in der entstandenen thulngga – auf der verbrannten Erde –, wo sofort wieder neue Triebe keimten, bequem jagen.

Als wir die Spitze des Hügels erreichten, stießen wir auf zerbrochene Zementplatten, offenbar Überreste aus dem Krieg. Wir stiegen zu einem kleinen Strand an der Westseite des felsigen Hügels hinab, wo, soweit sich Roger erinnerte, Instones Anlegeplatz gewesen sein mußte. Doch wir sahen nur junge Mangroven und den Rand eines Sumpfes. Auch hier war alles völlig zugewachsen.

Wir fingen an, das Gelände systematisch abzusuchen. Roger

fand einen im Sand versunken fauligen Balken, vielleicht ein Teil des alten Docks. Dann entdeckten wir eine Reihe termitenzerfressener Zaunpfähle, die offenbar zu einem von Instones Höfen gehört hatten. Als wir weiter ins Unterholz vordrangen, stießen wir auf andere Überreste der alten Farm, die Roger aus dem Gedächtnis zusammenfügte wie ein Puzzle. Das hier waren vermutlich die Pfähle, auf denen das Haus gestanden hatte; dann mußte der Brunnen da drüben gewesen sein. In einer anderen Ecke lag ein rostiger Wassertank neben den Resten einer hölzernen Plattform. Überall hatte sich der Busch das Land zurückgeholt. Man konnte sich kaum vorstellen, daß hier früher eine Farm gestanden hatte, mit einem Hafen, in dem die Versorgungsschiffe anlegten, mit Viehtreibern auf Pferden und Kindern, die am Strand spielten.

Bis zum späten Morgen hatten wir fast Instones gesamtes ehemaliges Grundstück unter die Lupe genommen. Roger hatte zwar viele von den Landmarken gefunden, nach denen er gesucht hatte, aber nicht alle. Er hatte das Gefühl, als spielte ihm seine Erinnerung einen Streich nach dem anderen. Wo war das Ziegengehege? Lag es damals nicht neben dem Brunnen? War das hier überhaupt der Brunnen? Wo war der alte Pfad, der durch den Wald zurück nach Süden führte?

Der Durst machte uns wieder zu schaffen, und es wurde Zeit, sich nach Trinkwasser umzusehen. Wir machten uns in Richtung Süden durch dichtes Gestrüpp und einen Sumpf auf die Suche nach dem Fluß, bei dem es sich Rogers Erinnerung zufolge um den *Uwuru* handeln mußte. Irgendwann kamen wir an einen weitläufigen Strand. Weiter westlich, am Ende der Bucht, konnten wir hinter einer Sanddüne eine dunkle Wasserstelle erkennen.

Ich hatte großen Durst und ging voran. Tulo folgte mir mit dem Gewehr. Als ich zum Fluß kam, blickte ich in die Augen eines riesigen Krokodils, das reglos knapp unter der Wasseroberfläche trieb. Ich schrie auf und machte Tulo Zeichen, sich das anzusehen. Das Krokodil, seit Menschengedenken unangefochtener Herrscher des *Uwuru*, musterte uns einen Augenblick lang gleichgültig, tauchte dann langsam unter und verschwand aus unserem Blickfeld.

Wir gingen flußaufwärts und füllten unsere Wasserflaschen. Auf dem Rückweg entdeckte Roger mehrere große, silbrige Meeräschen an der Flußmündung. Mit bloßen Händen (die *wommera* hatte er im Toyota liegen gelassen) schleuderte er den Speer und erlegte ein besonders großes Exemplar. Wir zogen es heraus und hielten dabei möglichst viel Abstand zum Wasser. Erst da entdeckten wir, daß der Fisch verletzt war. Ein großes Stück Fleisch war aus seinem Rücken herausgerissen worden.

Roger erinnerte sich an eine andere Episode, die sich hier zugetragen hatte. »Wir blieben nie lange an einem Ort, mußt du wissen. Einmal lagerten wir hier in der Gegend und wanderten rauf nach Eumangin. Da entdeckten wir ein großes Känguruh und jagten hinter ihm her. Keine Ahnung, wie das Tier plötzlich an den Strand gekommen war – vielleicht war es vor einem Din-

Mit dem Speer auf Känguruhjagd

go weggelaufen. Die Männer versuchten, es mit dem Speer zu erlegen, und die Hunde bellten ihm nach. Da drüben war ein großer Felsen, und das Känguruh lief hin und her. Es war ein großes Tier, schon alt.«

»Und habt ihr es erwischt?« fragte Tulo und warf den Fisch wieder ins Wasser.

»Wir haben es erlegt, mit ins Lager genommen, im Erdofen gekocht und tagelang davon gegessen.«

Ständig war vom Essen die Rede! Höchste Zeit, sich Rogers versprochene Austern zu holen. Jetzt, nachdem wir den Weg kannten, ging es schneller durch den Sumpf zurück.

Als wir an der alten Station vorbeikamen, gab Roger endlich dem Drang nach, den er den ganzen Morgen verspürt hatte. Er setzte einzelne Büschel des wuchernden Grases in Brand, erst mit Streichhölzern, dann mit einem Stück Teebaumrinde. Die Flammen schlugen im leichten Westwind hoch und bahnten sich den Weg über Instones Gelände und weiter in die Richtung, aus der wir gekommen waren. »Keine Sorge«, beruhigte mich Roger. »Das ist unser *awurr aliinbi.*[11] Ich mach es nur sauber.«

Wir bahnten uns den Weg durch die Mangroven und näherten uns von Westen her der felsigen Spitze von Barrow Point. Es war Ebbe. Und tatsächlich waren die freiliegenden Klippen voller Austern, kleiner und großer, eine auf der anderen. Jeder nahm sich einen faustdicken Stein, und wir wateten in den Schlamm zu unserem Festmahl. Roger zeigte mir, wie man die Austern mit einem gezielten Schlag voneinander löst. Die dabei zerbrachen, aßen wir auf der Stelle. Die übrigen sammelten wir in meinem Einkaufsnetz.

Tulo machte am Ufer ein kleines Feuer. Nachdem wir uns vollgestopft hatten, bis wir pappsatt waren, warfen wir die restlichen Muscheln wieder ins Wasser, die Schalen und alles andere ins Feuer. Dann kochten wir in einer *billycan* etwas Wasser aus dem Alligator Creek, und Roger drehte sich eine Zigarette. Während er rauchte, fragte ich ihn über die anderen Lager der Umgebung aus.

»Die Leute gingen oft an den Rand des Sumpfes, wo ich heute morgen das Wasser geholt habe. Irgendwo da drüben gibt es eine Menge Flughunde. Aber sie sind nicht oft die Felsen bei Barrow Point hinaufgeklettert. Ich glaube, daß frühere Entdecker die Steine aufgetürmt haben – vielleicht in der Zeit von Captain Cook. Bama gingen da nicht hin.«

»Was heißt noch mal baarrabaarra [Mangrove] in der Barrow-Point-Sprache?« fragte ich, während ich mich zu erinnern versuchte.

»*Althaan.* Und diese Schraubenpalme hier heißt … *ubiir.* Die jungen Männer machten sich früher Armbinden daraus: *thambal ubiir-yi* – Arm mit Schraubenpalme – haben sie dazu gesagt. Alle jungen Männer trugen welche. Und Austern heißen bei uns *waman.*«

Unsere Austern begannen zu zischen, während sie im eigenen Saft auf Tulos Feuer schmorten.

»Wie sagt ihr zu den Flughunden?«

»*Waguul.* Aber die Alten haben uns nicht erlaubt, sie zu essen, als wir klein waren. Sie gingen oft nach Südwesten zur großen Sanddüne, um Laubenwallnister zu jagen. Davon gab es jede Menge. Die durften wir auch nicht essen.

›Ach was, gebt den armen Kindern doch auch welche ab!‹ sagten einige. Also gab man uns ein paar Eier, und wir schlangen sie hinunter, mitsamt der Schale.

Manchmal gingen sie ein paar Meilen nach Süden und dann ein Stück nach Osten, bis sie zu einem anderen großen Sumpf kamen – keiner richtigen Lagune. Da gab es auch jede Menge Wild.«

Roger dachte immer noch an Instones Brunnen.

»Ich habe mir den Boden angeschaut, verstehst du? Ich wollte sehen, ob er noch hart ist, aber er war ziemlich sandig. Also bin ich etwas weiter nach Süden gegangen und habe den Wassertank im Osten gelassen. Aber der verdammte Brunnen hat mich zum Narren gehalten. Wahrscheinlich haben ihn die Wildschweine längst kaputt gemacht.«

»Na ja, wenn Instone keinen Zaun um den Brunnen gezogen hat, ist es kein Wunder, wenn die Schweine alles zerwühlen«, sagte Tulo.

»Das Wasser aus dem Brunnen sprudelte wie aus einer frischen Quelle«, erklärte Roger. »Der Brunnen lag westlich von den Pfählen, die wir in dem alten Hof gefunden haben. Da stand auch ein großer Mangobaum. Die Erde war schwarz und fruchtbar.

Instone hatte auch Ziegen, aber ich weiß nicht, was aus ihnen geworden ist. Ich glaube, als die Abteilung[12] die Leute mit dem Schiff abtransportiert hat, haben sie auch die Ziegen mitgenommen. Die Ziegen stammten von Pipon Island. Irgendwo gab es hier auch einen kleinen Stall.«

Mit einem langen Stock holten wir die Austern aus dem Feuer und begannen zu essen, nicht ohne uns die Finger an den Schalen zu verbrennen. Nach dem langen Marsch und der Nacht ohne Essen hatten wir einen Bärenhunger. Wir aßen jeder mehrere Dutzend Austern, machten ein kurzes Nickerchen und aßen dann weiter.

»Viele bama, die an dem großen Sumpf im Süden wohnten, kamen zu Besuch. Sie brachen abends im Osten auf und kamen bei Sonnenuntergang hier an. Dann saßen sie mit den Leuten von hier zusammen, tauschten Neuigkeiten aus, erzählten sich Geschichten und besorgten sich ein wenig Tabak. Spät in der Nacht machten sie sich wieder auf in den Osten und kamen am nächsten Tag dort an.

Nimm noch ein paar Austern, thawuunh. Die letzte Gelegenheit. So gut werden wir nie mehr essen.«

Ein letztes Mal gingen wir hinaus in die Schlammzone, um Einsiedlerkrebse einzusammeln, die wir als Köder benutzten.

Danach kletterten wir über den Felsvorsprung zurück und gingen Richtung *Iipwulin*, um unser Abendessen zu fischen.

Während wir spät nachts ums Feuer standen, sann Roger darüber nach, wie schnell die Zeit vergeht. »Weißt du, thawuunh, es kommt mir vor, als wäre ich erst gestern hiergewesen! Wenn ich mich so umsehe, dann meine ich in Cape Melville zu sein, als kleiner Junge. Ich bin nur erstaunt, wie sehr Instones Grundstück schon wieder zugewachsen ist. Früher war dort alles frei.«

Als wir uns hinlegten, konnten wir Rogers Buschfeuer sehen, das sich über Instones Grundstück ausbreitete und den Nachthimmel erhellte, während es das Land der Gambiilmugu People säuberte.

3. Oktober 1982. Nachdem wir tags zuvor von Rogers Land so reich beschenkt worden waren, hatten wir den Fisch in einem gurrma zubereitet, einem kleinen Erdofen aus heißen Steinen, der mit großen Blättern abgedeckt wurde. Jetzt machten wir ihn auf und aßen von dem gebratenen Fisch, ehe wir den Rückweg antraten. Wieder drängte uns Roger, reichlich zu essen.

»Iß den Fisch auf, Tulo. Von meinem Land bis zu deinem[13] ist es weit, und auf dem Rückweg finden wir höchstens ein paar Kokosnüsse.«

Dann erzählte uns Roger noch etwas von Old Man Fog und seinen Geschichten.

»*Wurrey* hat zwei Namen, müßt ihr wissen. Man nannte ihn auch *Wuurmba*. So hieß er bei den›jüngeren Brüdern‹ aus dem Landesinneren von Barrow Point.«

Roger bat mich, ein paar Fotos zu machen, um ein Andenken an den Ort zu haben, falls er nicht wiederkäme.

»Was, meinst du, ist mit Instone passiert?« fragte ich.

»Nachdem er hier wegging, ist er nach Cooktown gezogen. Er kam oft an die Eight-Mile Bridge.[14] Ein paar von den Jungs haben mir das mal gesagt. Ich hätte ihn mir zu gern angeschaut, aber er war immer viel zu schnell wieder weg. Ich hätte ihn gefragt: ›Kennst du mich noch?‹ Vielleicht hätte er sich mittlerweile gefreut, einen bama aus Barrow Point wiederzusehen, obwohl er zu vielen von uns verdammt grausam war, solange wir dort lebten.«

Wir gaben Rogers Drängen als Gastgeber und Besitzer dieses reichen Landes nach und aßen soviel von dem Fisch, wie unsere Mägen fassen konnten. Danach rollten wir unsere *swags* zusammen und machten uns auf den langen Rückmarsch. Wir wollten nach Südosten ins Landesinnere vorstoßen, um die Mangroven, die Felsen von Barrow Point und das Schwemmland weiter südlich zu umgehen. Und da wir auf Tulos Orientierungssinn große Stücke hielten, wählten wir ihn zu unserem Führer. »Er verirrt sich nie«, sagte mir Roger.

Am späten Vormittag gelangten wir an den langen Strand, der sich südlich von Barrow Point bis zur Mündung des Wakooka Creek erstreckt. Eine leichte Brise wehte uns ins Gesicht, aber wir kamen gut vorwärts. Wir erreichten das alte Lager, das Roger auf dem Hinweg gesehen hatte. Eine einsame Kokosnußpalme stand da. Wir hatten kein Buschmesser dabei, und keiner von uns hatte Lust hochzuklettern. Also schoß Tulo ein paar Kokosnüsse vom Baum.

Während wir dasaßen und die Nüsse aßen, erzählte uns Roger eine Geschichte, die er von Bob Flinders gehört hatte, der als Kind mit seiner Familie aus Cape Melville hier kampiert hatte. Einmal versuchte die alte Yuuniji,[15] Bob die Haare zu schneiden, aber er konnte nicht stillsitzen, und da schnitt sie ihm ins Ohr. Früher lagerten die Leute hier in großer Zahl, tranken das Wasser aus der Lagune ein Stücke weiter im Landesinneren und fingen Süßwasserfische und Aale.

Am frühen Nachmittag erreichten wir den Saltwater Creek, nach etwa zwei Dritteln des Weges am Strand entlang. Die Flut kam langsam herein, und so durchquerten wir eilig das noch seichte Wasser an der Mündung. Dann beschlossen wir, uns mit den Ködern aus Barrow Point unser Abendessen zu angeln. Wir verteilten uns am Südufer des Creek, wo uns das Wasser bis zu den Knöcheln reichte. Die Sonne brannte herab, und wir waren von dem langen Marsch erledigt. Nur wenige Fische bissen an.

Plötzlich traf mich etwas hart am Bein. Ich schaute hin und entdeckte zu meiner Verblüffung eine alte, aus Eukalyptus geschnitzte, vom Alter geschwärzte *wommera*, die im Wasser trieb.

»Gaw! Was ist das denn?« Roger und Tulo kamen herbei, um sie zu begutachten. Im Gegensatz zu den *wommeras* der Guugu Yimithirr People aus Cooktown war diese sehr breit und flach, wie ein Schwert, und auf beiden Seiten sorgfältig bearbeitet. Wo einst Haken und Muscheln am Griff befestigt waren, sah man noch winzige Löcher.

Wie war ich zu dieser *wommera* gekommen? Hier hatte es seit vierzig Jahren keine Aborigine-Lager mehr gegeben, und die Menschen aus Barrow Point, die diese Art von *wommera* herstellten, waren längst alle weg. Vielleicht hatte sie Jahrzehnte in einer Sandbank vergraben gelegen und auf den richtigen Augenblick gewartet, um sich von der Strömung des Flusses treiben zu lassen.

»*Andula thamu ami*«, sagte Roger und grinste. »Du hast einen Geist gefunden. Oder der Geist hat dich gefunden.«

In dieser Nacht – die letzte vor unserer Rückkehr nach Hopevale – schliefen wir am Strand, unmittelbar nördlich von der Mündung des Wakooka Creek. Aus einer verlassenen Quelle förderten wir Süßwasser zutage und aßen dazu den letzten gebratenen Fisch aus Barrow Point. Am nächsten Morgen begaben wir uns zu unserem alten Toyota und brachen nach Süden auf. Wir fuhren so schnell, daß wir an einem Tag dieselbe Strecke zurücklegten, für die Roger auf seinem Marsch vor sechzig Jahren mehrere Wochen gebraucht hatte.

Wurreys Geist

Nachdem sie Fog in die Luft gesprengt hatten, aßen die Magpie-Brüder und ihre Schwestern die Schildkröte auf. »Endlich ist dieser Tunichtgut tot«, dachten sie. (Vgl. Farbtafel 14)

Wenige Tage später brachen sie allesamt in ihrem Einbaum nach Norden auf. Zufällig kamen sie nach Stanley Island, wo Fogs Geschlecht gelandet war. Sie wußten nicht, daß auch der Geist des Old Man Fog auf die Insel geflogen war.

Nach einiger Zeit sagte der eine Magpie-Bruder: »Was meinst du, sollten wir nicht wieder mal auf Schildkrötenjagd gehen?«

So machten sich die beiden Brüder in ihrem Einbaum auf. Sie paddelten eine ganze Weile, dann erwischte einer mit seinem Speer eine riesige ngawiya, eine Meeresschildkröte mit grünem Panzer. Sie warteten, während sich das Tier verzweifelt zu befreien versuchte. Die Spitze des an einem Seil befestigten Speeres steckte in seinem Panzer.

Plötzlich – ich weiß nicht wie – tauchte Old Fog wieder auf. Es war sein Geist. Da saß er nun hinten im Einbaum, auf der Westseite. Der eine Magpie-Bruder drehte sich um und sah ihn.

»Was? Unser Großvater ist wieder da?«

Old Fog antwortete nicht. Er sagte nur: »Gaw, was für ein minha habt ihr da?«

»Eine Schildkröte.«

»Na schön, dann haltet das Seil gut fest, ja? Ich tauche hinunter und hole die Schildkröte. Dann bringe ich sie an die Oberfläche.«

Daraufhin sprang er ins Wasser und tauchte in die Tiefe. Bald hatte er die Schildkröte gefunden. Er packte sie und zog den Haken aus dem Panzer. Dann tauchte er bis auf den Grund. Dort suchte er einen großen Stein, band das Seil darum und schlang es um die Korallen.

Während er noch tief unten war, rief er den Wind und braute einen großen Sturm zusammen. Dann packte er die Schildkröte und schwamm davon, während die Magpie-Brüder im Sturm zurückblieben und sich an dem Seil mit dem Stein festklammerten. Um ein Haar wären sie ertrunken.

Fog schwamm unter Wasser – yii – in Richtung Süden. Schließlich kam er an der Mündung des Mack River an Land.

Hier lagerte gerade eine große Schar Menschen. Sie sahen ihn aus dem Wasser steigen.

»Sieh mal einer an! Wo kommst du denn her?« fragten sie.

»Ja, ich bin's wirklich«, rief er und sprang aus dem Wasser.

Dann lief Fog nach Westen. Es war ein weiter, weiter Weg. Er lief, bis er oben im Westen, wo der Mack River entspringt, das Lager seiner Angehörigen erreichte. Dort blieb er auch geraume Zeit.

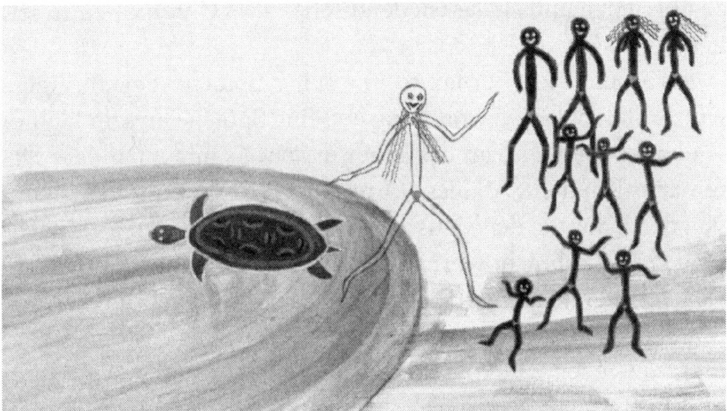

Fogs Ankunft am Mack River

»Alle sind sie weg«

Als Roger Hart am Strand von Barrow Point stand, hatte er, einsam, da er der letzte Überlebende war, und zugleich triumphierend wie ein kleiner Junge, der seinen Peinigern entkommen war, gesagt: »Alle sind sie weg, nhila wanhthaa-buthu. Wo mögen sie jetzt wohl sein?«

Der Boden, auf dem wir standen, die Felsen und Hügel ringsum, die Sümpfe und Quellen, sogar die Bäume und Tiere hallten wider von Erinnerungen an seine Kindheit, an die Freunde und Verwandten, mit denen er aufgewachsen war und die er mittlerweile buchstäblich alle verloren hatte. Wegen seiner Herkunft und seiner hellen Hautfarbe war er praktisch ein Leben lang von seinem eigenen Land verbannt gewesen. Andererseits hatte es ihm dieser genealogische Zufall letztendlich ermöglicht, zu überleben und all das wiederzusehen – im Unterschied zu seinen Freunden.

Als Roger sich vornahm, mir seine Sprache beizubringen, wurde klar, daß die Erinnerung an seine Sprache an sein Homeland gekoppelt war, an das Lager in *lipwulin* und an andere Orte seiner Kindheit. All diese Orte waren von Geistern bevölkert, von den Schatten der Menschen, die vor und mit ihm und, nachdem er weggebracht worden war, hier gelebt hatten. Diese Geister verfolgten uns auf Schritt und Tritt, nahmen an unseren Mahlzeiten teil und schliefen neben uns. Einige waren fremd hier, so wie ich. Durch äußere Umstände, die von gewaltsamer Entführung und angeblicher Verwandtschaft bis hin zu Eroberung und Nahrungssuche reichten, waren sie hierher verschlagen worden. Andere gehörten zu den wahren Besitzern von Barrow Point.

Ihre Identität zu entschlüsseln war ein schwieriges Unterfangen. Meine ständige Frage: »Wer hat hier in Barrow Point gelebt?« verlangte Roger Hart all sein Wissen über Verwandte, Territorium, Besiedelung durch die Europäer und zeitliche Einordnung ab. Allein die Geister der Vergangenheit beim Namen zu nennen erwies sich als problematisch. Die Namen in der Sprache der Aborigines, von denen jeder einzelne mehrere hatte, sind mit fast vergessenen Traditionen und Totems verbunden, während sich ihre englischen Spitznamen – Nachnamen wie Vornamen – wie die Jahreszeiten, die Gegebenheiten einer bestimmten Region und die Lager ihrer Bewohner änderten.

Das trifft auch auf Roger Hart zu. Am besten kann er sich an einen seiner Barrow-Point-Namen erinnern, der an einen seiner Enkel weitergegeben wurde: *Urrwunhthin*. Als er im Lager von Barrow Point lebte, hieß er mit englischem Namen Stephen, manchmal auch Jackie. Wenn die älteren Jungs nach der Arbeit auf den Schiffen ins Lager zurückkehrten, riefen sie: »Wo ist Stephen?« In Cape Bedford nannten ihn die Jungs *arrwala*, »Komm her!« Es war der einzige Ausdruck, den sie in der Barrow-Point-Sprache kannten. Später hieß er Lex, doch die Frau des Missionars, Mrs. Schwarz, die gleichzeitig als Lehrerin fungierte, fand, daß schon zu viele Jungen in der Mission Lex hießen, und nannte ihn Roger, um die Übersicht zu behalten.

Die meisten Cape Bedford People kamen auch ohne Nachnamen aus, bis sie im Zweiten Weltkrieg nach Woorabinda evakuiert wurden. Um den neuen Meldevorschriften bei Umsiedlungen zu genügen, vergaben die Anführer der Gemeinschaften Nachnamen, um die verschiedenen Abstammungen und Verwandtschaftsgrade auseinanderzuhalten. Man ging davon aus, daß Maurice Hart, der Pächter des Wakooka-Areals, in dem Rogers Mutter als junge Frau gearbeitet hatte, Rogers leiblicher Vater war. Daher wurde Roger im Standesregister von Woorabinda als Roger Hart eingetragen. Obwohl sein jüngerer Bruder Jimmy geboren wurde, nachdem seine Mutter Wakooka schon lange verlassen hatte, hieß auch er Hart.[16]

Viele Leute hatten mehrere Namen, die auf ihre Aborigine- und ihre Nicht-Aborigine-Vorfahren zurückgingen, auf Arbeiter oder Besitzer von Stationen, wo sie gewesen waren, auf Orte, die ihren Müttern oder Vätern zugeordnet waren, auf größere Gebiete, die sie seit Urzeiten als die ihren betrachteten, die sie übernommen oder angenommen hatten, und auf eine Vielzahl anderer Bande, einschließlich derer, die durch Heirat, Adoption oder, wie bei manchen Spitznamen, rein zufällig zustande gekommen waren.

Die Namenswechsel spiegelten einen Identitätswechsel wider. Nie war er so tiefgreifend wie in Rogers Kindheit, als die Lebensweise der Aborigines im Hinterland nördlich und westlich von Cooktown durch die Außenwelt besonders stark beeinträchtigt wurde.

Um 1910 bekamen sogar weit von den europäischen Siedlungen entfernte Lager die verheerenden Folgen der weißen Zivilisation zu spüren. Geburtenrückgang,[17] um sich greifende Seuchen, junge Männer, die fern vom Lager auf Schiffen arbeiteten. Gewaltsame Entführungen waren an der Tagesordnung. Die Menschen hatten ihre angestammten Gebiete verlassen und in anderen Orten bei Verwandten Zuflucht gesucht oder sich in der Nähe von Siedlungen niedergelassen, wo sie Arbeit und Brot bekamen. Ganze Clangebiete verwaisten, und ganze Sprachen gingen verloren, weil kaum jemand sie noch sprach. Offenbar neigt der Mensch dazu, neue territoriale und verwandtschaftliche Bündnisse einzugehen, um solche Lücken zu schließen (Sutton 1993). Diese äußeren Umstände prägten Rogers Erinnerungen an die Menschen, die in seiner Kinderzeit in den Lagern von Barrow Point gelebt hatten.

Obwohl sich ihre Namen verflüchtigen und sich ständig ändern, versucht Roger Hart stets beide Seiten ihrer Identität im Gedächtnis zu behalten: ihren Verwandtschaftsgrad in bezug auf ihn, »wie ich sie nenne«, und ihre Verbindung zu den Orten, »wo sie hingehören«. Selbst diese scheinbar unveränderlichen Bezüge wurden im Laufe der Zeit neu interpretiert. Wie das Schicksal vieler Menschen, an die sich Roger nur aus sehr frühen Zeiten erinnert, gehören sie zu den Themen, die er später mit Verwandten und Bekannten immer wieder erörterte. Wie bei den Aborigines seiner Generation üblich, beginnt Roger fast alle Gespräche über andere Menschen mit einer kurzen genealogischen Einführung, in der er Verwandtschaftsbegriffe in der Guugu-Yimithirr- oder der Barrow-Point-Sprache mit den geläufigen englischen Bezeichnungen für die entsprechenden Verwandtschaftsgrade mischt und stets einflicht, wo sie »hingehören«. Das sind die wichtigen Angaben über andere Menschen in der Gesellschaftsordnung der Aborigines, denn sie bestimmen nicht nur, wie man sich einem anderen gegenüber verhalten soll, sondern auch, wie man zu fühlen hat: was man dem anderen schuldet und was man von ihm erwarten darf.

»Joe Rootsey und ich sind wie Brüder«, sagt Roger beispielsweise. »Old Barney Warner, *Wulnggurrin,* ist eigentlich mein mugagay, so was wie ein Onkel. Barney Warner, Ernie McGreen und die anderen sind meine richtigen Onkel, all diese Muunhthiwarra. Dieser alte Mann, Old Man Barney Warner, ist ein Gambiilmugu-ngu, das ist sein Volk, auf der Westseite. Wie Old Man Yagay. Aber was King Nicholas und mich angeht, unser Volk gehört ganz hierher, nach *Iipwulin*. Und das Land hier im Osten gehört den Wuuri-warra-wi, von hier bis ganz runter in den Süden.«[18] Eine derart komplexe und chaotische Zusammenfassung weist auf ein dichtes Gefüge von Verwandtschaften, gemeinsamer Geschichte und Geographie hin.

Roger erwähnt fünf Personen mit Namen. Der erste ist Joe Rootsey, der Sohn eines gewissen Albert Wuuriingu, wobei der zweite Name der eines Clans oder Gebietes ist. Vater wie Sohn werden in den amtlichen Standesregistern unter dem Familiennamen »Barrow Point« geführt. Laut Roger hatte Joe auch einen Namen in der Barrow-Point-Sprache: Er hieß *Alamanhthin*, genau wie der Vater seines Vaters. Er war noch ein Baby, als Roger im Lager lebte.

Barney Warner und Ernie Green bezeichnet er als seine »Onkel«. Barney, auch *Wulnggurrin* genannt, gehörte in Rogers Kindheit zu den ältesten jungen Männern im Barrow-Point-Lager. Er war ein erfahrener Bootsführer und ging am Ende auch nach Cape Bedford, um dort zu arbeiten. Damals hatte Roger Hart die Schule bereits verlassen. Barney war es zu verdanken, daß viele junge Männer der Mission mit der Sprache und den Traditionen von Barrow Point in Berührung kamen, da er den Bootsbesatzungen Teile seiner Sprache beibrachte. Für Roger war er ein enger Verwandter, ein älterer Mann, der mit Rogers Aborigine-Vater verwandt war, obwohl er der Hälfte der »jüngeren Brüder« aus Barrow Point angehörte. Genau wie der alte Yagay, noch einer, der den Untergang von Barrow Point überlebte und später Verbindung mit Roger aufnahm.

Roger kann seine Verwandtschaft mit diesen Menschen in mehr als einer Hinsicht festmachen: Er erinnert sich, daß man ihm beibrachte, Barney Warner urrbi-thu zu nennen, »mein Onkel« – das heißt Bruder des Vaters19 –, und daß Old Barney ihn *thurrbiyi* nannte, »Neffe«. Gleichzeitig sollte er sie als »ältere Brüder« betrachten, vielleicht auf der Grundlage der Beziehung, die sein Jugendfreund Toby Gordon zu ihnen hatte. Diese widersprach in mancher Hinsicht der pseudo-verwandtschaftlichen Beziehung, die zwischen den beiden Hälften der Gambiilmuguwarra, der »Barrow Point People« als Gesamtgruppe, galt. Die Verwandtschaftsbezeichnungen spiegeln die unmittelbare Verbindung zwischen diesen Männern und der Abstammungslinie von Rogers Vater wider.

Ernie McGreen dagegen war noch ein Kind, als Roger in Barrow Point lebte. Er war der Sohn eines einheimischen Polizisten names Charlie oder Chookie McGreen, der demselben Clangebiet wie Rogers Mutter zugeordnet wurde. Roger leitete seine Verwandtschaft mit den »Onkeln« von der Abstammungslinie seiner Mutter ab.

Nicholas schließlich, der »König« von Barrow Point, gehörte zu der »älteren Brüder«-Hälfte der Barrow Point People, zu denen also, die, wie Rogers Aborigine-Vater, einen unmittelbaren Anspruch auf das Gebiet an der Ninian Bay erhoben. Damit spielte auch er in Roger Harts Abstammung väterlicherseits eine Rolle.

Roger spricht von drei »Clans« und verwendet Guugu-Yimithirr-Ausdrücke,[20] um einzelne Gruppen bestimmten Orten zuzuordnen, was auf die enge Verbindung zwischen Person und Ort hinweist, die seinem Verständnis von gesellschaftlicher Identität zugrunde liegt. Er nennt die Namen der beiden größten Gruppen in Verbindung mit dem Ort, der auf englisch Barrow Point heißt: erstens seine eigene Gambiilmugu-Gruppe, die sich in »ältere Brüder« und »jüngere Brüder« im Westen von Barrow Point aufteilt, und zweitens die Wuuri-ngu-Gruppe, die der Küstenregion im Süden von Barrow Point zugeordnet ist und deren Name im »Nachnamen« von Joe Rootseys Vater weiterbesteht. Und dann nennt er noch das Clangebiet, das er mit Old Man Chookie und seiner Mutter verbindet, Muunhthi-warra in der Umgebung des Jack River. Rogers schnelle Zuordnung von Menschen und ihrer Abstammung umfaßt auch die Barrow-Point-Bezeichnung für die Gegend von *Iipwulin,* in der wir uns befanden, als er den Ort räumlich mit anderen nicht benannten Gegenden in Verbindung brachte, die mit bestimmten Gruppen assoziiert wurden.

Als Roger als Kind aus dem Lager weggebracht wurde, hatte er keine gesellschaftliche Landkarte der Welt von Barrow Point dabei. Vielmehr stellte er sie sein Leben lang sorgfältig zusammen, indem er neue Menschen, die er kennenlernte, in ein kompliziertes, sich ständig veränderndes Geflecht von Verwandtschaftsbeziehungen und Bekanntschaften einbaute. Da er in die zerbröckelnde Welt von Barrow Point hineingeboren und von einem Tag auf den anderen herausgerissen worden war, mußte er sich ein neues soziales Umfeld aufbauen.

Thunder und Fog

Nachdem Fog lange an der Quelle des Mack River gelagert hatte, begann er seine Familie zu vermissen. (Vgl. Farbtafel 12) »Wie es wohl meinen Kindern im Süden geht?«

Er beschloß, hinunter nach Muunhthi am Jack River zu gehen, wo Old Thunderstorm sein Lager hatte. Der war *Wurreys* Schwiegervater. Er hatte die beiden Töchter des alten Mannes geheiratet.

Fog blieb noch eine Weile am Mack River, dann brach er in Richtung Süden auf, di di dii. Unterwegs machte er immer wieder Rast.

Als er schon weit im Süden war, kam er durch eine Gegend, die Tanglefoot genannt wird. Dort traf er auf Thunderstorms Farm. Sie war Thunders Privatbesitz.[21] Niemand durfte sie betreten, weil dort jede Menge Yams wuchsen. Das Gebiet an sich gehört uns Barrow-Point-Leuten. Doch die Yamswurzeln hatte Thunder selbst angepflanzt.

Old Fog nahm nicht alle mit. Er buddelte nur ein paar Wurzeln aus. »Die anderen hole ich mir später auf dem Rückweg«, sagte er sich.

Dann wanderte er weiter nach Süden.

Als er schließlich ankam, rief die eine Tochter: »Schaut, da kommt unser Vater! Vater ist da!«

»Ja.«

»Dann baut ihm eine Hütte neben unserem Lager«, befahl Thunderstorm. »Da drüben im Osten.«

»Nein, im Osten will ich mein Lager nicht«, entgegnete Fog. »Ich will es lieber im Norden.«

Er wollte bloß den Wind nicht im Rücken haben. Old Fog war ein gewitzter Bursche. Er hatte Angst, daß Thunderstorm die Yamswurzeln riechen könnte.

»Baut mein Lager nicht im Osten.«

Er hatte nur die Yamswurzeln im Kopf, die er später in der Nacht kochen wollte. Und niemand durfte es merken, denn schließlich hatte er sie seinem Schwiegersohn gestohlen.

Also schlugen sie sein Quartier im Norden auf, abseits von ihrem eigenen Lager. Da, wo ihm der Ostwind nichts anhaben konnte.

Fog ging zu seinem Lager im Norden und setzte sich. Er war hellwach und wartete darauf, daß Old Thunderstorm zu schnarchen begann.

»Aha, jetzt schnarcht er.«

Er holte eine Yamswurzel heraus und steckte sie tief ins Feuer, so daß kein Geruch entweichen konnte.

Sie schmorte und schmorte, bis sie gar war. Fog holte die Kartoffel heraus und wartete, bis sie etwas abgekühlt war. Dann stand er auf und fing an zu essen. Er aß und aß und aß. Als er satt war, setzte er sich hin, um auf den Morgen zu warten.

Im Morgengrauen wachten alle auf.

»Ma, na schön«, sagte Old Fog. »Ich gehe wieder nach Norden, nach Hause.«

»Ma, in Ordnung«, antworteten die anderen. »Dann geh nach Hause.«

»Ich komme wieder, ganz bestimmt.«

Damit machte er sich auf den langen Rückweg nach Norden. Doch als er durch Tanglefoot kam, wo Thunders Yamswurzeln warteten, machte er wieder Halt. Tanglefoot ist der Berg, den man sieht, wenn man von Jones's Gap nach Süden blickt. Da klaute Old Fog Thunder alle seine Yamswurzeln.

Er grub und grub yii, bis er eine ganze *dilly bag* voll hatte. Er warf sie über die Schulter und eilte weiter nach Norden.

Fog wirft Kieselsteine

Unterwegs traf er auf eine kleine Eidechse, ein duguulmburr. Er verzauberte das Tier. Er sagte: »Suuu, suu, suu. Verwandle dich in ein Kind! Verwandle dich in ein Kind! Dann teilen wir uns das Essen, das ich bei mir habe.«

Die Eidechse verwandelte sich in einen kleinen Jungen. Old Fog nahm ihn auf die Schulter und ging weiter Richtung Norden. Auch die Yamswurzeln schleppte er mit. Er ging immer weiter nach Norden. Es war kurz vor Mittag.

Plötzlich kam ein heftiger Nordwind auf. Diesen Nordwind nennen wir walburr. Er ist heiß. Er trocknete die Blätter der Yamswurzeln aus, die Fog stibitzt hatte und wehte sie nach Süden. Und da landeten sie allesamt vor Thunders Nase.

»Mein Essen! Wer hat mein Essen gestohlen? *Anunda unyjay*? Wer versucht da, mich zu verscheißern?« Er hatte eine deftige Sprache, wie ihr seht. »Wer klaut mir mein Essen?« Aber er benutzte noch schlimmere Ausdrücke. Er verfluchte den Dieb.

Fog ging weiter nach Norden. Es war ein langer Weg. Er wußte, daß er was Unrechtes getan hatte, und im Norden kannte er Verstecke. Endlich lag der Süden hinter ihm, und er bog nach Westen ab, in Richtung Bathhurst Head. Da hatte er seine Höhle, und da lebt er noch heute. Er betrat die Höhle vom Süden her.

Dann machte er es sich mit seinem kleinen Sohn, dem Eidechsenjungen, gemütlich. Sie aßen und aßen und aßen. Aber sie verließen die Höhle nur tagsüber. Fog wußte nämlich, daß Thunderstorm ihn suchen würde. Deshalb gingen sie nur tagsüber hinaus. Nachts kehrten sie durch den Südeingang in ihr Versteck zurück und futterten die Yamswurzeln.

Mittlerweile war Thunderstorm im Süden außer sich vor Wut. Statt tagsüber zu wandern, machte er sich in der Nacht auf den Weg. Er ging, bis er zu Fogs Höhle kam, und setzte sich über den Eingang. Er wollte warten, bis Old Fog herauskam, und sich auf ihn stürzen.

Er wartete und wartete und wartete.

»Ob der Bursche irgendwann mal auftaucht?«

Er nahm ein paar Kieselsteine und warf sie vor den Höhleneingang. Immer mehr Kieselsteine rieselten von oben herab.

Thunder wollte Old Fog täuschen. Er sollte glauben, daß sich ein Stachelschwein über dem Eingang zu schaffen machte und dabei Kieselsteine lostrat.

Doch Old Fog rührte sich nicht von der Stelle. So leicht ließ er sich nicht austricksen. Er wußte genau, was Thunderstorm im Schilde führte. Er sah die Kieselsteine herunterkullern, aber er kam nicht heraus.

Nach einer Weile mußte sich der kleine Junge – der vorher eine Eidechse gewesen war – erleichtern. »*Iiwadhu*«, sagte er. »Vater, geht mit mir raus. Ich muß mal.«

»Nein, nein, nein. Das geht jetzt nicht. Du mußt warten«, sagte Old Fog. »Dein Schwager hockt da oben und wartet auf uns. Womöglich schleudert er einen Speer auf uns.«

»Nein, geht mit mir raus. Ich muß ganz dringend.«

»Nein, nein. Mach einfach hier in meine Hand«, sagte Old Fog.

Aber das wollte der Kleine nicht.

»Na los, mach einfach auf meine Brust.«

»Nein, nein, geh mit mir raus.«

»Na schön, dann mach in meinen Mund«, sagte Fog.

Doch der Kleine weigerte sich immer noch. »Ich will raus.«

»Na schön«, antwortete Fog.

Er brachte ihn zum Eingang der Höhle. Der kleine Eidechsenjunge flitzte aus der Höhle nach Norden, Fog blieb im Süden zurück. Als Fog sich dem Eingang näherte, sah man zuerst seinen Bart Richtung Norden aus der Höhle spitzen.

Thunder, der auf der Lauer lag, sah den Bart und sagte sich: »Da ist dieser Fog.« Dann griff Thunder nach seinem Blitzspeer und schleuderte ihn.

Der Speer tötete den Kleinen auf der Stelle und rasierte Old Fog den Bart ab.

Thunder tötet den Eidechsenjungen

Fog, der unversehrt geblieben war, zog sich in die Höhle zurück. Dort blieb er und weinte und trauerte um seinen Sohn. Er konnte nicht mal die Höhle verlassen und den Toten hereinholen, weil er Angst hatte, doch noch von Thunders Speer durchbohrt zu werden. Er wartete und wartete.

Im Morgengrauen brach Thunder auf, weil er glaubte, sein Opfer erwischt zu haben. Er ging wieder nach Hause.

Fog suchte die ganze Gegend ab. »Nichts, er ist fort«, sagte er. Er kam aus seinem Versteck und bereitete den Körper des Kleinen für die Bestattung vor.

»Ich werde warten, bis die Überreste des Kleinen verwest sind«, dachte Fog. Nachdem genügend Zeit verstrichen war, grub er die Überreste wieder aus. Er baute eine Art Sarg aus Baumrinde. Da hinein legte er die Knochen des Jungen.

Dann wartete er. »Lassen wir Gras über die Sache wachsen«, dachte er. »Dann werde ich mich rächen.«

Unser Lager in Uwuru

Im Oktober 1984, zwei Jahre nach unserer ersten Reise, fuhren Roger Hart und ich erneut nach Barrow Point, diesmal allein. Unser Freund Tulo Gordon war gesundheitlich angeschlagen und schreckte vor der Strapaze zurück. Seit unserem ersten Besuch dort hatte Tulo eine Reihe von Bildern gemalt, die Roger Harts Leben und Homeland und die Abenteuer von Old Man *Wurrey* zum Thema hatten. Die Landschaft hatte sich fest in sein Gedächtnis eingeprägt.

Während Tulo mittlerweile lieber zu Hause blieb, konnten Roger und ich es kaum abwarten, Rogers Land wiederzusehen. Nach dem ersten Besuch war Rogers Gedächtnis förmlich aufgeblüht; seine Erinnerungen wurden immer differenzierter. Sogar die Hoffnung, seine Sprache rekonstruieren zu können, war gewachsen. Er hatte sich vorgenommen, sein Land diesmal sorgfältiger unter die Lupe zu nehmen und andere Orientierungspunkte auf Instones Farm, an die er sich erinnern konnte, ausfindig zu machen. Zudem wollte er sich eine Gegend ansehen, von der er meinte, der Schutzbeauftragte habe sie möglicherweise als Reservat für Aborigines abgesteckt, und andere Orte seiner Kindheit aufsuchen, die ihm inzwischen eingefallen waren.

In der ersten Hälfte der 80er Jahre flammte das Interesse an den Buschgebieten nördlich von Cooktown erneut auf. Nicht nur die Bewohner von Hopevale, die ihre Homelands oder andere Regionen aufsuchten, die sie aus ihrer Jugend als Viehtreiber kannten, sondern auch mehr und mehr Touristen und Angler begaben sich in die unwegsamen, seit langem verlassenen Gebiete auf der Halbinsel Cape York. Anfang Oktober 1984 begleiteten Roger und ich eine Gruppe junger Männer aus Hopevale und ein paar ältere ehemalige Viehtreiber auf einen Angelausflug, bei dem zugleich die Wege ins Landesinnere erkundet werden sollten, die in den Norden nach Cape Bowen und Cape Melville führten. Doch da die anderen nicht auf die Annehmlichkeiten verzichten wollten, die sie zu Hause hatten, kehrten sie um, ohne daß Roger und ich sie überzeugen konnten, bis nach Barrow Point mitzukommen. Wir entdeckten einen überwachsenen Pfad, der über die Sanddünen nördlich der ehemaligen Wakooka-Station nach Osten führte, und es sah so aus, als könnten wir Rogers Homeland auf einem direkteren Weg erreichen als damals am Strand entlang.

Da wir niemanden fanden, der uns auf der neuen Expedition begleiten wollte, machten Roger und ich uns am 15. Oktober 1984 allein auf den Weg. In einem geliehenen LandCruiser brachen wir von Hopevale aus erneut Richtung guwa (Nordwesten) auf und schlugen unser Nachtlager an der Straße nach Wakooka auf. Die ersten Buschfeuer brannten, und wir fuhren durch schwelende Landschaft und an Feuerstreifen vorbei und beobachteten durch die Rauchwolken, wie Wildpferde und zu Tode erschrockene Emus vor den Flammen flohen.

Am dritten Tag stießen wir auf die alte Straße, die wir zwei Wochen vorher entdeckt hatten. Mit Zweigen verwischten wir sorgfältig unsere Reifenspuren, um nicht Angler aus Cairns, die den Buschfeuern möglicherweise auch trotzten, auf die Idee zu bringen, uns zu folgen. Dann drangen wir in ein Gebiet im Nordosten vor, das auf keiner Karte verzeichnet war. Vom Hügelkamm aus sahen wir, etwa 10 bis 15 Kilometer vor uns, die vertrauten Umrisse von Barrow Point. Davor erstreckten sich dichter Urwald und von einzelnen Hügelketten durchbrochene Sanddünen.

Wir überquerten ein paar Flüsse, doch innerhalb weniger Stunden waren wir völlig erschöpft vom Steineschleppen und Ausfüllen der unterspülten Wege. Dann kamen wir an einen Fluß, den wir mit dem LandCruiser nicht überqueren konnten. Von hier aus mußten wir zu Fuß weitergehen. Neben der Straße fanden wir eine Stelle, über die das Buschfeuer bereits hinweggefegt war – das Gras war abgebrannt, und vereinzelt schwelten noch kleine Baumstämme – und die uns geeignet erschien, um den Wagen abzustellen.

In Anbetracht des anstrengenden Weges, der vor uns lag, packten wir nur das Nötigste ein, weder das Gewehr noch den Speer, nur unser Angelzeug und das, was wir für Tee und *damper* brauchten. Und da wir auf Tulos Orientierungssinn verzichten mußten, steckte ich auch einen Kompaß ein. Wenn wir lange genug nach Nordosten gingen, mußten wir früher oder später eigentlich auf der einen oder anderen Küstenseite von Barrow Point herauskommen. Von dort wollten wir den Flüssen, an die wir kamen, bis zu Rogers Geburtsort an der Ninian Bay folgen.

Der Marsch dauerte zwei Tage. Roger traute meinem Kompaß nicht so recht und zog es vor, sich im dichten Busch auf seinen Orientierungssinn zu verlassen. Immer wieder scheuchte er mich auf irgendeinen Baum, damit ich einen Blick auf den Horizont warf. Am ersten Tag ließen wir bei Einbruch der Dunkelheit da, wo wir gerade waren, unsere *swags* fallen, machten Feuer und setzten Wasser für den Tee auf.

Helle Haut

Südlich vom Barrow-Point-Lager gab es eine große Sanddüne, bei der wir Ameisenigel jagten. Die Methode war einfach und drastisch: Man zündete den Busch an, dann durchsuchte man den verbrannten Boden und stocherte in den freigelegten Löchern der »Stachelschweine« herum.

Auf der Sanddüne wuchsen »Korkbäume«, wie Roger sie nannte. Die Kinder spielten mit der verbrannten Rinde dieser Bäume und schmückten ihre Körper damit. Einmal hatte sich Roger von Kopf bis Fuß mit Holzkohle beschmiert. Sein Spielkamerad Toby Gordon lief zu den Erwachsenen und rief: »Schaut mal, seine Haut ist ganz schwarz geworden!«

Rogers Hautfarbe spielt in seinen Kindheitserinnerungen immer wieder eine Rolle. Es gab nur wenige Kinder, und die Frauen hatten große Mühe, die durchzubringen, die sie hatten. Siedler und Angehörige der Einheimischen-Polizei machten »Jagd auf bama-Frauen«, und die Mischlingskinder sorgten innerhalb des sozialen Gefüges von Barrow Point für starke Spannungen.

Roger erinnert sich, wie er und seine Mutter auf dem Weg nach Laura einmal dem Spurenleser Old Harry Moll begegneten.

»Er sagte zu ihr, sie soll mich in den Fluß werfen: ›Wangaarrbi ganggal, thulawi thambarra. Er ist das Kind eines Weißen. Wirf ihn ins Wasser!‹ sagte er.«

Eines von Rogers Geschwistern ereilte genau dieses Schicksal.

»Es war am Eumangin Creek. Wir waren alle auf die Jagd gegangen und hatten den kleinen Jungen bei jemandem im Lager gelassen. Ich weiß nicht mehr, wer auf ihn aufpassen sollte.

Der Kleine krabbelte überall herum. Einmal krabbelte er nach Norden und fiel ins Wasser. Keiner lief hin, um ihn zu retten. Sie ließen ihn einfach ertrinken. ›Laß ihn, er ist das Kind eines Weißen.‹

Das war lange, ehe mein Bruder Jimmy geboren wurde.

Als wir am Abend nach Hause kamen, stellten wir fest, daß er tot war. Er war ertrunken.

Es spielte keine große Rolle. Ich glaube, wir haben seinen Körper in ein Behältnis aus Baumrinde gelegt und ein paar Monate lang mit uns herumgeschleppt. Danach haben wir ihn irgendwo begraben – wo, weiß ich nicht mehr genau, wahrscheinlich im Süden bei Jones's Gap.

Ich wußte nicht, wie mein Bruder gestorben ist, bis ich nach Woorabinda kam, nach dem Krieg, und Toby Flinders mir davon erzählte.

Ich hieß *Urrwunhthin* und mein kleiner Bruder *Ugurnggun*. Auf englisch wurde er Nicholas genannt. Möglich, daß meine Mutter ihn bekommen hat, als sie nach Laura ging, um Tabak zu holen, einfach so.«

Roger und Toby sprachen oft darüber, was mit hellhäutigen Kindern geschah, die von der Polizei weggebracht wurden. Manchmal hörten sie es von jemandem auf Palm Island oder in Cherbourg, der sich daran erinnerte, daß seine Eltern guwaalmun (aus dem Westen), aus der Gegend von Barrow Point und Cape Melville gekommen waren.

»Die Polizei kümmerte sich nicht um bama buthun.gu, die ›richtigen Aborigines‹. Die lohnten die Mühe nicht. Die schoß man einfach über den Haufen. Es waren grausame Zeiten, thawuunh. Es war ein großes Unrecht, diese Kinder den Eltern wegzunehmen. Wenn man sie aus ihrer gewohnten Umgebung herausriß, waren sie verloren. Sie lernten eine fremde Sprache und verlernten ihre eigene. Sie wußten nicht mehr, wo sie hingehörten.«

Roger erinnert sich, daß sie in seiner Kindheit wegen der »Empfindlichkeit« seines Aborigine-Vaters ständig unterwegs waren. Der Alte mochte keinen Kontakt zu anderen Familien und war ständig auf der Hut vor der Polizei. Manchmal schlugen Roger und seine Familie ihr Lager etwas abseits von dem der Gruppe auf, um sich zu verstecken.

Einmal versteckten ihn seine Eltern und ein paar Frauen mehrere Wochen in einer Höhle in den Bergen oberhalb von Cape Bowen. Sie waren verunsichert, weil jemand berichtet hatte, daß die Polizei von Laura nach Barrow Point kommen würde. (Vgl. Farbtafel 16)

»Wir marschierten nach Süden auf Cape Bowen zu und durchquerten ein großes Salzbecken. Ich kann mich noch gut erinnern. Als wir es hinter uns hatten, wurde die alte *Arniirnil* von einer schwarzen Schlange mit rotem Bauch gebissen. Die Sonne stand schon tief am Himmel. Wir hatten das Lager im Westen am Morgen verlassen.

Sie schnitten die Wunde auf. ›Wie geht es dir?‹ fragten sie.

›Ganz gut‹, antwortete sie.

›Ma, weiter geht's!‹

Wir marschierten weiter nach Süden, auf die Berge zu. Als wir hinaufstiegen, begann es zu regnen. Wir gingen durch das Unterholz und schlugen irgendwo auf halbem Weg unser Lager auf. Es regnete immer noch, aber in der Nacht hörte es auf. Am nächsten Morgen kletterten wir weiter.

Oben auf dem Gipfel sagte mein Vater zu mir: ›Wir machen jetzt halt. Hier gibt es eine Höhle, wo wir unser Lager aufschlagen können.‹

Dann stieg er wieder hinunter und sagte zu den anderen: ›Kommt mit, da oben gibt es eine trockene Höhle.‹

Dann gingen wir hinein.

›Ihr schlaft im Osten‹, sagte er zu den Frauen. ›Und wir hier im Westen.‹ Mein Vater schlief im Norden, ich in der Mitte und meine Mutter im Süden.

Aber ich konnte nicht einschlafen. Ich hatte einen schlechten Platz erwischt. Ein Stein stach mir in die Rippen. Die anderen hatten mehr Glück gehabt. Es regnete die ganze Nacht.

Am nächsten Tag holte ich mir ein paar Stücke Holzkohle aus dem Feuer. Ich wollte wissen, wie man Boote und andere Dinge zeichnet. Ich bat meine Mutter, etwas auf die Höhlenwand zu zeichnen. Sie malte ein Schiff, doch ich wollte, daß sie meine Hand malt.

›Leg die Hand auf die Wand‹, sagte sie, und ich tat es.

Dann zeichnete sie auch ihre eigene Hand.

›Und was ist mit dem Schiff?‹ fragte ich. Also zeichnete sie das Schiff zu Ende.

Wenn es nicht gerade regnete, ging ich nach draußen und spielte zwischen den Felsen. Die Wolken flogen über meinen Kopf. Da, wo die sengende Sonne den Regen getrocknet hatte, roch der Felsen sehr kräftig.

Die Frauen hatten ein wenig Mehl dabei. Sie wurden mit Mehl bezahlt, wenn sie für Mr. Hart oder die anderen gearbeitet hatten. Sie teilten es mit allen. Als die Vorräte zu Ende gingen, sagten sie: ›Laßt uns zurückgehen. Die Polizei ist bestimmt schon längst wieder in Laura.‹ Doch in Wirklichkeit hatten sie nur das Mehl im Kopf. Also packten wir unsere Sachen zusammen, stiegen den Berg wieder hinunter und kehrten ins Hauptlager zurück.«

Am zweiten Tag unseres Marsches kamen Roger und ich an eine hohe Hügelkette, die nach Norden hin sanft abfiel. Wir folgten einem ausgetrockneten Flußbett, das uns hoffentlich zur Ninian Bay bringen würde. Die Landschaft wurde lichter. Obwohl wir den Himmel niemals ganz sehen konnten, hatte Roger das Gefühl, daß wir uns der Küste näherten. Wir kamen an den unverwechselbaren Resten eines alten Wassertanks vorbei, dessen Rumpf der Rost so rot gefärbt hatte wie die Erde, über die wir gingen. Roger konnte die Stelle zwar nicht identifizieren, aber es stellte sich heraus, daß wir uns in der Nähe der ehemaligen Siedlung befanden. Vielleicht hatten Viehtreiber, die vor Jahrzehnten für die Starcke-Station gearbeitet hatten, den Wassertank hier zurückgelassen.

Der felsige Untergrund ging allmählich in Sandboden über, dann kamen Teebaumsträucher. Am Ende des zweiten Tages gelangten wir östlich von *Uwuru* an die Küste. Die Ninian Bay und

Instones Siedlung lagen vor uns und dahinter, weiter rechts im Osten, *Iipwulin.*

Wolken brauten sich zusammen, und wir brauchten Trinkwasser und etwas zu essen. Wir beschlossen, unser Lager in der Nähe einer Sanddüne oberhalb der Flußmündung aufzuschlagen. Während wir auf die geschützte Stelle zugingen, entdeckten wir die frischen Spuren eines riesigen Krokodils – wahrscheinlich war es dasselbe, das wir zwei Jahre zuvor hier gesehen hatten: Die Fußspuren lagen anderthalb Meter auseinander, und in der Mitte, wo das Tier den Schwanz hinter sich hergezogen hatte, als es durch den Sand ins Meer kroch, war eine tiefe Furche.

Wir machten ein großes Feuer und rollten unsere *swags* in sicherer Entfernung vom Wasser aus. Roger beobachtete aufmerksam den Fluß. Wir wußten, daß das riesige *anhiir*, das Salzwasserkrokodil, früher oder später zurückkehren würde.

Zu Hause in Hopevale konnte sich Roger nicht immer so problemlos an die Barrow-Point-Sprache erinnern. Er mußte sich sehr anstrengen, um sich an einzelne Wörter zu erinnern, und manchmal schien er fast überrascht, wenn ihm ein ganzer Satz wie von selbst über die Lippen kam.

Doch jetzt waren wir in seinem Homeland. Als er *Uwuru* sah, brach ein wahrer Wortschwall in seiner Muttersprache aus ihm heraus – es war das erste Mal, daß ich ihn mit solcher Leichtigkeit sprechen hörte. Er unterhielt sich mit dem großen Krokodil, als sei es ein Stammesgenosse, und gab sich als lang verschollener Verwandter zu erkennen, der in sein angestammtes Gebiet zurückgekehrt war. »Wir sind Landsleute«, erklärte er, »und wenn du mich in Ruhe läßt, tue ich dir auch nichts.« Dann deutete er auf mich und fügte hinzu: »Und der gehört zu mir.«

Wir verbrachten die Nacht mit Geschichtenerzählen und aßen unsere letzten Lebensmittel aus Hopevale auf. Am nächsten Tag wollten wir in den Mangroven nach Ködern suchen und uns etwas fürs Abendessen angeln.

»Ich weiß, daß die Leute hier früher waathurr gesammelt haben«, sagte er. Gemeint war eine Wellhornschnecke mit länglicher, konischer Schale, die zwischen den Mangrovenwurzeln lebt. »Sie haben sie als Köder benutzt. Damit und mit Einsiedlerkrebsen, die in der gleichen Schale wohnen, haben sie Klippenbarsche gefangen.
Einmal suchte ich nachts mit meiner Mutter Köder. Sie suchte Frösche. Nicht die mit dem langen Maul, sondern die schnellen, die *arriil-malin* genannt werden; *arriila* heißt ›lauf!‹ Ich hatte eine Fackel aus Teebaumrinde dabei, mit der ich uns im Schlamm leuchtete. Wenn sie einen Frosch sah, erschlug sie ihn mit einem Knüppel. Und ich hob ihn dann auf.

Einmal schlug sie zu, und gerade als ich den Frosch aufheben wollte, streckte ein yigi – ein Geist – die Hand aus und packte mich am Arm. Ich schrie so laut, daß wir beide einen Riesenschreck bekamen. Also in dieser Nacht sind wir nicht mehr fischen gegangen.«

Wir stapelten eine Menge Holz auf unser Lagerfeuer. Vom Meer wehte eine leichte Brise, und am Himmel leuchteten die Sterne. Trotz Rogers wortreicher Rede an das Krokodil schliefen wir sozusagen mit einem offenen Auge.

Als ich am Morgen aufwachte, war Roger bereits losgezogen, um die Gegend auszukundschaften. Unten am Fluß hatte er die Spuren des *anhiirr* gesichtet, das im Morgengrauen von der nächtlichen Jagd zurückgekehrt war. Wir tranken unseren Morgentee am Strand und blickten auf die Ninian Bay.

Roger erinnert sich, daß er als kleiner Junge seine Mutter gern begleitete, wenn sie fischen ging. Manchmal kam sie genau hierher, wo wir jetzt saßen, und lief bei Ebbe den Strand ab, um Fische und Langusten zu suchen.

Roger mit seiner Mutter auf der Jagd

»Einmal ist sie zu dem kleinen Riff nördlich von hier gegangen – bei Ebbe könntest du es aus dem Wasser lugen sehen, da drüben. Ich wollte mit, also ging ich ihr nach. Aber sie wollte, daß ich dableibe.

›Du bleibst hier‹, sagte sie. Aber ich folgte ihr trotzdem. Ich gehorchte ihr nicht.

Wahrscheinlich dachte sie: ›Wie werde ich ihn bloß los und kriege ihn dazu, daß er zu Hause bleibt?‹ Ich ließ mich nicht abschütteln, auch wenn sie versuchte, mich wegzuscheuchen.

Sie ging weit nach Osten, bis zu dem Riff da. Plötzlich zeigte sie auf den Boden und sagte: ›Paß auf die Schlange da unten auf!‹

Ich erstarrte vor Schreck. Ich konnte mich nicht mehr bewegen. Stundenlang blieb ich wie angewurzelt am selben Fleck stehen, während sie jagen ging, und rührte mich erst wieder, als sie zurückkam.

Danach bekam ich eine ordentliche Tracht Prügel.

Es war wohl meine eigene Schuld. Sie hat versucht, mich zurückzuhalten, aber ich habe nicht auf sie gehört. Ich wollte immer mit, wenn sie auf die Jagd ging.«

Wir beschlossen, der Küste Richtung Eumangin Creek im Norden zu folgen, bevor wir zur alten Instone-Siedlung zurückkehrten. Dabei kamen wir an einer sprudelnden Süßwasserquelle am Strand vorbei, genau wie Roger es in Erinnerung hatte.

Wir kletterten auf einen Felsvorsprung über der Bucht, und Roger zeigte mir die Flüsse am Strand, der bis North Bay Point und Cape Melville reichte. Hier in der Nähe hatte Roger im Lager gelebt, als er zum ersten Mal einen Initiationstanz miterlebte. Hier in der Gegend hatte er auch mit seinen Jugendfreunden Toby und Banjo Gordon gespielt. Er erinnerte sich an den kleinen Billy McGreen jun., dem Sohn des Spurenlesers Long Billy McGreen, der gelegentlich von der Polizeiwache in Laura hierher kam, um seine Familie in Barrow Point zu besuchen.[22]

Ein Speerkampf unter Kindern

Wir trugen Speerkämpfe aus. Ähnlich wie die jungen Männer bei ihrem Initiationstanz. Es waren Scheingefechte, in denen sie sich gegenseitig mit dem Speer zu treffen versuchten. Wir machten es genauso.[23]

Wir sammelten harte Pflanzenstiele – muunun auf Guugu Yimithirr – und machten daraus Speere. Die Spitzen waren aus Bienenwachs. Das war unser Spielzeug. Wegen der Wachsspitzen drangen die Speere nicht ins Fleisch, sondern prallten ab und fielen zu Boden. Sie blieben nicht stecken, und es tat auch nicht sehr weh.

Wir bekämpften uns ja nur zum Spaß. So lernen bama, Speere zu werfen und ihnen auszuweichen. Wir hatten eine Menge Speere, aber wir benutzten keine *wommeras*.

Billy McGreen war etwas größer als wir. Er kam immer mit seiner Mutter, der alten Yuuniji. Einmal spielten Toby und ich in einer Sanddüne südlich des Eumangin Creek. Wir zielten zur Übung mit dem Speer auf ein Stück Baumrinde.

Billy McGreen kam und sagte: »He, gebt mir eure Speere.« Dann nahm er uns die Speere ab und zerbrach einen nach dem anderen vor unseren Augen.

Toby sagte zu mir: »Los, schlag ihn!«

»Nein, nein. Er ist größer als wir. Laß ihn. Nächstes Mal knöpfen wir ihn uns vor.«

Ein paar Tage später spielten wir wieder dort. Billy McGreen tauchte auf und machte es wie beim letzten Mal. Erst nahm er uns die Speere weg, und dann brach er sie in der Mitte durch. Es waren Grasspeere, *abulthabul* aus den langen Halmen der bungga-Palme.

Aber diesmal waren wir gewappnet. Im Gras hatte ich einen Speer versteckt. Als er sich zum Gehen wandte, warf ich den Speer und traf ihn im Rücken. Daraufhin fing Billy an zu flennen. Heulend lief er zu seiner Mutter.

Sie kam zu uns und fragte: »Wer hat einen Speer nach meinem Sohn geworfen?«

Da rannte ich schnell in den Busch.

Roger wollte sich noch einmal auf Instones Farm umsehen. Obwohl wir den Weg nun kannten, war es ein langer Marsch. Mit dem Vorsatz, unser Lager auch diesmal in Rogers Geburtsort in *lipwulin* aufzuschlagen, schleppten wir unsere *swags* und Trinkwasserflaschen durch das dichte Unterholz. Die Nachmittagssonne brannte, und der Wind hatte die Wolken vom Vortag vertrieben.

Als wir zu Instones Gelände kamen, zögerte Roger nicht lan-

13 Zwei Brüder auf der Jagd

14 Die Magpie-Brüder auf Schildkrötenjagd

15 Beim Lausen

16 In einer Höhle bei Cape Bowen

ge. Er drehte sich eine Zigarette und setzte dann das Gras ringsum in Brand. Der Wind trieb die Flammen schnell die leichte Anhöhe hinauf, auf der der Siedler einst sein Haus und seine Viehhöfe gehabt hatte. Wir kehrten ans sichere Ufer zurück und suchten im Wasser nach Ködern, während Roger genüßlich seine Zigarette zu Ende rauchte. In der Ferne prasselte das Feuer, das schnell um sich griff. Rauchwolken verdunkelten den blauen Nachmittagshimmel.

Tabak und Zähne

In Rogers Kindheit kamen einige Gebrauchsgüter der Aborigines von den Europäern. Zum Beispiel gehörten Decken zu den staatlichen Hilfsgütern, die Jahr für Jahr an die Aborigines verteilt wurden. Mehl, Tee, Angelhaken, Äxte aus Eisen und eine Vielzahl von Lebensmitteln verdienten sie sich durch ihre Arbeit auf den Schiffen oder als Viehtreiber.

Und dann gab es noch den Tabak, den jeder rauchte.

»Etwas zu rauchen bekamen wir von Sam Malaya. Ich rauchte schon als Kind – ich kann mich erinnern, daß sogar Mr. Bleakley mir eine Zigarette gab, wenn er nach Barrow Point kam. Es war langblättriger Tabak, sogenannter ›Rooster Tobacco‹. Im Lager wurde er in Tonpfeifen geraucht.

Und wenn die Tonpfeife kaputtging, schnitzte man sich welche aus Holz – aus Eukalyptus oder einem anderen Hartholz –, um weiterrauchen zu können.

Wenn man keinen Tabak mehr hatte, schnorrte man bei denen, die auf Instones Farm arbeiteten. Die hatten immer was zu rauchen; manchmal hatten sogar die Frauen Tabak.

Aber wenn unser Vorrat erschöpft war, hatten wir Pech. Wir mußten warten, bis wir wieder welchen bekamen. Manche rauchten dann irgendein Kraut aus dem Busch. An den Namen kann ich mich nicht mehr erinnern. Es hatte kleine Blätterbüschel und gelbe und rosarote Blüten. Die Büsche sehen aus wie eine Hecke; sie wachsen überall, sogar auf den Sanddünen. Die Leute sammelten die Blätter und trockneten sie. Dann rauchten sie sie, aber es schmeckte scheußlich.

Ich habe nicht immer geraucht. Eines Morgens wurde mir ganz schlecht. Ich war wie berauscht. Ich spuckte mein ganzes Frühstück wieder aus. Meine Mutter goß mir Wasser über den Kopf, und dann wurde mir besser.

Na ja, ich habe geraucht, bis sie mich nach Bedford brachten. Da mußte ich aufhören. Schulkinder durften in der Mission nicht rauchen. Nachdem ich die Schule verlassen hatte, fing ich erst wieder an, als ich auf den Schiffen arbeitete. Da hieß es immer: ›Dreh mir eine!‹ Also fing ich wieder an zu rauchen, weil ich die ganze Zeit für die anderen drehen mußte.«

Der erbärmliche Tabakersatz erinnerte Roger an eine andere Buschpflanze.

»Ich habe beobachtet, wie die Alten ein bestimmtes Holz verbrannten und sich den Saft auf die Zähne schmierten. Old Yagay erzählte mir, es sei der Blaue Gummibaum, binyjin – in meiner Sprache heißt er *ardamarda.* Ich glaube, der Kautschuk daraus ist gut gegen Zahnschmerzen. Wenn man einen schlechten Zahn hat, thawuunh, kann man nicht schlafen, das weißt du selbst. Man bekommt Kopfschmerzen.

Natürlich hatten die Alten ziemlich gute Zähne. Sie tranken nur reines Wasser und ein bißchen Honig. Ich glaub nicht, daß Honig den Zähnen schadet, oder? Aber geputzt haben sie sich die Zähne nie.«

Die Zeit des Wirbelsturms

Wir haben in kleinen *humpies* geschlafen. Aber in der Regenzeit hatten wir keine runden *humpies,* wie bama sie heutzutage bauen, sondern wir haben ein Loch gegraben. Wir haben gegraben und gegraben, bis das Loch ganz tief war. Dann haben wir das *humpy* reingesetzt und das Ganze erst mit Baumrinde und dann mit Sand zugedeckt.

Eines Abends hatten wir nichts zu essen. Das war während der Regenzeit. Wir hatten alle großen Hunger.

In der Nacht kam ein heftiger Wirbelsturm vom Norden auf uns zu. Regen! Wind! Tja, und wir waren alle in unseren Hütten in den Erdlöchern.

Am nächsten Tag wachte ich als erster auf. Ich kletterte aus der Hütte.

Der ganze Strand wimmelte von Krebsen und Tintenfischen. Gurriitha. Und von Fischen. Überall lagen sie haufenweise am Strand.

Ich ging wieder ins Lager zurück. »He, wenn ihr Hunger habt, da oben im Norden liegen jede Menge tote Tintenfische rum. Der Wirbelsturm hat sie getötet.« Vielleicht hatten Blitz und Donner sie an Land geschleudert.

Die Leute liefen hin und sammelten das minha ein. Sie kochten es und stopften sich die Bäuche voll.

Aber das war noch nicht alles, denn der Sturm hatte auch ein paar gewaltige mungguul-Stämme an den Strand gespült, ganze Bäume. Ähnlich wie Sagopalmen. Weiß der Teufel, wo die herkamen! Vielleicht aus Neuguinea. Die Leute haben die Stämme kleingehackt, gekocht und gegessen. Es blieb uns nichts anderes übrig, weil wir Hunger hatten. Das Zeug war weich, so wie *damper* ohne Treibmittel.

In den folgenden Tagen wanderten wir über die frisch abgebrannte Erde der Instone-Siedlung und suchten den alten Brunnen, das Gestell für den Wassertank, das Ziegengehege, die Spuren der Pferdewagen und die Pfähle, auf denen das Haus gestanden hatte und an die Roger sich zu erinnern glaubte. Wir grasten den Boden nach Metallstücken, alten Flaschen und allen Überresten der ehemaligen Siedlung ab.

In *lipwulin* fielen Roger viele Einzelheiten aus dem Lagerleben wieder ein. Wir angelten und badeten in den Süßwassersümpfen im Hinterland südlich von unserem Lager. Wir gingen nach Osten zurück in Richtung Barrow Point, bis zu einem schmalen Fluß. Dort, so glaubte Roger, würden wir bestimmt *baramundi* fangen.

Ein Sand-Goanna

Einmal waren wir hier in *lipwulin* im Hauptlager. Aber wir Jungs liefen immer nach Osten an einen kleinen Fluß. Weiter oben war er sehr tief, aber am Strand war er flach, und da spielten wir. Wir durften uns nicht zu weit vom Lager entfernen. »Geht nicht in die Mangroven, Yigiingu«, hieß es immer, »denn da gibt es Geister, *ama gunyjiingu,* und Hexen.« Wir mußten da spielen, wo uns die Erwachsenen sehen konnten.

Also spielten wir da, und plötzlich tauchte ein riesiger manuya auf, ein Sand-Goanna. Ich sprang auf und rannte ihm nach. Alle zusammen folgten wir seinen Spuren, weiter und immer weiter, bis wir ihn entdeckten. Er lag im niedrigen Gras.

Er erschrak und lief davon, nach Süden. Er folgte dem kleinen Fluß stromaufwärts. Wir liefen ihm nach, bis er ins Wasser sprang.

Jetzt konnten wir ihn nicht mehr verfolgen. Der Fluß war sehr tief. Und außerdem gab es damals ein Krokodil dort, glaube ich.

Auf der Jagd nach Goannas

Der manuya entwischte uns also, weil es zu gefährlich war weiterzugehen. Wir kehrten ins Lager zurück. Und bald darauf wanderten wir weiter.

Ein Baum, die Konturen der Landschaft oder der Laut eines Vogels riefen Roger Bilder von früher ins Gedächtnis. Wir waren umgeben von den Geistern der Menschen, die jetzt nur noch in Rogers Erinnerung weiterlebten.

Ein Biss in den Finger

Wir schlugen unser Lager häufig bei Cape Melville auf, ganz am Ende der Landspitze. Dort stand eine lange Reihe von nguundarr oder Jujube-Bäumen am Strand. Östlich vom letzten Obstbaum gab es ein großes Lager. Weither vom Westen kamen die Leute dahin. Auch meine Familie kam, aber wir hatten keinen

Krank in Cape Melville

Kontakt mit ihr – sie sprachen eine andere Sprache. *Ama uwu yindu.*

Als wir dort lebten, wurde ich sehr krank. Wir waren am Mack River gewesen, um mayi mabil zu sammeln, Wasserlilien. Man mußte erst im Sumpf herumgraben und kam dann raus in die heiße Sonne. Da holte ich mir sowas wie Keuchhusten, es war schrecklich. Und die ganze Zeit hatte ich Kopfschmerzen. Vielleicht war es eine Lungenentzündung.

Sie versuchten, mich auf verschiedene Art zu heilen. Zuerst zerrieben sie grüne Ameisen und schmierten meinen ganzen Körper damit ein. Aber es half nicht. Dann versuchten sie es mit kochendem Wasser. Sie tauchten Handtücher und irgendwelche Lappen hinein und wärmten meinen Körper. Aber das half auch nicht, und ich wurde von Tag zu Tag dünner und schwächer.

Danach dachten sie sich noch etwas anderes aus. Sie sammelten einen Haufen Steine und erhitzten sie in einem großen Feuer. Es war wie in einem gurrma, einem Erdofen. Als die Steine richtig heiß waren, brachten sie einen Eimer Wasser. In Wirklichkeit war es eine alte Kerosindose – so wurde damals Wasser heiß gemacht. Sie war rechteckig. Sie füllten sie zur Hälfte mit Wasser, und dann warfen sie die heißen Steine hinein. Die Steine erwärmten das Wasser.

Aus alten Zweigen bastelten sie ein Gestell und stellten die Dose mit den heißen Steinen darauf. Dann breiteten sie Decken darüber aus, und ich mußte mich danebensetzen. Mich deckten sie auch zu, eine Decke über der anderen, und verstopften alle Ritzen. Wie bei einem Erdofen.

Sie warfen keine Erde und keine Blätter obendrauf, sondern beschwerten die herabhängenden Ränder mit Sand, so daß die Hitze nicht entweichen konnte und kein Wind reinkam.

Ich lag dort etwa eine Stunde. Der Schweiß kam.

Danach nahmen sie die Decken weg. Tja, ich weiß auch nicht. Ich war zu krank. Ich kann mich überhaupt nicht daran erinnern. Vielleicht war ich so krank, daß ich dran hätte sterben können. Aber als ich rauskam, ging es mir viel besser. Später erzählten sie mir: »Wir haben dich da reingesteckt.«

Eine Zeitlang konnte ich nicht viel rumlaufen, so dünn war ich, nur noch Haut und Knochen. Ich konnte nichts essen, bis sie diese Kur mit mir machten.

Ganz langsam erholte ich mich, aber danach bin ich nie wieder krank geworden. Ich konnte wieder mit den anderen spielen und meiner Mutter hinterherlaufen.

Die Leute von Flinders Island kamen auch her. Sie kamen bis nach Cape Melville, da habe ich sie gesehen.

Den alten Johnny Flinders sah ich, als ich noch ganz klein war. Er kam bis runter nach *Iipwulin*, zur Ninian Bay. Weiter drüben im Süden hatten sie ihr Lager.

Damals ging es ihm sehr schlecht. Er lag in seinem *humpy* unter einer Decke, die ein großes Loch hatte. Ich steckte immer

Ein Biß in den Finger

meinen Finger durch das Loch, um festzustellen, ob er da ist. Ich wollte ihm ins Auge bohren. Er ließ mich machen. Und dann biß er mir plötzlich in den Finger! Ngaanhigay! Er ließ nicht mehr los.

Ich kann mich noch genau erinnern, wo das war.

Zwei Tage später mußten wir weiter. Wir hatten noch etwas Trockenfisch, Mehl und Tee. Rogers Tabak ging zur Neige. Wir hielten es für einfacher, durch das vom Buschfeuer freigeräumte Gelände zurückzukehren, als an der Küste entlangzugehen wie vorher. Ich hatte den Kompaß dabei.

Am Spätnachmittag saßen wir in *lipwulin* am Strand und nahmen uns vor, am frühen Morgen aufzubrechen. Roger hatte wie üblich ein paar Geschichten über die endlosen Wanderungen in seiner Kindheit auf Lager. Er erinnerte sich, wie sie nach monatelangen Aufenthalten in Cape Melville zur Ninian Bay zurückkehrten.

»Dort gab es viel zu viele bama«, erinnerte er sich. »Aber wenn wir wieder hier waren, blieben wir höchsten drei Wochen.«

Dann ging es weiter ins nächste Lager an der Küste südlich von Barrow Point. »Das Lager war genau hier im Osten, und auf der Südseite des Weges floß ein Fluß. Sie trugen mich auf den Schultern, und ich konnte die juubi und die Bambuspalmen sehen, die das ganze Südufer entlang wuchsen.«

Wenn sie von einem Ort zum anderen wanderten, hatten die Männer ihre mehrzackigen banyjarr-Speere zum Fischen und ihre banggay- oder muthin-Speere dabei, die nur einen Haken an der Spitze hatten und zum Erlegen von Wild gedacht waren. Sie trugen auch »Messerspeere« für alle möglichen Zwecke bei sich. Ihre Klingen bestanden aus einem flachen Eisenstück, zum Beispiel einer Türangel, die auf beiden Seiten geschärft war und vorne spitz zulief.

»Ein Tier stirbt schnell, wenn man es mit einem Messerspeer tötet. Es verliert sehr viel Blut und stirbt an Erschöpfung.

Wir hatten immer unsere Speere und ein paar Regierungsdecken dabei. Mehr brauchten wir nicht zum Umherziehen. Und die Hunde. Wenn unsere Jungs Messer von den Schiffen mitgebracht hatten, nahmen sie die auch mit, um Beute zu zerlegen. Außerdem hatten wir *billycans* dabei, in denen wir Honig mischten. Damals gab es so gut wie gar keinen Tee, nur Honig gemischt mit Wasser.

Damals hatte auch niemand Kleidung dabei. Nur meine Mutter und mein Vater, die hatten ein paar Hosen oder ein Kleid. Aber die Kinder nicht. Hüte gab es auch nicht. Nur die paar Leute, die für die Weißen gearbeitet hatten, trugen Hüte.

Wir hatten Messer und Löffel, aber keine Gabeln. Manchmal Streichhölzer. Wenn sie ausgingen, machten wir Feuer mit Feuerstöcken. Das ist sehr schwer, muß man wissen. Man kriegt überall Blasen an den Händen. Es gibt Leute, die ganz schnell Feuer machen können, andere brauchen lang.

Wir hatten nicht viele Sachen dabei. Manche trugen die Rindenbehälter mit den Überresten ihrer Verwandten. Aber die waren nicht schwer, weil nur die Knochen drin aufbewahrt wurden. Sie trugen sie so lange mit sich herum, bis sie das Gefühl hatten, es reicht. Ganaa wawu buliiga.[24] Dann betteten sie die Überreste in einer Höhle irgendwo hoch oben zur Ruhe.«

Am nächsten Morgen brachen wir früh auf, ebenfalls mit leichtem Gepäck. Wir folgten dem Auf und Ab des Geländes auf demselben Weg, den wir gekommen waren. Wir vertrauten darauf, daß unser Gedächtnis und mein Kompaß uns über die schwarzverbrannte Erde führen würden. Da wir zwischen dem Sumpf in *lipwulin* und unserem Auto, das wir irgendwo an der halb zugewachsenen Straße abgestellt hatten, kein Wasser finden würden, gaben wir uns Mühe, uns nicht zu verlaufen und nicht zu langsam zu gehen.

Am späten Nachmittag stießen wir auf einen Pfad, den Roger wiedererkannte: Es war derselbe, dem wir nach der Abzweigung hinter Wakooka gefolgt waren. Einen halben Kilometer weiter südlich fanden wir dann tatsächlich den Toyota. Wir tranken das letzte Wasser aus Barrow Point, stellten die Kamera in eine Baumgabel und fotografierten uns selbst. Mit meinen wirren Haaren überragte ich Roger mit seiner Baseballmütze. Unsere Gesichter waren von den Buschfeuern so rußgeschwärzt, daß unsere unterschiedlichen Hautfarben ein und denselben Ton angenommen hatten.

Fogs Rache

Nachdem Fog seinen kleinen Eidechsensohn bestattet hatte, wartete er noch zwei Wochen, dann brach er auf. Er wollte sich rächen.

»Ich bringe meinen Schwiegersohn da unten im Süden einfach um.«

Doch zuerst brauchte er einen guten Speer. Er beschloß, das Holz von verschiedenen Bäumen auszuprobieren, um sich einen murranggal zu schnitzen, einen Speer wie ein Geschoß.

Er fällte den ersten Baum und machte einen Speer daraus, aber er taugte nichts. Dann fällte er einen Eukalyptus und machte daraus einen Speer. Auch nichts. Dann schnitzte er sich einen Speer aus dem Holz der schwarzen Palme, aber auch der taugte nicht.

Schließlich beschloß er, hinunter zu den Sanddünen zu gehen. Dort suchte er im Unterholz und fand den Baum, den er haben wollte: *yigu ithin.gal*. Die Leute von Cooktown nannten ihn mirrbi. Er schnitzte sich einen Speer aus seinem Holz. Als er fertig war, schleuderte er ihn gegen einen anderen Baum in der Nähe. Der Speer durchbohrte den Baum und blieb in dem dahinter stecken.

»Der ist richtig«, dachte Fog.

Er schnitzte einen ganzen Haufen Speere aus dem *ithin.gal*-Holz.

Bei Sonnenaufgang machte er sich auf den Weg. »Der Bursche soll meinen Speer kennenlernen.«

Er ging nach Süden – yii – und machte auf halbem Weg Rast.

Dann brach er wieder auf. Er ging und ging. Schließlich, gegen drei Uhr nachmittags, kam er dahin, wo Thunder lebte.

Er schlich sich leise in das Lager und spähte vorsichtig nach Süden.

»Aha, sie töten seine Läuse.«

Seine beiden Frauen waren dabei, Thunderstorm, der zwischen zwei Bäumen saß, zu lausen. Das eine Bein hatte er auf der einen Seite an einen Baum gelehnt, das andere auf der anderen Seite an einen anderen. Die jüngere Schwester zerquetschte die Läuse in seinem Bart, während die ältere seinen Kopf lauste.

Während Fog sie ausspionierte, kamen ein paar Vögel angeflogen und begannen, ihn auszulachen, wie er da kauerte und sich versteckte. Sie lachten und lachten und lachten. Fog duckte sich noch tiefer.

Schließlich schickte Thunderstorm die ältere Schwester, um nachzusehen: »Schau doch mal nach, was für ein Tier sich da rumtreibt. Vielleicht lachen die Vögel über eine Pythonschlange. Versuch rauszukriegen, was die Vögel entdeckt haben.«

Sie kam aus Süden und suchte die ganze Umgebung unter dem Baum ab, auf dem die Vögel saßen und einen Heidenlärm machten. Mittlerweile hatte sich ein ganzer Schwarm Vögel auf dem Baum versammelt und lachte Old Man Fog aus.

Die ältere Schwester konnte nichts erkennen. Fog duckte sich noch tiefer ins Gras. Er versteckte sich vor seiner älteren Tochter, weil er Angst hatte, sie könnte ihn verraten.

Er harrte in seinem Versteck aus, bis seine Tochter schließlich wieder nach Süden ging und sich in den Schatten setzte.

»Da ist nichts«, sagte sie. »Wer weiß, worüber die Vögel da oben im Norden lachen.«

Aber es kamen immer mehr Vögel herbei und lachten Fog aus. Es waren tit-tit-Vögel, Meisen. Diesmal schickte Thunder-

Fog durchbohrt Thunder mit dem Speer

storm die jüngere Schwester, um nachzusehen. »Jetzt geh du. Vielleicht sehen deine Augen mehr.«

Sie ging nach Norden und entdeckte ihren Vater. Old Fog tauchte aus dem Gras auf und rief sie: »Komm her, Kind, komm her.«

Er erzählte ihr von dem Eidechsenjungen, den Thunder getötet hatte.

»Dein jüngerer Bruder liegt oben im Norden begraben. Dein Mann hat ihn getötet. Deshalb bin ich gekommen. Ich will ihn aufspießen. Also verrate ihm nicht, daß du mich gesehen hast, hörst du? Jetzt geh wieder zurück, aber halt dich ein wenig abseits. Tu so, als würdest du weiter seinen Kopf lausen.«

Sie gehorchte und ging wieder in den Süden.

»Es ist nichts. Wer weiß, worüber diese Vögel lachen?«

Old Fog schlich sich vom Norden heran. Er kam so nahe wie möglich.

Thunderstorm hatte laut zu schnarchen angefangen, während

die beiden Frauen in seinen Haaren nach Läusen suchten. Die jüngere wußte, daß Fog kommen würde, um Old Thunderstorm zu töten.

Als Old Fog nahe genug war, stand er auf und schleuderte seinen Speer. Er durchbohrte den einen Baum und dann Thunderstorms Bein. Doch damit nicht genug: Er durchbohrte auch noch das andere Bein und den Baum dahinter.

Old Thunderstorm krümmte sich vor Schmerzen und wälzte sich auf dem Boden. Buuuu, du du du. Seine Beine waren an die Bäume genagelt.

Thunder warf einen seiner Blitzspeere, doch Old Fog duckte sich. Thunder warf noch einen Speer, und Fog wich erneut aus. Und ein drittes Mal schleuderte Thunderstorm einen Blitzspeer Richtung Norden, und wieder wich Fog aus.

Schließlich stand Fog im Norden und beobachtete Thunder aus dem Augenwinkel. In dem Moment schleuderte Thunder seinen letzten Speer, und diesmal rasierte er Fog den Bart ab.

Da lief Fog davon, den ganzen Weg nach Hause. Er lief di, di, di, diii, bis er an den Mack River kam. Doch er blieb nicht bei den Leuten dort. Er lief weiter und weiter und wandte sich dann nach Westen. Er versteckte sich in der Höhle, in der der kleine Eidechsenjunge umgekommen war. Da kroch er hinein, und da ist er noch heute.

Als ich ein kleiner Junge in Barrow Point war, gingen wir hinauf nach Cape Melville und schauten nach Bathhurst Head hinüber, wo Old Fog seine Höhle hat. Jeden Morgen sahen wir weißen Rauch um den Berg – das war Old Fogs Bart, den Thunderstorm abgeschnitten hatte.

Und das ist das Ende der Geschichte.

Nachwort: Barrow Point in den 90er Jahren

Mitte 1989 unternahmen Roger Hart und ich eine Reise ganz anderer Art nach Barrow Point. Mittlerweile hatten sich die Zeiten geändert. Wir fuhren in einer Kolonne von Geländewagen direkt nach *Iipwulin*, unter ihnen jede Menge Fischer aus Cairns, die ihre Motorboote zu Rogers Geburtsort schleppten. Zum Glück hatten sie Rogers Austernbänke noch nicht entdeckt – noch nicht.

Unsere Reisegruppe war bunt zusammengewürfelt: ein Ratsmitglied aus Hopevale, ein Aborigine-Aktivist aus Cairns und ein junger Jurastudent von der Sydney University in Hopevale namens Noelie Pearson, der ein paar wangarr (weiße) Freunde und seine Mutter mitgebracht hatte, eine Kuku-Yalanji-Frau. Tulo Gordon war inzwischen so schwer krank, daß er seinen ältesten Sohn Reggie mitschickte. Ich hatte meine Familie dabei, und später stieß auch noch der mittlerweile verstorbene Tim Asch dazu, ein amerikanischer Anthropologe und Filmemacher, der schon immer nach Hopevale hatte kommen wollen und sich nicht davon abhalten ließ, in den, wie Roger behauptete, von Krokodilen und Haifischen heimgesuchten Gewässern zu schwimmen.

Noelie, der möglicherweise Perspektiven für Aborigine-Landrechte in Queensland am politischen Horizont aufdämmern sah, zeigte Interesse an Rogers Muttersprache, die mit der inzwischen untergegangenen Sprache seiner eigenen Volksgruppe am Jeannie River verwandt war. Wir sprachen über die Entwicklung des Tourismus, über Umweltschutz und die Ranger, die das Gebiet beaufsichtigen sollten. Noelie und Reggie konnten es nicht abwarten, auf ein Schiff zu kommen, und boten den Fischern aus Cairns an, ihnen zu zeigen, wo es Schildkröten gab. Sie kehrten aber nur mit ein paar Stechrochen zurück. Wieder einmal zündete Roger den Busch an, um ihn »sauberzuhalten«.

Seitdem ist Roger Hart noch mehrmals zu seinem Homeland zurückgekehrt. Er galt als Experte für Land und Traditionen, als einer der Leute, die am ehesten Anspruch auf mehrere angestammte Gebiete erheben durfte. Er flog mit einem Hubschrauber über sein Land, um in dem letzten Endes erfolgreichen Prozeß[25] um Landbesitz auf Flinders Island, Cape Melville und Cape Bowen als Zeuge auszusagen. Leider umfaßte dieser nicht das Barrow-Point-Gebiet,[26] das er für sich beansprucht. Anfang 1995 sagte mir Roger, daß er an chronischen Rückenschmerzen leide – seiner Ansicht nach die Strafe dafür, daß er den Weißen so viele heilige Stätten hatte zeigen müssen.

Seit 1991 war der Starcke-Besitz, der sich in den 30er Jahren auf das ganze Areal zwischen dem McIvor River und Cape Melville ausweitete und zu einem einzigen riesigen Pachtgebiet wurde, Gegenstand intensiver Bemühungen seitens indigener Gruppen, die einen angestammten Anspruch auf das Gebiet hatten und ihr Recht auf Landbesitz geltend machten. Den gesetzlichen Bestimmungen in Queensland zufolge konnten die Nachfahren der ursprünglichen Besitzer Anspruch auf jene Gebiete erheben, die bereits als Nationalparks ausgewiesen waren und unverzüglich wieder an den Staat zurückgegeben werden mußten.[27] Darüber hinaus will die Regierung andere Teile des Pachtgebiets zurückkaufen, um sie ihren rechtmäßigen Besitzern zurückzugeben. Bei wieder anderen Gebieten streitet man aufgrund widersprüchlicher gerichtlicher Entscheidungen und gesetzlicher Bestimmungen noch um einen sogenannten »Native Title«, der auf die Zeit vor der Eroberung des Landes durch die Krone zurückgeht.[28] Im Januar 1998 erzählte mir Roger, er habe sich an seinem Geburtsort eine provisorische Hütte am Strand gebaut, in der er ungeachtet der ungeklärten Eigentumsverhältnisse Urlaub machen wolle.

Die Frage, welche Rolle die historische Entwicklung und die Geschichten der Barrow Point People im derzeitigen Kampf um Land, Eigentum und Abstammung spielen, würde weit über das hinausgehen, was Roger Hart, Tulo Gordon und ich uns vorgenommen hatten, als wir vor rund zwanzig Jahren mit der Arbeit an diesem Buch begannen. Roger Hart spielt immer noch eine entscheidende Rolle bei diesem Projekt, und seine Sprache lebt in Landkarten, traditionellen Stätten und juristischen Streitigkeiten um Rechtmäßigkeit und Tradition weiter. Sogar Old *Wurrey* geistert noch umher, und selbst Anwälte und Richter erzählen beim Kartographieren des Landes von seinen Abenteuern.[29]

Doch das alles wird nicht ausreichen, um die Sprache und die Traditionen von Barrow Point am Leben zu erhalten. Die Zerstörung der Lebensformen der Aborigines überall im Norden war grausam effektiv und ist unwiderruflich. Was überlebt hat, ist radikal verändert. Aus den moralischen Geschichten von früher, die für initiierte Erwachsene bestimmt waren, sind »Märchen« für Kinderbücher geworden. Aus den speziellen Wörtern, die früher Respekt und Intimität ausdrückten, sind geheime Einsätze im berechnenden Spiel um Rechtmäßigkeit und um den Anspruch auf Landbesitz geworden. Die komplexen gemeinschaftlichen Einrichtungen, die dazu dienten, Ressourcen gleichmäßig zu verteilen, den Gesetzen Folge zu leisten und Menschen zu erziehen, sind auf Grenzen, Titel, Rassenunterschiede und eine durchweg europäische Interpretation von »Eigentum« reduziert worden.

Vor siebzig Jahren prophezeite der Missionar G. H. Schwarz in Cape Melville den Barrow Point People und ihren Nachbarn im Norden eine düstere Zukunft:

> In wenigen Jahren wird man vielleicht davon sprechen, daß es zwischen Cape Flattery und Cape Melville einmal zwei Gruppen gegeben hat, die jedoch ausgestorben sind.[30]

Roger Harts Leben beweist, daß Schwarz' Epitaph auf die Barrow Point People etwas voreilig war. Vielleicht kann auch unser Buch ein wenig dazu beitragen, daß sie nicht ganz in Vergessenheit geraten.

Glossar

Anmerkung: GY ist die Abkürzung für Guugu Yimithirr, die Sprache der Cooktown-Gegend; BP steht für die Barrow-Point-Sprache von Roger Hart.

anggatha	BP, »Freund«; *anggatha athu*, »mein Freund«
bama	GY-Wort für einen australischen Aborigine
baramundi	Großer, besonders wohlschmeckender Fisch
bêche-de-mer	Seegurke, die in der asiatischen Küche geschätzt wird
billy oder billycan	Kleine Blechbüchse oder Milchdose mit Drahtgriff, an dem sie übers Feuer gehängt wird
dagu	GY, wörtlich »Ding«; im allgemeinen Sprachgebrauch soviel wie »na schön« oder »nun gut«
damper	austral.: Für den Busch typisches Brot aus Mehl, Wasser, Salz und Backpulver, das meist in der Feuerasche gebacken wird
dilly bag	Tragetasche aus Gras oder anderen natürlichen Pflanzenfasern
duburrubun	GY-Name für eine Elsternart
Gambiilmugu-warra	GY-Name für den Barrow-Point-Clan dem Roger Hart angehört

gaw	GY, Ausruf, mit dem man Aufmerksamkeit heischt; soviel wie »He!«
gin	austral.: Bezeichnung für eine Aborigine-Frau, die heutzutage als Beleidigung gilt
goanna	Eine von vielen heimischen Echsen
grog	Alkoholisches Getränk
guya	GY, »nein, nichts, kein«
humpy	austral.: Baumrindenhütte der Aborigines
ma	GY-Wort, das eine Aufforderung ausdrückt: »Also los, gehen wir …«
mayi	GY, eßbare Pflanzen
minha	GY, »Fleisch« oder eßbare Tiere
ngaanhigay	GY, Schmerzensschrei
sugar-bag	Getränk aus einheimischem Honig und Wasser
swag	Australische Bezeichnung für zusammengerolltes Bettzeug
thawuunh	GY, »Freund«
wangarr	GY, Nicht-Aborigine, Europäer, »Geist«
wommera	Australisches Wort für Speerschleuder, das von einem Aborigine-Wort aus New South Wales abgeleitet ist
yimpal	BP, »Geschichte« oder »Neuigkeit«

Anmerkungen

Vorwort

1. Diese klassifikatorische Verwandtschaftsbezeichnung ordnet Mrs. McIvor der Kategorie Noel Pearsons »Kind« (väterlicherseits) zu, obwohl sie bereits eine ältere Frau war, als er noch ein kleiner Junge war.

Teil 1
Die Geschichten von Barrow Point

2. Die folgende historische Zusammenfassung stützt sich hauptsächlich auf Haviland 1985; vgl. auch Haviland und Haviland 1980 mit einem umfassenden Bericht über die Gründung der Mission in Cape Bedford.
3. Vgl. Haviland 1974.
4. Staatsarchiv Queensland, Dokumente des Kolonialministeriums, A314, Nr. 2395, 1881. Brief von St. George (Polizeipräsident) an den Kolonialminister vom 27. Mai 1881.
5. Vgl. Haviland und Haviland 1980.
6. Brief von Missionar Schwarz an den Missionsinspektor, Archiv des Bayerischen Missionswerks Neuendettelsau, 527, 25. Juli 1906. Schwarz rechtfertigte die gravierenden Verluste im Jahresbudget der Mission teilweise damit, daß es seiner Meinung nach nützlich sei, die »neuen Schwarzen« aus Cape Melville besser kennenzulernen. Folglich hatte er sie länger als vorgesehen in der Mission behalten und mußte sie, wie er sagte, auch ernähren. [Dieser Briefauszug sowie weitere, ursprünglich wohl auf deutsch verfaßte Textstellen (im folgenden mit * gekennzeichnet) mußten aus dem Englischen rückübersetzt werden, da die Originaldokumente zum Zeitpunkt der Drucklegung nicht einsehbar waren.]
7. Die Ältesten taten alles, um Ehen zwischen Bewohnern von Cape Bedford und Woorabinda zu verhindern.

8. Vgl. Haviland 1993.
9. Vgl. Haviland 1979 a,b.
10. Diese Forschung in den 70er und frühen 80er Jahren wurden in Zusammenarbeit mit Dr. Leslie Knox Devereaux von der Australian National University durchgeführt.
11. Diese Bemerkung stammt von dem verstorbenen Bob Flinders aus Cape Melville, einem Stammesgenossen von Roger Hart und seinem Schulkameraden aus frühen Missionszeiten.
12. Roger meint den verstorbenen Billy Muundu Jacko, der mich unter seine Fittiche nahm, als ich das erste Mal nach Hopevale kam, und mir die Sprache beibrachte. Muundu war einer der bevorrechtigten Leute, die Anspruch auf den Clanbesitz bei Junyju am Starcke River erhoben. Da die Bewohner von Hopevale es für gewöhnlich vermeiden, ihre Toten beim Namen zu nennen, habe ich diese höfliche Sitte im Text beibehalten und erwähne die Namen verstorbener Angehöriger nur in den Anmerkungen.
13. Hier bezieht sich Roger auf den verstorbenen Tulo Gordon aus dem Gebiet des Nugal-Clans, den Mitautor von Gordon und Haviland 1980 und den Künstler, von dem die in diesem Buch enthaltenen Bilder stammen.
14. Toby Gordon *(Urrguunh oder Wurrkuyn)*, Rogers Jugendfreund und späterer Mitbewohner in Mossman in den 70er Jahren, stammte, wie auch sein Bruder Banjo (*Udhaay*), aus demselben Gebiet in Barrow Point wie Roger. Er wurde 1927 von dem Anthropologen Norman Tindale 1927 auf Flinders Island fotografiert; damals war er höchstens acht Jahre alt. In den 70er Jahren diente er Peter Sutton als Informant (vgl. Sutton 1993 zu weiteren Einzelheiten seiner Abstammung). Er beherrschte sowohl die Sprache von Barrow Point als auch die von Flinders Island.
15. Vgl. Haviland 1979 a, 1979 b. Dort werden einige dieser speziellen sprachlichen Formen und die gesellschaftlichen Kontexte, in denen sie Verwendung finden, erläutert.
16. In den Erzählungen wimmelt es von Richtungsangaben, die für die gesprochene Form des Guugu Yimithirr sowie der Barrow-Point-Sprache charakteristisch sind. Diese Angaben dürfen nicht mit dem westlichen Kompaß gleichgesetzt werden, sondern sind richtungsweisende, gegenüber dem Kompaß im Uhrzeigersinn leicht verschobene »Quadranten«. »Westen« zum Beispiel ist ein Quadrant am Horizont, dessen Mittelachse etwas weiter nördlich als 270 Grad verläuft. Vgl. Haviland 1993, 1998. Die in *Wurreys* Geschichte erwähnten Orte erscheinen auf der von Tulo Gordon gezeichneten Landkarte der Umgebung von Barrow Point.

17. Wörtlich »Ding«, hier etwa: »Donnerwetter!«
18. Mayi, »Essen«, bezeichnet eine eßbare Pflanze, minha im Gegensatz dazu »eßbares Tier« oder »Fleisch«.
19. Wenn Sprecher des Guugu Yimithirr Geschichten erzählen, fügen sie häufig sinnlose Silbenketten dieser Art ein, um zeitliche oder räumliche Entfernungen anzudeuten.
20. Roger Hart zufolge war der Kopf eines Tieres üblicherweise dem Jäger vorbehalten.
21. Aborigines
22. Teile von Rogers Geschichten sind in anderer Form erschienen. Dick Roughsey und Percy Tresize veröffentlichten eine Version der Devil-Dingo-Geschichte (Roughsey 1973), ohne sie, wie Roger, an einem bestimmten geographischen Ort anzusiedeln. Tulo Gordons Sammlung von »Guugu Yimithirr«-Erzählungen »vom Endeavour River« (Gordon und Haviland 1980) enthält eine leicht bereinigte Fassung der »Thunder und Fog«-Episode, die in einem späteren Kapitel wiedergegeben wird. Tulo hörte sie als Kind in Cape Bedford, wo sie unter älteren Leuten sehr verbreitet war. Diese Geschichten waren ursprünglich geographisch genau zugeordnet, wenngleich verschiedene Aborigine-Gruppen wahrscheinlich ihre unterschiedlichen Versionen hatten.
23. Eine Anspielung auf die verstorbene Mary Ann Mundy. Sie lebte im gleichen Lager wie Roger als Kind und blieb Zeit ihres Lebens in engem Kontakt mit den Barrow Point People.
24. Wie alle Verwandtschaftsbezeichnungen in Guugu Yimithirr oder der Barrow-Point-Sprache bezeichnet das Wort gami ein klassifikatorisches Verhältnis, das sowohl eine genealogische Verbindung als auch die gesellschaftliche Kategorie der Personen umfaßt, die »wie« die Mutter der Mutter oder der Vater des Vaters einzuordnen sind. Die gami/gaminhtharr-Beziehung war möglicherweise typisch für eine »Juxbeziehung« (vgl. Thomson 1935, Haviland 1979a) in diesem Teil Australiens. In der Barrow-Point-Sprache werden solche Begriffe wechselseitig gebraucht. So kann es vorkommen, daß ein Mann seinen Großvater väterlicherseits *amithu* nennt und sein Großvater ihn ebenso bezeichnet.
25. Wörtlich, ein »nicht salziger, süßer oder sanfter« Mensch.
26. »*This is not a fairy tale*« – Mit diesem Satz pflegte Roger Hart diese Geschichte einzuleiten, um sie klar und deutlich von einigen anderen Erzählungen in diesem Buch abzuheben. Diese Version der Geschichte vom Untergang der Pinnacle-Gruppe entspricht der, die Roger Hart am 18. September 1984 erzählte.

27. Sutton 1992 verzeichnet dieses Areal als Clan-Gebiet Nr. 10, das auch das eigentliche Barrow Point und den Ostteil von Cape Melville umfaßt. Das ist Roger Harts angestammtes Land, das er von seinem Aborigine-Vater übernommen hat. Wie in der Geschichte angedeutet wird, erstreckte sich das Territorium nach Südwesten weit ins Landesinnere und war gesellschaftspolitisch in zwei Hälften unterteilt.
28. Sutton 1992 verzeichnet das so bezeichnete Territorium als Clan-Gebiet Nr. 12, das als »Teil der Küste südlich von Barrow Point; Barrow Point bis Cape Bowen« beschrieben wird und das mehrere von Roger Harts Verwandten, die in späteren Kapiteln genannt werden, als ihr angestammtes Gebiet beanspruchten.
29. Offenbar bestand trotz unterschiedlicher Bezeichnungen für dieselben Gegenstände oder Tätigkeiten eine grundsätzliche Ähnlichkeit zwischen den an der Küste und den im Landesinneren gesprochenen Formen der Barrow-Point-Sprache.
30. Das Guugu-Yimithirr-Wort yiirmbal bezieht sich auf Geister, die gefährlichen oder heiligen Orten zugeordnet werden. Yiirmbal nehmen häufig die Gestalt großer Tiere an, können sich aber ebenso als mächtige, destruktive Kräfte manifestieren, die alles mögliche bestrafen – von ernsthaften Vergehen bis hin zu schlichter Respektlosigkeit.
31. Einige Bewohner des heutigen Hopevale arbeiteten in den 50er und frühen 60er Jahren als Viehtreiber auf der Starcke-Station, deren Grenzen sich nach und nach bis Wakooka und Cape Melville im Norden ausweiteten. Ältere Männer, die sich in diesen Gegenden auskannten, unter ihnen auch Roger Harts Jugendfreund, Banjo Gordon, arbeiteten damals noch als Viehhüter und gaben Teile der regionalen Legenden an jüngere Männer weiter.
32. Guugu Yimithirr sprechende Gruppen aus dem Süden bezeichneten die Volksgruppen im Norden – die Barrow Point People eingeschlossen – kollektiv als Yiithuu.

Teil 2
Barrow Point um die Jahrhundertwende

1. Vgl. Haviland und Haviland 1980 sowie Loos 1982 zur Gegend von Cooktown. Sutton nennt 1890 als das Jahr, in dem in Munburra am Starcke River Gold gefunden wurde, und erwähnt, daß 1884 landeinwärts von der Ninian Bay Gold geschürft wurde.
2. Sutton 1993, Bd. 1, S. 5–13 faßt die historische Entwicklung der Region von Flinders Island und Cape Melville im Norden über Barrow Point bis Cape Bowen im Süden zusammen.

3. Roths Bericht an den Polizeichef »On the Aboriginals occupying the ›hinter-land‹ of Princess Charlotte Bay« (Über die Aborigines im Hinterland der Princess Charlotte Bay) vom 30. Dezember 1898, Fotokopie des Manuskripts, Mitchell Library.
4. Ibid.
5. Vgl. »The Tragic History of Mrs. Watson« (Die tragische Geschichte von Mrs. Watson), eine Broschüre vom 24. Januar 1882, die die gerichtliche Untersuchung der Lizard-Island-Affäre (datiert auf den 12. Oktober 1881) dokumentiert und auch einen Nachdruck von Mrs. Watsons Tagebüchern enthält; C. J. M. Oxley Library.
6. Sutton 1992 verzeichnet dieses Clan-Gebiet (Nr. 21) als »Jack River, Battle-Camp-Gegend«.
7. Queensland Parliamentary Papers 1903 14, Nr. 1/1902, Roths Jahresbericht von 1902.
8. Queensland State Archives (im folgenden QSA). Polizeiberichte 13a/G1, S. 68f., 20. Dezember 1910 (im folgenden POL). Des weiteren bittet Bodman um Erstattung von £3 für seine Reisekosten nach Red Point auf der *Seabreeze.* Er rechtfertigt die fehlgeschlagene Mission damit, daß er aus zuverlässiger Quelle erfahren habe, man bekäme Chucky in Red Point zu fassen, und deutete damit an, daß es bereits so etwas wie ein Netz von Aborigine-Spitzeln gab. QSA OL/13a/G1, S. 70, 3. Januar 1911.
9. QSA POL 13a/G1, S. 153, 5. April 1911, Aktennotiz von Bodman an den Polizeikommissar von Townsville, der einen Haftbefehl für Chucky ausgestellt hatte.
10. QSA POL 13a/G1, S. 160, 18. April 1911, Schreiben von Bodman an den Obersten Schutzbeauftragten (künftig: OSB) in Brisbane.
11. QSA POL 13a/G1, S. 172, 3. Mai 1911, Brief von Bodman. Als Roger Hart und andere junge Männer aus Hopevale während des Zweiten Weltkriegs mit ihren Arbeitstrupps Cherbourg besuchten, zeigte man Roger mehrere Gräber von angeblichen »Verwandten« aus Barrow Point, die Jahrzehnte früher in den Süden verlegt worden waren.
12. QSA POL 13a/G1 (Briefordner der Polizei von Cooktown 1910–1912), S. 4ff., 10. November 1910.
13. QSA POL 13a/G1. Brief von Constable W. K. Aird, vorgelegt von Sergeant Bodman, 10. November 1910.
14. QSA POL 13a/G1. Offenbar an den Hafenmeister gerichteter Brief. Namen und Alter der jungen Männer sind in Macketts Register zu den Aborigine-Unterlagen des QSA aufgeführt, Mackett 1992, Bd. 36.
15. Archiv der Lutherischen Kirche von Australien (künftig: ALCA), 1, 28. November 1925. Schwarz' Antwort auf eine Anfrage des Schutz-

beauftragten (künftig: SB) vom 19. Dezember. Mit *sugar-bag* ist das süße Getränk aus einheimischem Honig und Wasser gemeint.

16. Ibid.
17. Mit »Burschen von den Inseln« waren Bewohner der Inseln in der Torresstraße gemeint. Melanesier gelten nicht als richtige bama, d. h. als echte australische Ureinwohner.
18. ALCA, 1, 28. November 1925, Schwarz' Antwort auf die Anfrage des SB vom 19. Dezember.
19. In seiner Antwort auf Schwarz' Schreiben gab der OSB »die vorgeschriebenen Löhne für Aborigines vom Festland« mit £2,5 bis £2,10 monatlich, dazu Kleidung, Tabak, Lebensmittel und Decken an, für Männer von den Inseln der Torresstraße mit £3,15 bis £4, dazu Lebensmittel und Decken, und für diejenigen von den Inseln, die für Boote verantwortlich waren, mit £7 monatlich.
20. Vgl. Sutton 1993, S. 17ff.
21. King Harry war der Stiefvater von Bob Flinders aus Hopevale, einem leiblichen Sohn des im Text erwähnten dänischen Leuchtturmwärters.
22. Die Schutzbeauftragten der Aborigines verliehen den Männern, die sie zu »Königen« ernannten, ein sichelförmiges Metallabzeichen. Norman Tindale fotografierte King Harry 1927 auf Flinders Island mit seinem Abzeichen. Vgl. Sutton 1993.
23. Abgeleitet aus dem Guugu-Yimithirr-Ausdruck milbi-thirr, »Nachrichten überbringen«.
24. Das Areal Abbey Peak umfaßte letztendlich die beiden Landnahmegenehmigungen 394 und 395, die offiziell auf unterschiedliche Weise zustande kamen, aber miteinander verflochten waren.
25. Eine Aktennotiz des Lands Ministry (Ministerium für Landvergabe) vom 12. April 1916 beschrieb die offizielle Situation wie folgt: »Das betreffende Stück Land ist Teil eines umfassenden Gebiets (4500 Quadratmeilen), das im Mai 1889 zur Landnahme ausgewiesen wurde und über 26 Jahre lang ausgewiesen blieb, bis das nicht beantragte Areal im vergangenen September zurückgenommen wurde.« Lands OL [Genehmigung des Lands Ministry] 394 Cook, QSA.
26. QSA (Lands OL 394 Cook), 27. März 1916, Schreiben von James Bennett, ehemals 15th AJJ, c/o Cooktown an das Brig. Gen. Command 1st Military District, Brisbane, weitergeleitet an das Lands Ministry, 4. April 1916, einschließlich einer Karte, die OL 373 [Kalpowar] zeigt. Dieses Gebiet war für £6 an Maurice Hart verpachtet worden, Mount Hope auf 30 Jahre an O'Beirne & O'Beirne. Bennett inspizierte das Areal und stellte am 11. April 1916 einen offiziellen Antrag.
    Maurice Hart spielt wiederholt eine Rolle in dieser Geschichte. Und auch die O'Beirne-Brüder tauchen als Landbesitzer sowohl in den re-

gionalen Legenden auf wie auch in den Biographien der Aborigines, denen sie ihren Familiennamen gaben.

27. Die jährliche Pacht betrug £4/16/6 für beide Siedlungsgrundstücke. QSA Lands OL 394 Cook, Einträge vom 21. August 1916, 31. August 1916 und 6. September 1916 (Nr. 27920).
28. QSA Lands OL 394 Cook (Nr. 06064).
29. Anträge von Allan Crichtley Instone aus Cooktown erscheinen im QSA Lands OL 395 Cook. Am 1. Juni 1918 wurde OL 395, Pionier Bennetts ursprünglicher Besitz, auf Instone übertragen. Instone stellte auch einen Antrag auf Übernahme von OL 394 (QSA Lands OL 394, Nr. 17405, 14. Juni 1918). Anträge von Gordon und Stewart, den Pächtern von Starcke, befinden sich im QSA Lands OL 394, 11. Juli 1918. Der Antrag des allgegenwärtigen Maurice Hart ist im QSA Lands OL 394 Cook, 11. September 1918, enthalten.
30. Amtsblatt, 10. Oktober 1919, S. 1208. Abbey Peak, 228 Quadratmeilen, »Beginnt an der Küste etwa 2 Meilen 40 Chains [800 Meter] im NW von Cape Bowen, wo es an den Wakooka-Besitz angrenzt, reicht von dort etwa 15 Meilen nach Westen bis zum Birthday-Plains-Besitz und von da etwa 10 Meilen 18 Chains [965 Meter] nach Norden bis zur Küste«, einschließlich OL 378, 394 und 395. (QSA LAN/AF run 1228).
31. Auch hier wurde ursprünglich einem heimkehrenden Soldaten der Zuschlag erteilt: Abbey Peak wurde am 10. Dezember John Phillip O'Beirne vom 12. Australian Light Horse Regiment, Moascar, Ägypten, zugesprochen. O'Beirne, offenbar aus derselben Familie wie die Pächter der ursprünglichen »Mt. Hope«-Landnahmegenehmigung, hatte den Antrag für das Grundstück Abbey Peak am 24. November 1919 gestellt. Das 228 Quadratmeilen große Grundstück wurde am 10. Dezember 1919 im Amtsblatt ausgeschrieben und am 16. März 1920 kartographiert (QSA LAN/AF run 1228). Instones Pachtvertrag befindet sich in QSA LAN/AF run 1228, 18. Juni 1920. Er sollte vom 1. Januar 1920 an dreißig Jahre gelten; die jährliche Pacht betrug bis 1924 £85, danach £57 (QSA LAN N143).
32. ALCA, 1, Brief vom 28. November 1925, Schwarz' Antwort auf eine Anfrage des SB Bleakley vom 19. November 1925.
33. Sam Malaya hatte angeblich als Gärtner für mehrere andere europäische Farmbesitzer gearbeitet, und niemand wußte, wie er nach Barrow Point gekommen war. Er hatte in Kalpowar gearbeitet, weit im Süden bei King's Plain, und in Olivevale. Solange er in Barrow Point lebte, hatte er keine Frau, galt jedoch als leiblicher Vater des Hopevale-Einwohners Charlie Maclean, der in der Region Jugun bei King's Plain geboren war. Malaya starb nach dem Zweiten Weltkrieg in Cairns.

34. QSA Lands OL 378 Cook Nr. 20561, 4. April 1916. Hart bat in einem Eiltelegramm um die Pachtgenehmigung für ein 50 Quadratmeilen großes Siedlungsgrundstück, das im Norden an den Starcke-Besitz grenzte.
35. QSA Lands OL 378 Cook (Nr. 26902, 1. September 1916). Telegramm vom 10. August 1916 von O'Beirne aus Cooktown an »Hart, Grazier, c/o Donald, Laura«.
36. Das Gebiet war am 29. September 1916 ausgeschrieben worden. QSA Lands OL 397 Cook, Brief vom 8. November 1916. Amtsblatt, 29. September 1916, S. 973.
37. Anscheinend herrschte damals in der Gegend eine allgemeine Cowboy-Mentalität. Die offiziellen Unterlagen über Wakooka verzeichnen erbitterte Auseinandersetzungen zwischen Hart und seinen Nachbarn, in denen es rein äußerlich um Weiderechte ging. Vgl. QSA Lands OL 394 und OL 397, insbesondere QSA LAN/AF 1247, Wakooka Run 2623 Cook, Rangerbericht vom 10. März 1920; QSA LAN/AF 1247, Wakooka Run 2623 Cook, Briefe vom 26. Juni und 12. Juli 1922; QSA LAN/AF 1238, Howick 2621 Cook, Brief vom 26. September 1924; QSA LAN/AF 1238, Howick 2621 Cook, Brief vom 19. November 1924 von A. Wallace, Glenrock, an den Lands Commissioner; QSA LAN/AF 1238, Howick 2621 Cook, Rangerbericht vom 2. Dezember 1924; QSA LAN/AF 1238, Howick 2621 Cook, Vermerk vom 10. Dezember 1924.
Roger Hart erklärt, das Vieh würde sich frei von einer Station zur nächsten bewegen, da die Areale sehr groß seien und so gut wie nicht bewacht würden. Maurice Hart glaubte, daß seine Nachbarn sein Vieh stehlen und mit neuen Brandzeichen versehen. Um sich zu rächen, stiftete er bama, die auf seinem Besitz lebten, dazu an, die Tiere seiner Nachbarn, die sich auf sein Gebiet verirrten, zu schlachten und zu essen.
38. ALCA, 1, Brief vom 28. November 1925. Schwarz' Antwort auf eine Anfrage des SB Bleakley vom 19. November 1925.
39. Ibid.
40. Maurice Hart hatte selbst eine große Familie, und Roger Hart hat die Spuren einiger anderer Nachkommen seines vermeintlichen leiblichen Vaters verfolgt. Kurz vor dem Krieg, als Roger und andere Bewohner von Cape Bedford eine Outstation der Mission nördlich des McIvor River aufbauten, die spätere Mt.-Webb-Station, stießen sie auf einige Männer, die Vieh nach Hughendon im Süden trieben. »Da hab ich seinen Sohn gesehen, Barney Hart ... Er war ein junger Bursche – genausogut könnte ich ihn yaba nennen, ›älterer Bruder‹.« Als Roger nach dem Krieg in Mossman lebte, lernte er eine Europäerin aus Port

Douglas kennen, die sich als Harts Tochter ausgab. Eine zweite Tochter namens Madge hatte einen Sohn, Brian, der von Moree in N.S.W. aus Bustouren organisierte und Roger Hart in Hopevale besuchte. Vgl. Sutton 1993, S. 24.

41. Einem gewissen Mr. White, der mit Sandelholz handelte, verdankte Tiger White – »der Bruder von Charlie Burns« –, der für ihn arbeitete, seinen Nachnamen. Außerdem beschäftigte White neben anderen Arbeitern mehrere Aborigines als Stallburschen. Roger Hart bezeichnet Jupert Bairy (»Vater von Lindsay Bairy«) als Whites Stallburschen, der für die Packpferde verantwortlich war, und den alten Wulba aus Rossville als einen seiner Hauptarbeiter. Jupert, der aus Balnggarr bei Battle Camp stammte, arbeitete später im Schlachthof von Cooktown. Roger Hart erinnert sich, daß er den ehemaligen Sandelholzsammler wiedererkannte, als er ihm viele Jahre später in Cooktown begegnete.
42. Sutton 1993 verzeichnet die von Toby Gordon benutzte Schreibweise *Ipolyin* als Oberbegriff für das Barrow-Point-Gebiet. Als Entsprechungen nennt er auf Flinders Island Ipwolthan und in Guugu Yimithirr Dhibuuldhin (was eindeutig »Ort der Fledermäuse« zu bedeuten scheint; thiibuul, »Fledermaus« + thi(rr) KOMITATIV, obwohl Roger Hart als Barrow-Point-Entsprechung des Guugu-Yimithirr-Worts thiibuul mali:rr, »Fledermaus«, in Erinnerung hat.) Sutton 1993 bemerkt, daß sich »bestimmte Begriffe auf kleinere Teile« des gesamten Barrow-Point-Gebiets beziehen. Für Roger Hart ist *Iipwulin* der richtige Name des Aborigine-Lagers auf der Ostseite des Felsvorsprungs, der die Südküste der Ninian Bay in zwei Teile teilt. Die unterschiedliche Aussprache von Ortsnamen, etwa von Eumangin oder von Rogers Lager (Iipwulin, Ipolyn, Iipwolin, Ipuulin usw.) zeugt von einem komplexen Vokalsystem in der Barrow-Point-Sprache, das sich heute wahrscheinlich nicht mehr genau rekonstruieren läßt.
43. Eine Stelle in der Nähe, an der Leute zu lagern pflegten, wenn sie nach Süden oder Osten wanderten – wo Roger, Tulo und ich auf unserer ersten Reise zu Rogers Homeland haltmachten, um eine Kokosnuß zu essen – ist noch heute namentlich erhalten: *thulgumuway*, an der Ostküste südlich von Barrow Point. Sutton 1993 verzeichnet ein Barrow-Point-Sprachgebiet, das *tholkamoway* heißt und das Toby Gordon *ama Althanmungu* bei Cape Bowen zuordnet. Roger Hart siedelt diesen Ort mitten in seiner Gambiilmugu-Gegend an. Für ihn ist *thulgu* der Name für eine bestimmte Art großer Flughunde mit einem weißen Fellring um den Hals. *Thulgumuway* wäre demnach die Bezeichnung für einen Ort, an dem es viele solche Tiere gibt.
44. Roger Hart übersetzt *uwuru* mit »taub«. Sutton 1993 erwähnt den gleichnamigen Fluß, den Toby Gordon *Owuro* nannte, »Alligatorfluß«.

45. Sutton 1993 schließt sich Toby Gordon an und verzeichnet den Eumangin Creek, wie er bei den Viehhütern heißt, als Yamaaynthin.
46. Sutton 1993 gibt den Beginn dieses Clan-Gebiets (Nr. 11) als »Teil der Küste gleich nördlich von Barrow Point« an, also etwas weiter südlich an der Küste, als Roger ihn in Erinnerung hat; es liegt in einem Gebiet, das Roger nach wie vor seiner eigenen Gambiilmugu-Gruppe zuordnet.
47. In dieser Gegend sind noch heute mehrere große Muschelhaufen zu erkennen, die darauf schließen lassen, daß es hier bis in die 30er Jahre eine große Aborigine-Siedlung gab.
48. In Hopevale werden die Makromoieties durch den Verweis auf eine als Totem geltende Bienen- oder Vogelart klassifiziert. In Anbetracht der zunehmenden Anzahl »schiefer« Eheschließungen verlieren diese Moieties für die gesellschaftliche Identität immer mehr an Bedeutung.
49. In Guugu Yimithirr werden zwei engverwandte Arten als muunhthiina und mabil bezeichnet. Es gibt noch einige andere in beiden Sprachen benannte Varianten, doch heutzutage werden diese Knollen kaum mehr als Nahrungsmittel gesammelt.
50. In Guugu Yimithirr: babunh.
51. In der Barrow-Point-Sprache *Warninil*, auf englisch manchmal auch *matchbox nuts* genannt.
52. Nicholas Wallace, der Bruder von Hector, und Roger zufolge der Sohn eines Mannes namens Barney aus Barrow Point.
53. Long Billy McGreen gehörte später der Einheimischen-Polizei an, war Spurenleser für die Polizei von Cooktown, Wärter in der Leprastation von Cooktown und berühmtes Opfer eines Mordes, bei dem Zauberei im Spiel war.
54. Zusätzlich erschwert wurde die Rekonstruktion der Vergangenheit durch derzeitige Bemühungen, den Nachkommen der ursprünglichen Aborigine- Besitzer dieses Teils von Queensland ihre Landrechte wiederzuverschaffen. Vgl. z. B. Haviland 1997.
55. Wörtlich: »Sie haben nur einen Darm«, d. h., sie sind nicht nur stur, sondern auch leicht reizbar.
56. »Alte Frau«.
57. Roger bezeichnet Toby Gordons Frau Topsy – die Toby nach seiner Verschleppung nach Lockhart heiratete – als »Cousine« von Rosie, der Frau von King Nicholas.
58. Klassifikatorische jüngere Schwester des Vaters, d. h. Tante väterlicherseits, die normalerweise einen Mann aus der anderen Moiety geheiratet hätte und damit Mutter einer akzeptablen Braut, einer Cousine von der anderen Seite, gewesen wäre.

59. Enkel aus derselben Moiety, d. h. das Kind eines klassifikatorischen Sohnes, ein angemessener Partner zum Witzereißen, nicht aber zum Heiraten.
60. Das Guugu-Yimithirr-Wort für diesen Brauch ist gunyjil.
61. Die Lutherische Kirche hatte Ende des letzten Jahrhunderts eine weitere Mission für die Aborigine-Bewohner im Gebiet von Bowen und Proserpine gegründet. Letztlich scheiterte sie an finanziellen Schwierigkeiten, und eine große Gruppe ehemaliger Bewohner wurde 1902 nach Cape Bedford geschickt. Die meisten von ihnen wurden rasch wieder in den Süden zurückverfrachtet, weil sie in den Augen der Missionare von Hope Valley durch den unangemessen freizügigen Umgang mit den Europäern in ihrem Homeland »verdorben« worden waren. Eine kleine Gruppe dieser »Fremden« aus dem Süden blieb jedoch in Cape Bedford.
62. Ein Mann aus der Marie-Yamba-Mission, der ein bedeutender Anführer in Cape Bedford wurde und der zufällig Roger Harts Schwiegervater war.
63. In Wirklichkeit handelt es sich um einen Ameisenigel.
64. Tulo Gordon erinnert sich an eine weitere Einzelheit dieser Geschichte, nämlich daß die verärgerten Lagerbewohner die Stachelschwein-Frau mit ihren *wommeras* verprügelten, die dort, wo die heutigen Ameisenigel ihre Ohren haben, eine Delle hinterließen, so daß sie nicht nur »ungehorsam« wurde (weil sie nicht mehr »horchen« konnte), sondern für immer »taub«.
65. Sutton 1992 gibt den Namen mit *Wurrkulnthin* an und fügt hinzu, daß dieser Ort zur Geschichte der »Carpet Snake« gehört und erwähnt auch eine »Tiger Snake«-Geschichte, die mit der Insel in Verbindung gebracht wird. Roger Hart bestreitet ausdrücklich, daß seine Geschichte von Mungurru, der »Carpet Snake«, irgend etwas mit Noble Island zu tun hat. Er unterscheidet die Bewohner dieser Insel von den Menschen aus Cape Bowen, Barrow Point und Cape Melville, die ebenfalls seine Version erzählen.
66. Roger unterscheidet die Bestattungsbräuche seiner Leute in Barrow Point von der Guugu-Yimithirr-Gewohnheit, Teile der Toten, vornehmlich ihre Fingerspitzen, in einem kleinen Beutel als Jagdzauber aufzubewahren, um damit Beute anzulocken. Die Barrow Point People behielten nur ein wenig Haut und Haare als »Andenken«.
67. Die Aborigines in *Iipwulin* gaben dem europäischen Siedler Instone den nicht gerade schmeichelhaften und etwas unheimlichen Namen *damu munun urdiiga*, »Geist mit geöffneter Haut«.
68. Der Mann war Toby Flinders alias Toby Cape Bowen. Roger Hart bezeichnet ihn als Mitchell McGreens »Großvater väterlicherseits«.

69. Vgl. Dixon 1971, Haviland 1979a, 1979b.
70. In der Barrow-Point-Sprache wörtlich »Name-mit«.
71. Johnny Flinders stammte aus Cape Melville und war bis zu seinem Tod 1979 Anthropologen in entscheidendem Umfang behilflich, territoriale und genealogische Verbindungen der Aborigines im gesamten Cape-Melville-Gebiet zu rekonstruieren. Sutton 1993 gibt zwei Flinders-Island-Namen für ihn an, Wodhyethi und Orpayin. Sutton zufolge war John Flinders mit dabei, als sein Bruder, Diver Flinders, um 1908 in Bathhurst Head initiiert wurde. Sutton berichtet, John Flinders sei überzeugt gewesen, daß dies die letzte Initiation in dieser Gegend war. Andererseits erinnert sich Roger Hart, daß John Flinders etwa fünfzehn Jahre alt gewesen sein muß, als die von ihm beschriebene Zeremonie stattfand.
Rogers Schilderung des nganyja stützt sich offenbar sowohl auf seine eigene Erinnerung als auch auf die Berichte anderer, mit denen er in späteren Jahren Erinnerungen an die Lager in Cape Melville austauschte. Vermutlich handelte es sich bei den Ritualen, die er hier beschreibt, nicht um eine vollständige Initiation.
72. Die beiden Brüder Nelson und Wathi (auch Billy Salt oder *Nhimaarbulu* genannt) stammten aus einer Gegend, die Wuuri hieß, und lebten in Roger Harts Kindheit vorwiegend im Barrow-Point-Lager von *Iipwulin*. Sie waren seine thuway, Neffen.
73. Roger weigert sich, das Guugu-Yimithirr-Wort nganyja für diese Zeremonie zu verwenden, und erklärt: »So haben *sie* [d. h. die Leute aus Cape Bedford] dazu gesagt.« Roger verbindet das von ihm beschriebene Ritual mit der Verehrung und Hochachtung für die Carpet Snake, deren Geist Cape Melville bewohnte.
74. Eine Anspielung auf die als Totem geltenden Bienenarten, die die beiden Moieties verkörpern.
75. Mickey Bluetongue war eines der ersten Kinder frischgetaufter Eltern in der Cape-Bedford-Mission. Dem Missionsarchiv zufolge wurde er 1886 als Sohn von »Mickey« und »Rosie« geboren und heiratete später »Nellie«.
76. McGreen hieß auch Billy Galbay, »Long Billy« oder, nach seinem Vater, Billy Tharrathan. Auf Band aufgenommene Unterhaltung mit Tulo Gordon (80:45) und Suttons genealogische Darstellung in Sutton 1993, Bd. 2, S.18.
77. Burns gehörte zu einem Clan, der sich Yalnggaal-mugu nannte und südlich von Red Point, ein Stück landeinwärts, ansässig war. Der junge Roger Hart hatte Burns als jungen Burschen gekannt, der als Viehhüter für Maurice Hart auf der Wakooka-Station arbeitete. Sein Vater war Old Man Waarigan (Mond). Burns' Bruder, Tiger White, arbeite-

te als Sandelholzsammler auf der Wakooka-Station. Später kehrte Burns von Palm Island nach Laura zurück und von da nach Hopevale, wo zwei seiner Töchter Männer aus Hopevale heirateten.

78. Havilands Feldforschung; auf Band aufgenommene Gespräche mit Billy Jacko (79:17).
79. McGreens Tod wurde dem SB der Aborigines in Cooktown 1937 von dessen Bruder Jackson gemeldet; Queensland State Archives, Journal des Schutzbeauftragten der Aborigines.
80. Diese Geschichte stammt von dem inzwischen verstorbenen George Bowen, dem langjährigen Kapitän des Missionsbootes *Pearl Queen.*
81. Der verstorbene Tulo Gordon konnte sich erinnern, diese Geschichte als junger Bursche gehört zu haben.

1. Obwohl der Begriff *half-caste* in Hopevale selbst heute noch vielfach benutzt wird, stellt er für viele Aborigines eine Kränkung dar.
2. Queensland Votes and Papers, Bd. 4, 1896, S. 723–736, 731. A. Mestons Bericht über die Aborigines von North Queensland.
3. Jahresbericht 1899 des für den Norden zuständigen Schutzbeauftragten (künftig: SBN), 1. Juli 1900.
   Roth wandte sich auch gegen den Vorschlag, Mischlingsfrauen von den restriktiven gesetzlichen Bestimmungen, die Status und Anstellung von Aborigines regelten, auszunehmen, mit der Begründung, daß sie damit ohne gesetzlichen Schutz dastünden und »praktisch der Sklaverei« überlassen würden.
4. Roth, Bericht des SBN, 2. Januar 1901
5. Ibid.
6. SA POL 13a/G1, 20. April 1910.
7. Roth, Bericht des SBN, 2. Januar 1901
8. ALCA, 1.2, Band Nr. 3, 24. April 1900. Schreiben des Staatssekretärs im Innenministerium an Pastor Rechner, in dem er die Leitung von Bloomfield kritisiert und ein Telegramm erwähnt, in dem der Missionsarbeiter »ein schriftliches und von Zeugen unterschriebenes Geständnis abgelegt« hat, demzufolge er in Abwesenheit des Missionars »Beziehungen zu einigen Mädchen in der Station« gehabt habe.
9. In einem Brief* an den Missionsinspektor erklärte Schwarz, er habe sich zunächst geweigert, die 25 Personen aus der Marie-Yamba-Mission aufzunehmen, die nach Bloomfield gebracht worden waren (Archiv des Bayerischen Missionswerks Neuendettelsau, 477, Nr. 2, 3. September 1901, und Kirchliche Mitteilungen aus und über Nordamerika, Neuendettelsau, 1886–1907, Nr. 2 und 3, S. 471, März 1902). Im Juli 1902 bekamen 24 Personen aus Marie Yamba die Erlaubnis, nach Hope Valley in Cape Bedford zu kommen (Archiv des Bayeri-

schen Missionswerks Neuendettelsau, 488, Nr. 2, 12. Juli 1902, Brief von Schwarz an den Missionsinspektor). Roger Harts Biographie ist mit den Leuten aus Marie Yamba verflochten, da er später die Tochter eines dieser Männer heiratete.

10. In einem Fall beantragte ein Europäer, der sich zu seiner Mischlingstochter bekannte, daß sie in Cape Bedford aufgenommen wurde. Vorangegangen war eine umfangreiche Korrespondenz darüber, wer die finanzielle und moralische Verantwortung für ihre Erziehung übernehmen solle. Vgl. QSA A/58749. Der Europäer freundete sich später mit Missionar Schwarz an und besuchte die Mission regelmäßig. Die Missionsleitung rühmte ihn als den einzigen Weißen in der Gegend, der die väterliche Verantwortung für ein Mischlingskind übernahm.
11. In Wirklichkeit stammten die meisten ethnographischen und linguistischen Angaben über die Aborigine-Gruppen nördlich von Cooktown, die Roth später veröffentlichte, von Schwarz. Vgl. z. B. Roth 1984 (1901–6).
12. Eine große anglikanische Missionsstation bei Cairns.
13. Brief von Schwarz an den SBN Roth, 2. Februar 1902. QSA A/58749. An den Mann namens Matyi (so gab Schwarz das Guugu-Yimithirr-Wort mathi (Regen) wieder) konnten sich alte Bewohner von Hopevale Anfang der 70er Jahre noch erinnern. Von frühen Missionaren aufgenommene Fotos zeigen einen weißhaarigen Zauberer mit furchterregendem Nasenschmuck. Abgebildet ist er in Pohlner 1986.
14. QSA A/58749. Brief vom 24. Februar 1902, Büro des SBN an den Staatssekretär.
15. QSA A/58749. Brief von Kenny an seinen Vorgesetzten, 26. Juni 1902.
16. QSA A/58749. Mitteilung von Kenny an Inspector Garroway, Laura, 30. Juni 1902.
17. QSA A/58749. Brief vom 23. Juni 1902 von Wallace, Glenrock, an den Innenminister.
18. Als SBN hatte Roth die Verlegung natürlich selbst angeordnet. Obwohl sich Wallace auf Roth berief, war dieser bei den Siedlern der Cooktown-Gegend nicht sonderlich gut angeschrieben, weil er sich für die Aborigines eingesetzt hatte. Wallace schrieb auch an seinen Parlamentsabgeordneten und beschwerte sich über Roths Versuche, das Mädchen Dora verlegen zu lassen. Dieser wiederum leitete den Brief (»eines alten und angesehenen Siedlers im Cook-Bezirk«) an den Innenminister weiter, versehen mit der Bemerkung, in einem ähnlichen Fall habe »Dr. Roths gewaltsame Entfernung einer jungen Gin aus einem gemütlichen und respektablen Heim, wo sie von der ganzen Familie wie eine der ihren behandelt wurde, dazu ge-

führt, daß die Gin als Prostituierte endete«. QSA A/58749, Brief von J. Hamilton, Brisbane, an den Innenminister, 8. Juli 1902.

19. Ibid.
20. Guugu Yimithirr, Binhthi-warra, eine Clan-Gruppe, deren traditionelles Stammesgebiet sowohl Glenrock als auch Elderslie am McIvor River umfaßte.
21. Als der SB Roth seine Korrespondenz später durchsah, bemerkte er, »daß ich am 19. Juni 1899 demselben Charles Wallace folgendes geschrieben habe: ›Ich bin soeben von einer Inspektionsreise an der Küste und am unteren Teil des McIvor entlang zurückgekehrt. Am Anlegeplatz beschwerte sich ein Aborigine namens Jimmy, den ich untersuchte, nachdem ich frische Spuren von Gewaltanwendung an ihm entdeckt hatte, daß Sie ihn ausgepeitscht hätten; er berichtete mir sämtliche Einzelheiten und bat mich einzuschreiten. Ich würde gern hören, was Sie dazu zu sagen haben.‹ Ich erinnere mich deutlich an seine Antwort, in der er die Tat unumwunden zugab und erklärte, er würde es wieder tun«. QSA A/58749, Brief vom 22. August 1902, unterzeichnet von Dr. Roth, SBN, an den Innenminister. Wallace legte sich häufig mit der benachbarten Cape-Bedford-Mission an, was Grenzen und Wegerechte in dem Gebiet betraf.
22. QSA A/58749. Bericht von J. Kenny, Constable 419, Eight-Mile [Cooktown] an Subinspector Garroway, Laura, 15. August 1902.
23. QSA A/58749. Roths Schreiben vom 22. August 1902. Roth bat darum, dem Siedler Wallace gegenüber Stillschweigen darüber zu bewahren, daß der Missionar von Cape Bedford Doras Situation zur Sprache gebracht hatte, denn »sollte Charlie Wallace je erfahren, daß mich die Missionare überhaupt auf den Fall aufmerksam gemacht haben, fürchte ich um deren Vieh im [Aborigine-Missions]-Reservat.«
24. QSA A/58749. Schreiben von Wallace, Glenrock, an den Innenminister, 20. September 1902. Der Verlegungsbefehl des Staatssekretärs im Innenministerium, W. H. Ryder, datiert vom 8. September 1902.
25. QSA A/58749. Kennys Bericht, datiert Eight Mile, 23. Oktober 1902. Dieser und der folgende Briefwechsel zu dem Fall befanden sich ursprünglich in einer separaten Korrespondenzmappe des SBN Roth mit den ID-Nummern 748/1902 und 945/1902.
26. QSA A/58749. Brief von Wallace, Glenrock, an den Innenminister, Brisbane, vom 14. Dezember 1903. »Wie ich höre, hat sich Constable Kenny den Vater dieser Gin geschnappt und ihm gedroht, ihn außer Landes zu schicken, wenn er nicht herkommt und mir die Gin wegnimmt.«
27. QSA A/58749. Kennys Bericht an Garroway, Laura, 22. Oktober 1903. Das Telegramm des Innenministers, in dem Doras Verbleib in

Cape Bedford gestattet wurde, stammt ebenfalls vom 22. Oktober 1903.

28. QSA A/58749. Brief von Wallace, Glenrock, an den Innenminister, Brisbane, 14. Dezember 1903.
29. Theile* bezieht sich hier auf drei Mischlingsmädchen, die in der Hope-Valley-Gemeinde als »Schwestern« galten und später einflußreiche Familien in Hopevale gründeten; eine wurde eine angesehene Lehrerin in der Missionsschule.
30. Bericht* von Theile, der sich auf einen Brief von Schwarz stützt, Deutsche Kirchen- und Missionszeitung, Tanunda, SA, 1885–1917, 23. Mai 1916.
31. Die Verlegungsberichte des Queensland Department of Aboriginal and Islander Advancement (auf Computer erfaßt von Prof. Bruce Rigsby), 604 REM & DEP für 1912, enthalten auch einen Hinweis auf die Verlegung der verstorbenen Dolly Wallace und ihrer beiden Brüder Ned und Harold aus Mayneside nach Cape Bedford, die auf Empfehlung des SB von Hughendon erfolgte. Ich danke Bruce Rigsby für eine Kopie des entsprechenden Materials. Vgl. auch Pohlner 1986, S.85f.
32. Sutton 1993, S. 16–18; vgl. auch Pohlner 1986, S. 171.
33. Einzelheiten erfuhr Roger nur von einem Onkel mütterlicherseits, einem großen stämmigen Mann, der angeblich in Cairns starb, nachdem er auf einem Fischerboot angeheuert hatte.
34. German Harry war der Vater von Helen Rootsey, die Roger als klassifikatorische Schwägerin betrachtet, da er ihren Mann Joe Rootsey »wie einen Bruder« empfindet. German Harrys Spitzname auf Guugu Yimithirr ist eine unfeine Anspielung auf seinen ungewöhnlich behaarten Körper.
35. Dieser Abschnitt stützt sich zum Teil auf Haviland 1991.
36. In Rogers Erinnerung vermischen sich häufig die verschiedenen Sprachen, wie bei diesem Beispiel, wo er seinem Vater Guugu-Yimithirr- statt Barrow-Point-Wörter in den Mund legt.
37. Ein verstorbener älterer Mann, der Anspruch auf das Dingaal genannte Stammesgebiet bei Cape Flattery erhob.
38. Dabunhthin, ein in der Mission aufgewachsener Mischling aus dem Binhthi-warra-Clan, gehörte zu den Aborigine-Anführern, denen Schwarz am meisten vertraute. Er war für die Outstation der Mission am McIvor River verantwortlich. Statt dort zu bleiben, begleitete er seinen »reinblütigen« Bruder schließlich freiwillig nach Palm Island, nachdem dieser auf Veranlassung von Schwarz aus der Mission entfernt und verschleppt worden war.
39. Willie Mt. Webb ist einer der Männer, die bevorrechtigt Anspruch auf

das Clangebiet der Daarrba-warra erheben, das die Gegend von Mt. Webb in der Nähe des Morgan River umfaßt.

40. Der mittlerweile verstorbene Leo Rosendale aus der Gegend von Maytown und der ebenfalls verstorbene Bob Flinders, jener Mischlingsjunge, der ein paar Jahre zuvor aus Cape Melville verlegt worden war, waren damals schon bestens mit dem Alltagsleben in der Mission vertraut.
41. Deutsche Kirchen- und Missionszeitung, Tanunda, SA, 1885–1917, 30, Nr. 11, S. 425, Juni 1898. Bericht* von J. Flierl über die Cape-Bedford-Mission.
42. Die beiden erwähnten Könige waren von der Regierung anerkannte Anführer zweier Guugu Yimithirr sprechender Gruppen – King Johnny (Ngamu Binga) vom McIvor River und King Jacko, ursprünglich aus Munbarra am Starcke River und später im Cape-Bedford-Schutzgebiet. Beide hatten 1911 als Symbol ihrer Amtsgewalt ein Messingabzeichen erhalten, was damit begründet wurde, daß sie, dergestalt mit Befugnissen ausgestattet, »der Polizei von großem Nutzen« wären, falls sich in ihrem jeweiligen Gebiet »irgendwelche Vorkommnisse« ereigneten, die für die Behörden von Interesse seien. (QSA POL 13a/g1. Korrespondenzakte der Polizei von Cooktown 1910–1912, S. 278f., datiert vom 25. Oktober 1911.) Beide Könige hinterließen viele Nachkommen im heutigen Hopevale.
43. ALCA, 3, Nr. 1, 27. Juli 1926. Dr. F. O. Theile*, »Bericht über Besuch in HV Juli 1926«.
44. Offiziell unterrichtete die Mission die Kinder englisch, doch die Missionsleitung betrachtete Guugu Yimithirr als ein notwendiges Instrument für die religiöse Unterweisung.
45. Das ist die Hügelkette, die auf englisch Altanmoui heißt. Sutton 1993 gibt dafür den Barrow-Point-Namen *Althanmughuy* an. Er entspricht dem Clan-Namen *Althanmugungu*, mit dem Roger Hart diese Gegend an der Küste unmittelbar nördlich von Cape Bowen bezeichnet.
46. Roger Hart ordnet den heutigen Standort der Granitfelsen dem Clan des verstorbenen Johnny Flinders zu, einer Gruppe, die in Guugu Yimithirr als Yuurrguungu bezeichnet wird.

Teil 3
Diaspora

1. ALCA, Schwarz' Brief an den OSB 20. November 1919 (zitiert in Pohlner 1986, S. 104).
2. Pohlner 1986, S. 104.
3. Im Januar 1924 teilte der OSB dem Missionar Schwarz mit, daß er die Angelegenheit mit Behörden des Lands Ministry und der Marine erörtere, im Moment jedoch nur Land bei Cape Flattery und in Lookout Point, der nördlichsten Ecke des Missionsgebietes, zur Verfügung gestellt werde. ALCA, Brief des OSB an Schwarz, 14. Januar 1924 (zitiert in Pohlner 1986, S. 104).
4. Old Man Jujurr, Roger Harts Verwandter mütterlicherseits, gehörte zu dem Muunhthi genannten Stammesgebiet am Jack River.
5. Vgl. QSA A/58682. Brief des OSB an den SB, Cooktown, 23. September 1925, mit dem Vorschlag, McGreen zu Instones möglichen Verstößen gegen die Schutzgesetze für die Aborigines in Barrow Point zu befragen.
6. QSA A/58682. Mitteilung des OSB an Schwarz, 19. November 1925.
7. QSA A/58682. Brief des OSB an den SB, Cooktown, 17. August 1925, in dem ein Telegramm des SB Mullins in Laura zitiert wird.
8. QSA A/58682. OSB-Serie (eingeschränkt), Brief des SB Mullins, Laura, an den OSB, 1. August 1925.
9. QSA A/58682, Brief des OSB an den SB, Cooktown, 17. August 1925, in dem Mullins' Telegramm zitiert wird.
10. QSA A/58682. OSB an den SB, Cooktown, 23. September 1925.
11. QSA A/58682. Brief des OSB an den SB, Cooktown, 17. August 1925.
12. QSA A/58682. Brief, 25/4948, des OSB an den Polizeichef, Palm Island, 23. September 1925. Die Ergebnisse der Befragung waren widersprüchlich: In einem Brief an den OSB vom 13. Oktober 1925 (QSA A/58682) schrieb der Polizeichef von Palm Island, der Aborigine »erklärt, daß er von Mr. Instone beschäftigt wurde, jedoch niemals einen Lohn von ihm erhalten habe, nur Kleidung. Er benutzt die Barkasse, um Lebensmittel zwischen Cooktown und seiner Farm hin und her zu transportieren. Der Junge erklärt weiterhin, daß er auch zu Mr. Wallace zum Arbeiten geschickt worden sei, ebenfalls ohne Lohn zu erhalten.«
13. QSA A/58682. Brief von Sergeant Guilfoyle, SB, Cooktown, an den OSB, September 1925.
14. Sergeant Guilfoyle hatte auf die Anfrage des OSB bezüglich einer Verlegung des Hilfsgüterdepots an den McIvor River, mehrere hundert Kilometer Fußmarsch von Barrow Point entfernt, geantwortet,

daß »die Aborigines, auf die sich der Schutzbeauftragte von Laura bezieht, ohne weiteres zur Cape-Bedford-Outstation am McIvor River kommen können, um ihre Hilfsgüter abzuholen. Die kräftigen Aborigines sind stets bereit, denen, die zu schwach oder zu alt sind, Sachen zu bringen, und es macht ihnen nichts aus, 50 oder 100 Meilen am Stück zu gehen.« A/58682. Brief von Sergeant Guilfoyle, SB, Cooktown, an den OSB, 14. September 1925.

15. QSA A/58682. Vertrauliches Schreiben des OSB an Missionsleiter Schwarz, Cape Bedford, 24. September 1925.
16. QSA A/58682. 29. Oktober 1925, Telegramm des SB an Allan Instone, Cooktown.
17. QSA A/58682. Brief von Instone, Abbey Peak Station via Cooktown, an den OSB, 29. Oktober 1925. Als Randbemerkung fügt Instone hinzu: »Während meiner Anwesenheit haben sich die Jungs zufrieden gezeigt und gut benommen, da für sie gesorgt wurde, und King Nicholas von BP der Polizei in mehreren Fällen geholfen, junge Burschen aufzustöbern, die von Booten weggelaufen waren.« Eine solche Überwachung von Aborigines, die bei Europäern unter Vertrag standen, und anderen Angestellten war mit der Hauptgrund, warum die Behörden das System der »Könige« überhaupt eingeführt hatten.
18. Ibid. Der OSB antwortete Instone, daß »der Wunsch besteht, diese Leute der Obhut der Mission zu unterstellen, in der sich bereits einige ihrer Freunde aufhalten. Die Anzahl von Personen, die in jüngster [Zeit] wegen Geschlechtskrankheiten in Cooktown behandelt werden mußten, bestätigte, daß es sich um eine sinnvolle Maßnahme handelt.« QSA A/58682. Brief des OSB an Instone, 19. November 1925.
19. ALCA, Brief von Schwarz an Bleakley, datiert vom 28. November 1925.
20. Ibid.
21. Gemeint ist der verstorbene Bob Flinders, der 1919 von Laura nach Cape Bedford verlegt wurde, wo man ihn ein Jahr zuvor aufgegriffen hatte.
22. Nämlich Roger Hart.
23. Möglicherweise eine Anspielung auf Banjo und Toby Gordon.
24. Wahrscheinlich die von Wanhthawanhtha (Tommy Cook), an die sich der verstorbene Tulo Gordon aus frühester Kindheit erinnern konnte.
25. Eine Anspielung auf die Starcke-Station, zu deren Gebiet Junyju bei Manbara gehörte – King Jackos ursprüngliches Stammesgebiet, in dem er 1911 offiziell zum König ernannt wurde.
26. Möglicherweise eine Anspielung auf Nelson und seine Frau.
27. Damit könnte der verstorbene Mitchell McGreen gemeint sein; zwar macht er zu Geburtsort und -jahr dieselben Angaben wie sein älterer

Bruder Billy jun. (nämlich Laura, 1918), aber alle Befragten erinnern sich, daß er etliche Jahre jünger war als Billy und geboren wurde, als Billy sen. bereits in der Gegend von Cooktown lebte.

28. Eine Anspielung auf Yuuniji (Lizzie), Long Billys Frau, deren angestammtes Territorium Thanhil in der Gegend von Point Lookout war.
29. Eine Anspielung auf Roger Harts Mutter.
30. Eine Anspielung auf Roger Harts Halbbruder Jimmy, von dem Roger glaubt, daß er im Lager von North Shore geboren wurde.
31. ALCA, Brief von Schwarz an Bleakley, datiert vom 28. November 1925.
32. Ibid.
33. QSA A/58682. Bericht von Schwarz an den OSB, 12. Januar 1925.
34. ALCA, 1–2. Brief* vom 14. Dezember 1925 von Schwarz an Theile, den Vorsitzenden des Verwaltungsrats der Lutherischen Überseemission. In den 20er und 30er Jahren legte sich Schwarz immer wieder (und letztlich ohne Erfolg) mit dem Verwaltungsrat der Mission an, um seine Forderung nach einem geeigneten zweiten Missionar durchzusetzen, der sich den Gegebenheiten in Cape Bedford hätte anpassen und mit Schwarz hätte auskommen müssen – eine schwierige Aufgabe.
35. ALCA, Brief von Theile an den SB, 10. März 1926. Die Vorgehensweise der Mission ging aus Theiles Brief* an Schwarz vom 10. März 1926 (ALCA), in dem er seine Verhandlungen mit dem OSB schildert, deutlich hervor: »Ich wollte einen schriftlichen Antrag [für einen Fischkutter] stellen, ohne die Schwarzen in Cape Melville und Point Barrow überhaupt zu erwähnen. Denn ich bin der Meinung, daß Aborigines von Cape Bedford durchaus Anspruch auf Hilfe seitens der Regierung haben, ebenso wie andere einheimische Gruppen weiter oben im Norden. Er aber dachte, wenn ich diese Einheimischen erwähne, hätte dies großen Einfluß auf ihn selbst oder andere, die sich mit dieser Angelegenheit beschäftigen müssen. Auf alle Fälle habe ich ihm erklärt, daß ich die Sache in meinem Antrag nur so zur Sprache bringen würde, wie ich es getan habe. Wir würden nicht erst die Einheimischen von Cape Melville aufnehmen und dann das Boot beantragen; wir würden das Boot beantragen und anschließend sehen, was wir im Hinblick auf die Schwarzen von Cape Melville tun können.«
36. ALCA, Nr. 2 (auch QSA A58682). Brief von Bleakley an Schwarz, 17. Februar 1926. Die Regierung machte den Japanern, die in den Lagern an der Ostküste der Halbinsel Cape York Aborigine-Crews zu rekrutieren versuchten, strenge Auflagen. (ALCA, Brief des OSB an Schwarz vom 17. Februar 1926. Bleakley erkundigte sich bei Schwarz, ob die neuen Einschränkungen dazu geführt hätten, daß mehr Bar-

row Point People nach Cape Bedford kommen, um Hilfsgüter zu erhalten.

37. ALCA, 16, Nr. 3. Theile*, »Bericht über Besuch in HV Juli 1926«, 27. Juli 1926.
38. Bei entsprechender Gelegenheit berichtete Roger Hart, der ehemalige Spurenleser Charlie (Chookie) McGreen sei derjenige gewesen, der seinen Bruder Jimmy in die Mission gebracht habe.
39. Schwarz meldete, daß die Gruppe aus Barrow Point am 5. Februar 1926 eingetroffen sei, um ihre Hilfsgüter in Empfang zu nehmen. Roger Hart erinnert sich, daß das Datum 9. Mai 1925 in einen gabagarr-Baum geschnitzt wurde, als seine Stammesgenossen dort lagerten. Vielleicht kamen einige Leute aus Barrow Point in dieser Zeit mehrmals nach Cape Bedford, doch Roger erinnert sich nur an diesen einen, letzten Besuch.
40. Der Mann, der »Charlie Chookie« genannt wurde.
41. Barney Warners älterer Bruder.
42. Das war Roger Harts Aborigine-Vater, Charlie Lefthander.
43. Möglicherweise Billy McGreens Bruder, auch Jackson genannt.
44. Der König von Barrow Point.
45. Vielleicht der Zauberer »Old Man Johnny«, Ngamu Wuthurru.
46. Walbamun, Toby Flinders Mutter.
47. Wahrscheinlich Albert Wuuriingu.
48. Wahrscheinlich Toby Flinders.
49. Die Liste lag QSA A/58682 bei, einem Brief von Schwarz an den OSB, 1. März 1926.
50. QSA A/58682. Brief von Schwarz an den OSB, 1. März 1926.
51. In Barrbaarr, Bridge Creek, befand sich das Hauptlager der »heidnischen« Aborigines, die im Schutzgebiet von Cape Bedford lebten. Die meisten dieser Leute sprachen Guugu Yimithirr und gehörten hiesigen Clans an. Viele schickten ihre Kinder in die Missionsschule und wurden vom Missionar häufig aufgefordert, als Gegenleistung für die Hilfsgüter allerlei Arbeiten zu verrichten oder auf den Feldern zu arbeiten.
52. Barney und Yaalugurr gehörten zu den ersten Paaren in Cape Bedford. Ihre Söhne, Yoren und Baru, gründeten später zwei große Familien in Hopevale.
53. William aus der Gegend von Cooktown, Waaymburr, war der Vater von Johnny, der seinerseits der Vater von Joseph und Alick Johnny war. Letztere zogen später nach Hopevale, ihre Nachfahren leben auf Palm Island.
54. QSA A/58682. Jahresbericht des SB von Cooktown, Aktennotiz vom 17. März 1927.

55. Jackie Red Point.
56. QSA A/58682. Brief von Guilfoyle, SB von Cooktown, an den OSB, S. Brisbane, 3. Mai 1927.
57. Gordon war der Besitzer der Starcke-Station.
58. QSA A/58682. Brief von Allen C. Instone, Abbey Peak, an den SB der Aborigines, Cooktown, 24. Februar 1927(?).
59. QSA A/58682. Brief von Schwarz an den OSB, 2. April 1927.
60. QSA A/58682. Brief von Schwarz an den SB, Cooktown, 2. Mai 1927.
61. Wie immer machte sich Schwarz Sorgen um seine beschränkten finanziellen Mittel und befürchtete, die im Schutzgebiet lebenden Menschen nicht ernähren zu können. Er schrieb: »Unter all den Leuten, die jetzt hier ansässig sind, befinden sich höchstens fünf oder sechs Männer, die arbeiten können. Die restlichen sind alte Männer, Frauen und Kinder. Wir erlauben denen, die wollen, sich gelegentlich an unserem *bêche-de-mer*-Handel zu beteiligen, können aber natürlich nicht das ganze Lager regelmäßig mit Essen versorgen, nur weil uns ein paar helfen, wenn sie Lust dazu haben. Ich halte das weder für notwendig noch für ratsam.« (ibid.)
    Anschließend bittet Schwarz den OSB Bleakley, seine Lebensmittelvorräte aufzustocken und japanische Boote daran zu hindern, junge Aborigines aus diesen Gruppen zu rekrutieren, die sich sonst am Fischfangbetrieb der Mission in Point Lookout beteiligen könnten.
62. QSA A/58682. Brief von Schwarz an den SB, Cooktown, 2. Mai 1927.
63. QSA A/58682. Brief von Guilfoyle, SB in Cooktown, an den OSB S. Brisbane, 3. Mai 1927.
64. QSA A/58682. Brief von Bleakley an Schwarz, 29. Juni 1927. Er forderte auch Khaki-Uniformen und Filzhüte an, um den neuen Polizisten auszustatten; QSA A/58682, Antrag vom 1. Juli 1927.
65. QSA A/58682. Brief von Guilfoyle, SB in Cooktown, an den OSB S. Brisbane, 3. Mai 1927.
66. QSA A/58682. Schwarz an den OSB S. Brisbane, 11. Juli 1927.
67. QSA A/58682. Brief von Schwarz an den OSB Brisbane, 22. August 1927.
68. ALCA, 1, Nr. 2. Bericht von Schwarz an Bleakley, datiert vom 18. Januar 1927 (Jahresbericht 1926).
69. Ibid.
70. Es ist unklar, ob King Harry und King Charlie identisch sind oder ob es sich um zwei verschiedene Männer handelt. Die heutigen Bewohner von Hopevale verbinden mit Cape Melville den Namen King Harry.
71. QSA A/58682. Brief von Schwarz an den OSB Brisbane, 22. August 1927.

72. QSA POL/13a/G1. S. 144. Aktennotiz von Bodman an den OSB Brisbane, 25. März 1911. Aus demselben Aborigine-Journal geht hervor, daß der SB Bodman empfahl, King Johnny (alias Mechan Euchan) im Oktober 1911 zum König zu ernennen; einen Monat später erhielt er ein Messingabzeichen. QSA POL/13a/G1. Korrespondenzakte der Polizei von Cooktown, S. 279, 29. Oktober 1911.
Aus den Berichten über Verlegungen in Queensland geht hervor, daß ein gewisser King Johnny (Mechan Euchan) 1913 vom McIvor nach Barambah verlegt wurde. In der Akte wird er als »Unruhestifter und berüchtigter Zauberer« bezeichnet, der »Aufruhr schürt, Streit unter den Einheimischen anzettelt [und] das Leben in der Mission nachhaltig stört«.
Soweit man sich in Hopevale erinnert, scheint Ngamu Binga verschleppt worden zu sein, weil er sich weigerte, Mischlingskinder aus seiner Gruppe in die Missionsschule zu schicken. Am Ende floh er aus Cherbourg und kehrte zu Fuß in sein eigenes Gebiet zurück. Später wurde er in Cooktown von einem Speer getötet und in Four-Mile begraben.
Schwarz ließ bis zum Ausbruch des Zweiten Weltkriegs offiziell Menschen aus Cape Bedford »verlegen«.
73. QSA A/58682. Der OSB an den SB, Cooktown, 17. Februar 1927.
74. QSA A/58682. Brief von Bleakley an den SB von Laura, D. W. McConnell, 22. September 1927.
75. QSA A/58682. Schreiben des SB von Laura an den OSB, 28. September 1927.
76. Ibid.
77. Roger Harts gami, Großmutter derselben Linie.
78. In einem Brief des OSB an den Staatssekretär im Innenministerium vom 26. Juli 1927 (QSA A/58682) wurde die Befugnis beantragt, Razzien auf Fischkuttern durchzuführen, bei denen der Verdacht bestand, daß dort illegal Aborigines beschäftigt wurden.
79. QSA A/58682, Dok. 28/6839. Brief von Guilfoyle, amtierender Sergeant 1064, Polizeibezirk Cairns, Cooktown, datiert vom 21. November 1928. Die Polizei beabsichtigte, ein Missionsboot für die Expedition zu benutzen, doch der regionale SB war »der Meinung, daß der Missionskutter *Pearl Queen* nicht für die oben erwähnte Patrouille geeignet ist, da sie zu einem Zeitpunkt stattfinden muß, zu dem japanische Lugger in der Nähe der Aborigine-Lager vor Anker liegen. Das ist gewöhnlich bei schlechtem Wetter der Fall, wenn die Lugger in den Riffen gefährdet sind und notgedrungen zum Festland oder zu den Inseln zurückkehren müssen, um dort Schutz zu suchen, und das ist dann der Zeitpunkt, zu dem die illegale Beschäftigung der Abori-

gine-Frauen erfolgt. Soweit ich weiß, ist die *Pearl Queen* kein schnelles Boot, und wenn die Japaner oder andere sie auf sich zukommen sehen, während sie Aborigine-Frauen oder illegal beschäftigte Männer an Bord haben, könnten sie problemlos Segel setzen und vor der Pearl Queen fliehen.«

80. In seinem Jahresbericht 1928 an den OSB vom 25. Januar 1929 (ALCA, 1–2, 26–185, auch QSA A/58682) macht Schwarz deutlich, daß er mehr Land braucht, auf dem diese ungetauften Aborigines jagen können. Außerdem erklärt er, daß er sie ihren jungen christlich erzogenen Verwandten näherbringen will, weil er auf Spontanbekehrungen hofft. Aus den Unterlagen der Mission wird jedoch ersichtlich, daß die ungetauften Erwachsenen zu schwerer Feldarbeit für die neugegründete Missionsfarm herangezogen wurden.
81. Ibid., ALCA 26–185.
82. QSA A/58682. Bericht des Leiters von Cape Bedford, 21. November 1927.
83. QSA A/58682. Aktennotiz vom 5. März 1928 des OSB Bleakley an den Leiter der Cape-Bedford-Mission via Cooktown.
84. Der einzige offizielle Nachweis für diese Verlegung, den wir gefunden haben, ist eine handschriftliche Notiz auf dem Umschlag der Cape-Bedford-Akte QSA A/58682: »11 Cape-Melville-Einheimische verlegt nach L. R. M. [Lockhart-River-Mission]«, offenbar mit Datum 5. Dezember 1929.
85. QSA 181 Starcke Pt. 1 (auch Lands OL 378 Cook), 8. September 1915.
86. QSA LAN/AF 1247, Wakooka 2623 Cook: Stewart erwarb Wakooka am 5. Februar 1932. Weitere Veränderungen bei den Anteilen der diversen Besitzer sind in QSA LAN N143, 19. Juli 1932, aufgeführt; vgl. auch QSA 181 Starcke Pt. 1, 20. April 1933, 31. Dezember 1935; QSA LAN/AF 1228 Abbey Peak, 5. April 1936.
87. Der Jahresbericht 1928 des Inspekteurs des Lands Department enthielt die Bemerkung, daß die Pacht nicht »an den persönlichen Wohnsitz« gebunden sei, da die gegenwärtigen Pächter woanders wohnten (QSA LAN/AF 1228 Abbey Peak, 31. Juli 1928). 1930 weist Abbey Peak Möglichkeiten für die Haltung von 3 Rindern pro Quadratmeile auf und hatte einen Bestand von 684 Rindern (QSA LAN/AF 1228 Abbey Peak, 11. Juli 1930). Der dem Lands Ministry unterstellte Ranger Charles Gordon berichtete, daß er bei seinem Besuch auf Abbey Peak vom 13. bis 16. August ein großes Hauptgebäude, Nebengebäude, *7 tailing yards* [zum Aussondern der Tiere], eine Pferdekoppel, Rinderweiden, 1600 Rinder und 40 Pferde mit den Brandzeichen QAK und RX9 gesehen habe. Er fährt fort: »Die Pächter leben auf eigenem Grund und Boden, statten diesem Anwesen je-

doch regelmäßige Besuche ab.« (QSA LAN/AF 1228 Abbey Peak, 7. September 1931).

88. Er erzählte Roger Hart, daß er für einen gewissen Sam Carlson gearbeitet hatte, der später ein Grundstück bei Streamlet in der Nähe von Cooktown besaß.

89. Bendies Vater, Long Jack, wurde dem Clan-Gebiet Wunuurr-warra, Quellgebiet des McIvor River, zugeordnet.

90. Das Polizei-Journal von Cooktown für das Jahr 1937 enthält die folgenden zwei Einträge:
»Constable Costello brach am 28.7.37 um 9 Uhr morgens zur Starcke-Station auf, um den Verwalter, Mr. Hales, wegen Verstoßes gegen das Aborigine-Schutzgesetz und das Gesetz über den Verkauf von Opium vorzuladen und die beiden Jungen Bindy und Freddie abzuholen, die in die Mission gebrachte werden sollen.«
»Constable Costello kehrte um 15.30 von der Starcke-Station zurück, nachdem er Freddy und Bindy nach Cooktown gebracht hatte.« QSA POL/13a/N6, 28. Juli 1937 und 5. August 1937. »Freddy« war Fred Grogan, der später in Hopevale lebte.

91. Südlich von Cape Bedford, an der Küste.

92. Der mittlerweile verstorbene Jellico Jacko, ngathu warra biiba, war der Sohn von King Jacko aus Cape Bedford und einer von denen, die bevorrechtigt Anspruch auf das Junyju genannte Gebiet am Oberlauf des Starcke River bei Manbara erhoben.

93. Albert Lakefield, einer von Rogers Brüdern, dessen Aborigine-Stiefvater, Albert Lakefield sen., alias Mayi-ngandaalga, vom Jeannie-Plateau stammte; Sutton 1993, S. 24.

94. ALCA, Nr. 1 (27–11), 16. Juni 1932. Offizieller Cape-Bedford-Bericht, der einem Brief des SB Bleakley an Dr. Theile von der Lutherischen Kirche Australien beigelegt war.

95. Einer davon war der verstorbene Billy Muundu, ngathu warra biiba, der bei seiner Rückkehr nach Spring Hill feststellte, daß seine Frau, seine Kinder und alle anderen verschwunden waren. Im Unterschied zu den Menschen aus den Lagern im Busch, die einfach nur tiefer in den Busch flüchteten, brach Muundu zu einer einsamen Odyssee auf, um seine Familie im Süden zu suchen, und kam viele Monate, nachdem die Hauptgruppe verschleppt worden war, allein in Woorabinda an.

96. Das erfuhr Roger Hart von Helen Rootsey und der verstorbenen Mary Ann Mundy, die sich erinnerten, an der Beerdigung teilgenommen zu haben.

97. Roger Hart wird heute noch böse, wenn er daran denkt, daß er seine Spielkameradin aus Kinderzeiten im Krankenhaus in Cooktown nicht besuchen durfte. In jenen frühen Zeiten bekamen die Menschen in

Hopevale nur sehr selten die Erlaubnis der Missionsleitung, sich frei zu bewegen. Barney Warner, dem der damalige Pastor und Leiter Wenke »besonders vertraute«, besuchte Leah mehrmals in Cooktown, bevor sie nach Cairns verlegt wurde.

Teil 4
Rückkehr nach Barrow Point

1. Sutton 1993 gibt als Clan-Gebiet Nr. 9 einen Abschnitt an, der dem »Teil der Küste zwischen Barrow Point und Red Point« unter diesem Guugu-Yimithirr-Namen entspricht. In der Sprache von Barrow Point heißt er *Ama Alth(a)nmungu*. Für die Leute von Hopevale handelt es sich dabei um die Gegend »nördlich von Red Point«. Der Gebirgszug, der auf englisch Altanmoui heißt (in der Barrow-Point-Sprache *Althanmughuy*), erhebt sich landeinwärts von Cape Bowen in einem Clan-Gebiet namens Manyamarr. Von dort aus machte sich der große Regenwald-Python, der in Roger Harts Geschichte nach Cape Melville flüchtet, auf den Weg.
2. Ein Clan-Gebiet, dem die Küste zwischen der Mündung des Starcke River und Point Lookout einschließlich dem Areal Twelve-Mile (Clan Nr. 64 in Sutton 1993) zugerechnet wird.
3. Thawuunh (Guugu Yimithirr) und *anggatha* (Barrow Point) bedeuten »Freund« und sind Anredeformen, die Roger häufig bei Menschen verwendet, zu denen er keine genau festgelegte Verwandtschaftsbeziehung hat. Jetzt, nachdem wir etwas tiefer in die fiktiven Verwandtschaftsbeziehungen eingedrungen sind, bezeichnen wir uns gegenseitig als »Cousins«.
4. Bruce Rigsby (ohne Datum) beschreibt die beiden Männer wie folgt: »Die Familie Wallace erhob Anspruch auf Lakefield aufgrund ihrer Abstammung von Hector, Nicholas und Kathleen Wallace, die Mbaarruyu und/oder Angehörige des Mbarrubarram-Clans waren und von der Sprache und Stammeszugehörigkeit her Koko Warra.« Im Gegensatz dazu ordnet Roger Hart Nicholas und Hector Wallace (alias Hector Lai-Fook) sie der Muunhthi genannten Gegend (Clan Nr. 21 in Sutton 1993) am Jack River zu, in der auch Thunder lebte.
5. Der verstorbene Jack Harrigan aus Cooktown war der traditionelle Besitzer von Balnggarr, einem Gebiet rund um Battle Camp. Das allen gemeinsame alte Wissen in diesem von Aborigines bewohnten Teil von Queensland hat sich in traditionellen wie den modernen Aborigine-Gemeinschaften erhalten. Der umfassende Austausch zwischen Aborigine-Gruppen früherer Zeiten weist viele Parallelen zu der hier

beschriebenen Umbruchphase, aber auch zur Gegenwart auf. So kreisen Gespräche ebenso häufig um Fragen der Abstammung wie um bestimmte Ereignisse.

6. Barney Warner gehörte, wie Yagay, zur südlichen oder Binnenhälfte der Gambiilmugu People.
7. Vgl. Anmerkung 4.
8. Thuway bedeutet klassifikatorischer Neffe oder Sohn der Schwester.
9. Anfangs hatte Roger Hart den Namen des Berges fälschlicherweise als Wuuri in Erinnerung. Toby Gordon nannte Peter Sutton *Wurithamol* als Name eines Gebirgszugs, der sich etwa auf halbem Weg zwischen Barrow Point und dem Weigall-Riff ein Stück landeinwärts befindet und den er als Geburtsort seiner Mutter angibt. Sutton gibt wuri-warra oder wuriingu für das Clan-Gebiet Nr. 12 an, das z. B. Joe Rootsey gehört. Für Roger Hart bezeichnet das Wort Wuuri richtigerweise ein Stammesgebiet zwischen Barrow Point und Cape Bowen, das irgendwo an der Mündung des Wakooka Creek beginnt.
10. Roger Hart zufolge war es Frauen streng verboten, einen Fuß auf *Indayin* zu setzen. Roger erinnert sich, daß Männer die Insel für bestimmte Zeremonien aufsuchten und dort völlig nackt herumliefen. Vgl. Sutton 1993 zu Yindayin. Es herrscht einige Verwirrung darüber, ob *Wurreys* Geschlecht wirklich auf Stanley Island landete oder in der Nähe auf Clack Island. Roger hat die Episode so in Erinnerung, wie sie hier wiedergegeben ist.
11. »Unser [zweifaches] Land«, d. h. »das Land, das uns beiden gehört«.
12. Department of Aboriginal and Islander Affairs. Damals war die zuständige Regierungsbehörde das Büro des OSB.
13. Tulo Gordon erhob den Hauptanspruch auf das Gebiet der Guugu-Yimithirr-Sprachgemeinde Nugal, das innerhalb des Hopevale-Schutzgebiets lag. Wie Gambiilmugu war Nugal seit altersher in zwei »Nationen« unterteilt, die als »jüngere Schwester« und »ältere Schwester« bezeichnet wurden.
14. Die Eight-Mile Bridge am Endeavour River befand sich in der Nähe einer Outstation der Cape-Bedford-Mission, die kurz vor dem Zweiten Weltkrieg errichtet worden war. Junge Männer aus der Mission arbeiteten dort auf einer Farm. Eight-Mile ist der Standort des heutigen Flughafens von Cooktown.
15. Die Ehefrau des Spurenlesers Long Billy McGreen, sen.
16. Im Gegensatz dazu verdankt der Cape-Bedford-Älteste, der diesen Vorgang der Ersatztaufe beaufsichtigte, George Bowen, seinen Nachnamen dem seiner Ursprungsgemeinde. Er war als kleiner Junge von der gescheiterten Lutherischen Mission in Proserpine bei der Stadt Bowen nach Cape Bedford geschickt worden.

17. Roger Hart glaubt, daß sich die Frauen mit Hilfe von Buschmedizin bewußt vor Schwangerschaft schützten, um, wie er es ausdrückt, »leicht verschwinden«, d. h. vor der Einheimischen-Polizei flüchten zu können. Seine Erklärung dafür, warum so viele Frauen aus seinem Gebiet keine Kinder bekamen, widerspricht den damaligen Erkenntnissen, nämlich daß eingeschleppte Geschlechtskrankheiten und Unterernährung für die mangelnde Fruchtbarkeit der Aborigines verantwortlich waren.
18. Dieses kleine typische Beispiel stammt aus einer kurzen Erklärung, die Roger Hart am 2. Oktober 1982 aufzeichnete, als wir uns in der Ninian Bay mit Austern vollstopften.
19. Der Begriff schließt auch die Schwestern des Vaters mit ein.
20. Bei der Guugu-Yimithirr-Form wird der Name eines Ortes oder Gebietes (z. B. Wuuri) mit einem bestimmenden Fallsuffix (z.B. -:ngu) oder dem Ableitungssuffix -warra (»Menschen aus dem Gebiet«) kombiniert: Wuuriingu heißt »das Gebiet von Wuuri«, Wuuri-warra die »Menschen aus Wuuri«.
21. In Guugu Yimithirr bezeichnet das Wort daman eine an Nahrungsmitteln reiche Gegend, die den Besitzern eines bestimmten Areals vorbehalten sind. Die Gruppe der Besitzer hatte das Vorrecht auf diesen Nahrungsmittelvorrat, egal ob er wild wuchs oder angepflanzt worden war, ob er bewußt gepflegt oder nur zu bestimmten Jahreszeiten abgeerntet wurde.
22. Die Söhne des Spurenlesers McGreen gingen beide in Cape Bedford zur Schule, und Billy McGreen jun. starb in den 80er Jahren in Hopevale. Sein kleinerer Bruder, der mittlerweile verstorbene Mitchell McGreen, war vermutlich zu jung, um als Kind in Barrow Point gewesen zu sein.
23. Eine andere Version dieser Geschichte, die Roger Hart und Tulo Gordon gemeinsam erzählten, nahm Peter Sutton 1970 in Mossman auf (vgl. Tonband im Australian Institute for Aboriginal Studies (jetzt AIATSIS) Archive LA4947a).
24. Wörtlich: bis sie »befriedigt [sind und ihre] Seele fällt«.
25. »Erfolgreich« im Hinblick auf die gesetzlichen Bestimmungen von Queensland 1991–92, nicht im Hinblick auf die nach wie vor umstrittenen Bestimmungen für den Native Title.
26. Vgl. Sutton 1993, Land Tribunal 1994.
27. Vgl. Rigsby 1995.
28. Vgl. Bartlett 1993, Rigsby 1996 und Haviland 1997.
29. Land Tribunal 1994.
30. QSA A/58682. Bericht des Leiters von Cape Bedford, 21. November 1927.

Bibliographie

Bartlett, Richard H. 1993. *The Mabo Decision.* Butterworths: Sidney.

Dixon, R. M. W. 1971. »A Method of Semantic Description.« In Danny D. Steinberg und Leon A. Jakobovits, Hrsg., *Semantics,* 436–471. Cambridge: Cambridge University Press.

Gordon, Tulo und Haviland, John B. 1980. *Milbi: Aboriginal Tales from Queensland's Endeavour River.* Canberra: Australian University Press.

Haviland, John B. 1974. »A Last Look at Cook's Guugu Yimidhirr Wordlist.« *Oceania* 44 (3): 216–232.

Haviland, John B. 1979a. »Guugu Yimidhirr Brother-in-Law Language.« *Language in Society* 8 (3): 365–393.

Haviland, John B. 1979b. »How to Talk to Your Brother-in-Law in Guugu Yimidhirr.« In Timothy A. Shopen, Hrsg., *Languages and Their Speakers,* 161–240. Cambridge, Mass.: Winthrop.

Haviland, John B. 1985. »The Evolution of a Speech Community: Guugu Yimidhirr at Hopevale.« *Aboriginal History* 9 (1–2): 170–204.

Haviland, John B. 1991. »›That Was the Last Time I Seen Them, and No More‹: Voices through Time in Australian Aboriginal Autobiography.« *American Ethnologist* 18 (2): 331–361.

Haviland, John B. 1993. »Anchoring, Iconicity, and Orientation in Guugu Yimithirr Pointing Gestures.« *Journal of Linguistic Anthropology* 3 (1): 3–45.

Haviland, John B. 1997. »Owners vs. Bubu Gujin: Land Rights and Getting the Language Right in Guugu Yimithirr Country.« *Journal of Linguistic Anthropology* 6 (2): 145–160.

Haviland, John B. 1998. »Guugu Yimithirr Cardinal Directions.« *Ethos 26* (1): 1–23.

Haviland, Leslie K. und John B. Haviland. 1980. »How Much Food Will There Be in Heaven? Lutherans and Aborigines around Cooktown before 1900.« *Aboriginal History* 4 (2): 118–149.

Land Tribunal. 1994. *Aboriginal Land Claims to Cape Melville National Park, Flinders Group National Park, Clack Island National Park and Nearby Islands.* Report of the Land Tribunal established under the Aboriginal Land Act 1991 to the Hon. The Minister for Lands, May.

Loos, Noel. 1982. *Invasion and Resistance: Aboriginal-European Relations on the North Queensland Frontier, 1861–1897.* Canberra: Australian National University Press.

Mackett, P. J. 1992. *Queensland Aboriginal Papers,* vol. 36 (computerized index to QSA papers), April 14, 1992, Brisbane.

Pohlner, Howard. 1986. *Gangurru.* Adelaide: Lutheran Church of Australia.

Rigsby, Bruce. 1995. »Aboriginal People, Land Tenure and National Parks.« Address to Royal Society of Queensland, draft, 3 October.

Rigsby, Bruce. 1996. »›Law‹ and ›Custom‹ as Anthropological and Legal Terms.« In J. Finlayson and Ann Jackson-Nakano, Hrsg., *Heritage and Native Title: Anthropological and Legal Perspectives,* 230–252. Canberra: Native Title Research Unit, Australian Institute of Aboriginal and Torres Strait Islander Studies.

Rigsby, Bruce, n.d. »Queensland Genealogies, Lakeland Land Claim.« Computer files. 1992.

Roth, Walter E. 1984 (1901–6). *The Queensland Aborigines,* vol. 2. Victoria Park, W.A.: Hersperion Press.

Sutton, Peter. 1993. *Flinders Island and Melville National Parks Land Claim.* Vols. 1–2. Aldgate, S.A.: Cape York Land Council.

Thomson, D. F. 1935. »The Joking Relationship and Organized Obscenity in North Queensland.« *American Anthropologist* 37: 460–490.

Register

(Zahlen in Klammern beziehen sich auf die Nummer der entsprechenden Anmerkung)

C

H

Y

Z

REISEN · MENSCHEN · ABENTEUER

NATIONAL GEOGRAPHIC
ADVENTURE PRESS

GO DOWN UNDER!

Michèle Decoust
Träume auf roter Erde
Eine Begegnung mit Australien
ISBN 3-442-71141-X
Ab Mai 2002

Michèle Decoust kehrt nach Australien zurück, dem Ziel ihrer Sehnsucht und ihrer Träume. Diesmal dringt sie mit dem Jeep bis ins Gebiet der Aborigines vor. Erst hier lernt sie dieses Land wirklich zu verstehen ...

Roff Smith
Eiskaltes Bier und Krokodile
Mit dem Fahrrad durch Australien
ISBN 3-442-71180-0
Ab Juni 2002

Nach 15 Jahren in Australien stellt der Amerikaner Roff Smith fest, dass er das Land weder richtig kennt noch liebt. Eine Entscheidung steht an. Er kündigt, packt ein Rad und macht sich auf den Weg: Einmal rundherum. Doch das ist bekanntlich ein ganzer Kontinent ...

John B. Haviland/Roger Hart
Rückkehr zu den Ahnen
Ein Aborigine erzählt ...
ISBN 3-442-71171-1
Ab Juli 2002

Australien, ganz unten: Die Geschichte des letzten Überlebenden eines Aborigine-Clans, der von den Weißen ausgelöscht wurde. Aus Erinnerungen, Gesprächen, Mythen, Diskussionen entsteht das faszinierende Bild einer untergegangen Welt, ihrer Sprache, ihrer Kultur.

So spannend wie die Welt.

NATIONAL GEOGRAPHIC

GOLDMANN

REISEN · MENSCHEN · ABENTEUER

NATIONAL GEOGRAPHIC
ADVENTURE PRESS

IRGENDWO IN AFRIKA

Théodore Monod
Wüstenwanderungen
Spurensuche in der Sahara
ISBN 3-442-71140-1
Ab Mai 2002

Dass ausgerechnet ein Meereszoologe vom Wüstenfieber gepackt wird! Théodore Monod berichtet über seine Wanderungen durch die Sahara in den 20er und 30er Jahren – ein informatives und bleibend aktuelles Standardwerk.

Anthony Sattin
Im Schatten des Pharao
Altes Ägypten in neuer Zeit
ISBN 3-442-71181-9
Ab August 2002

Ausgestattet mit unveröffentlichten Aufzeichnungen aus den 20er Jahren, macht sich Anthony Sattin auf eine ungewöhnliche Suche: Er fahndet nach den Spuren, die 5.000 Jahre Geschichte im heutigen Ägypten hinterlassen haben – und all ihren Widersprüchen.

Felice Benuzzi
Gefangen vom Mount Kenia
Gefährliche Flucht in ein Bergsteigerabenteuer
ISBN 3-442-71168-1
Ab August 2002

Die verrückte Geschichte des italienischen Kriegsgefangenen Benuzzi, der mit zwei Gefährten aus einem britischen Lager flieht – nur um den Gipfel des Mount Kenia zu besteigen. Selbst wilde Tiere und die Unbilden der Natur können das Trio nicht stoppen.

So spannend wie die Welt.

NATIONAL GEOGRAPHIC
GOLDMANN

REISEN · MENSCHEN · ABENTEUER

NATIONAL GEOGRAPHIC
ADVENTURE PRESS

ABENTEUER IM GEPÄCK

Oss Kröher
Das Morgenland ist weit
Die erste Motorradreise vom Rhein zum Ganges
ISBN 3-442-71165-7
Ab Mai 2002

Deutschland, 1951: Zwei junge, wagemutige Männer wollen raus aus dem Nachkriegsmuff. Mit einem Beiwagengespann machen sie sich auf den Weg nach Indien. Ein spritziger Bericht voll mitreißender Aufbruchsfreude.

Wickliffe W.Walker
Tragödie am Tsangpo
Wildwasserexpedition auf Tibets verbotenem Fluss
ISBN 3-442-71177-0
Ab September 2002

Unfassbare 2.700 Höhenmeter stürzt sich der Tsangpo in Tibet durch eine der wildesten Schluchten der Welt. Die Erstbefahrung gelang nur um den Preis eines Toten. Ein ungemein packender Expeditionsbericht.

Christian E. Hannig
Unter den Schwingen des Condor
Rad-Abenteuer zwischen Anden und Pazifik
ISBN 3-442-71133-9
Ab Juli 2002

Mit dem Fahrrad ins Abenteuer: Auf seiner Fahrt von Bolivien über die Anden bis nach Lima schließt der Autor Freundschaft mit Indios, gerät in einen Rebellenaufstand und begibt sich auf die geheimnisvollen Spuren der Inka.

So spannend wie die Welt.

NATIONAL GEOGRAPHIC

GOLDMANN

REISEN · MENSCHEN · ABENTEUER

NATIONAL GEOGRAPHIC
ADVENTURE PRESS

FRAUEN ÜBERALL

Michele Slung
Unter Kannibalen
Und andere Abenteuerberichte von Frauen
ISBN 3-442-71175-4
Ab Juni 2002

Von der Wienerin Ida Pfeiffer, die im 19. Jahrhundert die Welt umrundete, über die Fliegerin Amelia Earhart und die Primatenforscherin Biruté Galdikas spannt sich dieser Reigen – Biografien von 16 mutigen und abenteuerlustigen Frauen.

Carmen Rohrbach
Im Reich der Königin von Saba
Auf Karawanenwegen im Jemen
ISBN 3-442-71179-7
Ab Juli 2002

Nach Erfahrungen auf allen Kontinenten erfüllt sich die Abenteurerin Carmen Rohrbach den Traum ihrer Kindheit: Allein durch den geheimnisvollen Jemen. Mit viel Intuition und Hintergrundwissen schildert sie das Leben der Menschen, vor allem der Frauen.

Josie Dew
Tour de Nippon
Mit dem Fahrrad allein durch Japan
ISBN 3-442-71174-6
Ab September 2002

Josie Dew ist nicht unterzukriegen: Seit Jahren radelt die Engländerin durch die Welt und berichtet davon auf humorvolle Weise. Diesmal erkundet sie Japan – und ihre Schilderungen von Land und Leuten sind so spannend wie ihre Reiseerlebnisse.

So spannend wie die Welt.

NATIONAL GEOGRAPHIC

GOLDMANN